《中国农村贫困监测报告—2006》
指导委员会、专家委员会及编委会人员名单

中国农村贫困监测报告

POVERTY MONITORING REPORT OF RURAL CHINA

2006

国家统计局农村社会经济调查司 编

Rural Survey Department of National Bureau of Statistics

中国统计出版社
China Statistics Press

（京）新登字 0 4 1 号

图书在版编目(CIP)数据

中国农村贫困监测报告－2006
／国家统计局农村社会经济调查司编
－北京：中国统计出版社.2006.12
ISBN 978-7-5037-4160-9

Ⅰ.中…
Ⅱ.国…
Ⅲ.农村－贫困－调查报告－中国－2006
Ⅳ.F323.8

中国版本图书馆 CIP 数据核字(2006)第 149798 号

中国农村贫困监测报告－2006
作　　者／国家统计局农村社会经济调查司编
责任编辑／姚　立
装帧设计／艺编广告·张　冰
图文制作／艺编广告·周　颖
E-mail：cbsebs@stats.gov.cn
出版发行／中国统计出版社
通信地址／北京市西城区月坛南街 57 号
邮政编码／100826
办公地址／北京市丰台区西三环南路甲 6 号
网　　址／www.stats.gov.cn/tjshjia.
电　　话／邮购(010)63376907　书店(010)68783172
印　　刷／科伦克三莱印务(北京)有限公司
经　　销／新华书店
开　　本／880 × 1230mm　1/16
字　　数／450 千字
印　　张／13.75
印　　数／1-2000 册
版　　别／2006 年 12 月第 1 版
版　　次／2006 年 12 月北京第 1 次印刷
书　　号／ISBN 978-7-5037-4160-9/F·1674
定　　价／148.00元

前言

自2000年起，国家统计局定期公开出版《中国农村贫困监测报告》，向社会各界发布中国农村贫困状况，展示贫困变化的宏观背景，介绍各部门和全社会的扶贫实践及其扶贫效果。2006年度报告继续秉承其一贯风格，用数据说话，用事实说话，向国内外展示中国最新反贫困成果。

《2006年中国农村贫困监测报告》在介绍2005年最新贫困状况的基础上，进一步回顾了过去5年中国农村反贫困斗争实践和效果。“十五”时期，中国强化了对贫困地区的扶持，各种惠农、支农政策相继出台，财政支农能力不断提高，农村劳动力继续转移，粮食增产，农民增收，农村扶贫事业取得新进展、新成就。农村贫困人口从2000年的3209万下降到2005年的2365万，农村低收入标准以下人口从9422万下降到6432万。与“十五”期初相比，农村扶贫对象发生了很大的变化，出现了一些新的情况和特点，扶贫工作面临新的问题和挑战，要实现解决剩余贫困人口的温饱问题，帮助农村低收入人口实现稳定脱贫的目标，任务仍很艰巨，需要中国政府和人民继续做出艰苦的努力。

在本报告的编辑过程中，国家发改委、国家民委、财政部、国务院扶贫办、农业银行、教育部、科技部、民政部、水利部、农业部、卫生部、国家林业局、全国妇联、全国残联等有关部委和扶贫基金、中华慈善总会等社会团体以及在华的国际机构给予了大力的支持和帮助，在此表示衷心感谢。

限于水平和经验，本报告难免会有不妥之处，诚恳欢迎大家提出批评和建议。希望关心中国扶贫事业的各界朋友，继续关注《中国农村贫困监测报告》，让我们一起努力，把报告越做越好。

编　者

2006年11月

目录

Contents

第五部分　扶贫工作回顾及政策展望

第六部分　"十一五"期间扶贫规划

第七部分　国家扶贫开发工作重点县统计资料

目录

Contents

目录

Contents

目录

Contents

统计图：

专栏：

第一部分：农村经济增长与农村社会发展

1

2005 年是“十五”计划的最后一年。国家继续加强和改善宏观调控，强化对“三农”的扶持政策。在有利的宏观经济环境中，农村经济稳定增长，农村社会事业发展加快，农村经济增长与农村社会发展出现了一些新的特点。

一、农村社会经济发展面临有利宏观环境

2005 年，国家实施稳健的财政政策和货币政策，按照“控制赤字、调整结构、推进改革、增收节支”十六字方针，一方面控制投资需求膨胀，对投资过热的行业从紧，另一方面又着力支持经济社会发展中的薄弱环节，加大对农业、就业和社会保障、环境和生态建设、公共卫生、教育、科技等方面的投入和支持力度，努力促进“五个统筹”和全面协调发展。总的看来，2005 年我国经济形势呈现出增长平稳较快，经济效益改善，价格上涨温和，活力有所增强的良好态势，特别是经济运行的稳定性有所提高、发展的协调性有所改善。

（一）国民经济保持平稳较快增长

2005 年国内生产总值 182321 亿元，比上年增长 9.9%，略低于上年 10.1% 的增长速度。其中，第一产业增加值 22718 亿元，增长 5.2%，比上年回落 1.1 个百分点；第二产业增加值 86208 亿元，增长 11.4%，加快 0.3 个百分点；第三产业增加值 73395 亿元，增长 9.6%，回落 0.4 个百分点。分季度看，四个季度的国内生产总值分别增长 9.9%、10.1%、9.8% 和 9.9%，比较平稳。

（二）投资稳定、快速增长

2005 年全社会固定资产投资达到 88604 亿元，比上年增长 25.7%，增幅比上年回落 0.9 个百分点。其中，城镇固定资产投资 75096 亿元，增长 27.2%，农村固定资产投资 13508 亿元，增长 18.0%。分季度看，2005 年农村固定资产投资增速呈逐步上升态势，四个季度累计增长速度分别为 12.7%、16.3%、17.6% 和 18.0%。

（三）货币信贷总量增长适度

12 月末，广义货币（M_2）298755 亿元，同比增长 17.6%，同比加快 3 个百分点；狭义货币（M_1）107279 亿元，增长 11.8%，回落 1.8 个百分点；流通中现金（M_0）24032 亿元，增长 11.9%，加快 3.2 个百分点。货币流动性有所降低，M_1/ M_2 为 35.9%，同比回落 2 个百分点。金融机构各项贷款比年初增加 23544 亿元，同比多增 871 亿元。全年货币净投放 2563 亿元，同比多投放 841 亿元。

（四）经济增长的效益和质量继续提高

一是企业利润继续增加。全年规模以上工业实现利润14362亿元，比上年增长22.6%。二是财政收入突破三万亿元。2005年全国财政收入达到31628.0亿元（不含债务收入），再上了一个新台阶，比2004年增加5231.5亿元，增长19.8%；全国财政支出33708.1亿元，比2004年增加5221.2亿元，增长18.3%，三是城镇再就业状况有所改善。全年城镇新增就业970万人，有510万下岗失业人员实现了再就业。年末城镇登记失业人数为839万人，城镇登记失业率为4.2%。四是城乡居民收入继续较快增长。全年城镇居民人均可支配收入10493元，扣除价格因素，比上年实际增长9.6%，增幅比上年提高1.9个百分点；农民人均纯收入3255元，实际增长6.2%，回落0.6个百分点。

二、农业与农村经济取得非凡成就

2005年，党的十六届五中全会提出了建设社会主义新农村的伟大构想。党中央、国务院贯彻落实“城市支持乡村，工业反哺农业”方针，进一步强化对“三农”的扶持政策，各级财政用于农业的支出增长加快，农村经济增长与农村社会发展呈现新格局。

（一）财政投入增长加快

2005年中央和地方继续贯彻“多予、少取、放活”方针。在“少取”方面，28个省（区、市）全部免征了农业税，全国取消了牧业税，农民减免税收负担220亿元。在“多予”方面，增加对种粮农民的补贴和对产粮大县及财政困难县的转移支付，其中粮食直补资金总额为132亿元，高于上年116亿元的水平，增长14%；中央财政农机购置补贴3亿元，比上年增加2.3亿元；良种补贴38.7亿元，高于上年28.5亿元的水平，增长36%；中央财政还安排55亿元专项资金，补助产粮大县。

（二）农业经济稳定增长

2005年全国农林牧渔业总产值39451亿元，按可比价格计算，比上年增长5.7%。农林牧渔业总产值中，农业产值19613亿元，比上年增长4.1%；畜牧业产值达到13311亿元，增长7.8%；渔业产值4016亿元，增长6.5%；林业产值1426亿元，增长3.2%。

2005年第一产业增加值22718亿元（不包括农林牧渔服务业增加值），比上年实际增长5.2%。第一产业增加值占国内生产总值比重为12.5%，比上年下降0.6个百分点。第一产业增加值对国内生产总值的贡献率及拉动率都有所下降，分别由上年的7.7%和0.8%下降为6.3%和0.6%。

图1—1
1990年以来第一产业增加值对国内生产总值贡献率变化情况

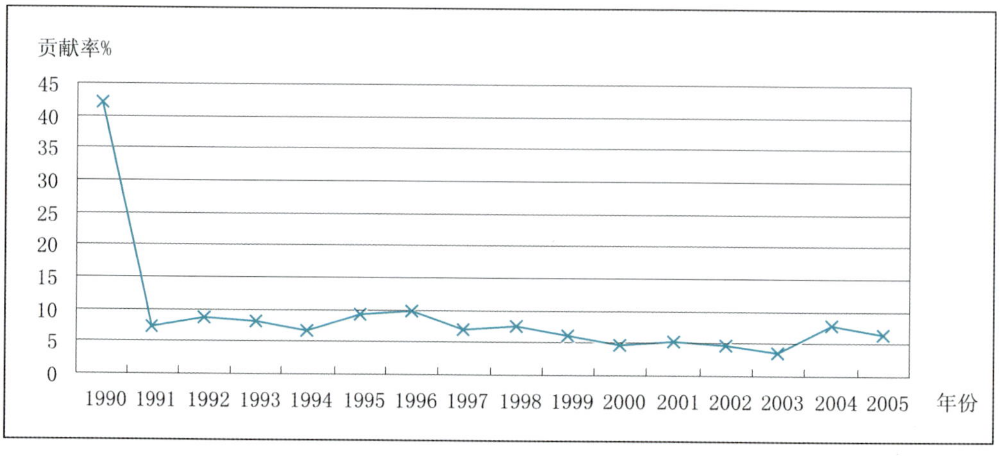

数据来源：2006年中国统计年鉴

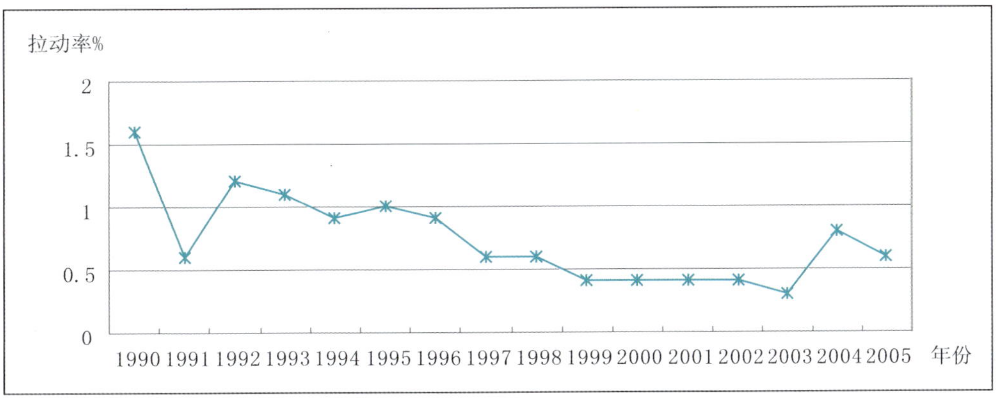

图 1–2
第一产业增加值对国内生产总值的拉动率

数据来源：2006 年中国统计年鉴

（三）全年粮食生产保持增长格局

2005 年全国粮食播种面积 15.6 亿亩，比上年扩大 4002 万亩，增长 2.6%。粮食产量 9680 亿斤，比上年增产 291 亿斤，增长 3.1%。

2005 年粮食生产有四个特点：一是粮食单产稳定略增，2005 年粮食单产为 309.4 公斤 / 亩，比上年提高 1.4 公斤 / 亩，提高 0.5%，粮食单产水平再创历史新高。二是面积扩大对粮食增产的贡献最大。因面积扩大增产粮食 247 亿斤，对粮食增产总量的贡献率为 85%。三是粮食增产主要增在主产区，从粮食增产区域看，13 个粮食主产区增产幅度较大，粮食主产区增加 266 亿斤，占全国增加量的 91%。四是夏粮、秋粮增产，早稻减产。2005 年全国夏粮产量 2125 亿斤，增产 102.4 亿斤，增长 5.1%；早稻产量 636 亿斤，减产 8.6 亿斤。秋粮产量 6919 亿斤，增加 197 亿斤，增长 2.9%。

（四）农民收入继续保持较快增长

据抽样调查，2005 年农民人均纯收入为 3255 元，比上年增加 319 元，扣除价格因素的影响，实际增长 6.2%。

农民收入增长的主要特点：一是工资性收入增长加快，是农民增收的最主要来源。2005 年农民的工资性收入人均 1175 元，首次突破千元大关，比上年增加 177 元，增长 17.7%，增长率比上年高 9 个百分点。工资性收入的增加额占全年农民纯收入总增量的 55.5%。二是家庭经营收入增速回落，其中第一产业经营收入增速大幅回落，但二、三产业经营收入增长加快。2005 年农民家庭生产经营纯收入人均 1843 元，比上年增加 98 元，比上年增长 5.6%，增速回落 7.7 个百分点。农户家庭从事第一产业生产经营纯收入人均 1470 元，增加 72 元，增长 5.1%，增速回落 15 个百分点。二、三产业生产经营纯收入人均 375 元，增加 27 元，增长 7.8%。增加额和增长幅度在“十五”期间均为最高。三是政策性收入大量增加，税费负担显著下降。2005 年农民得到的政策性收入（包括粮食直补、良种补贴和购置更新大型农机具补贴收入）人均 18 元，比上年增长 12.9%。农民的税费负担人均 13 元，比上年减少 25 元，负担下降 65.1%。税费负担占当年农民纯收入的比重由上年的 1.3% 下降为 0.4%。四是农村居民内部收入分配差距扩大的速度有所减缓，但城乡居民收入差距进一步扩大。2005 年农村居民内部收入分配差距略有扩大，农民人均纯收入的基尼系数为 0.3751，比上年提高 0.006（2004 年比 2003 年提高 0.12）。农村居民收入分配的内部差距基本保持在 2004 年的水平，但与城镇居民的收入差距略有扩大。2005 年城乡居民收入差距从上年的 3.2:1 扩大到 3.22:1 的水平。

（五）畜牧业生产克服“禽流感”影响继续稳定发展

2005 年全国肉类总产量 7700 万吨，比上年增长 6.3%。其中，猪、牛、羊肉分别增长 6.6%、5.6% 和 9.3%。2005 年发生的“禽流感”对家禽业生产与销售量有一定影响，全国发生“禽流感”

疫情31起，涉及13个省（区、市），扑杀家禽2000多万只，占2004年家禽出栏总量的0.2%。

（六）农产品价格保持基本稳定

据抽样调查，2005年全国农产品生产价格比上年上涨1.4%，价格涨幅比上年回落11.7个百分点。其中种植业、林业、畜牧业和渔业产品价格分别上涨1.6%、4.8%、0.5%和4.7%。2005年主要农产品价格变动的主要特点：一是粮食生产价格稳中略降。2005年粮食生产价格比上年下降0.9%。全年谷物价格比上年下降0.8%，豆类价格下降4.3%，薯类价格上涨6.1%。且粮食主销区比主产区降幅大。二是棉花生产价格上涨11.8%。三是畜牧业产品生产价格涨跌互现。生猪出栏价格比上年下降2.4%；肉牛生产价格上涨1.6%；活羊价格上涨1.7%；奶产品价格微跌0.4%；家禽和蛋类生产价格虽比上年上涨5.6%和6.4%，但涨幅较上年大幅回落。

三、农村全面建设小康社会加快

2005年，各地全面贯彻落实中央关于农业和农村工作的一系列方针政策，农村各项改革稳定推进，农村全面建设小康事业发展加快。监测结果显示，2005年全国农村全面小康实现程度达到28.2%，比上年提高6.6个百分点。

（一）农村全面建设小康社会的总体特点

从全面建设小康监测体系的六个方面看，农村经济发展方面全面小康实现程度为20.8%，比上年提升8.7个百分点；农村社会发展方面全面小康实现程度为33.9%，比上年提升0.8个百分点；农民生活质量方面全面小康实现程度为38.5%，比上年提升9.8个百分点；农村人口素质方面全面小康实现程度为15%，与上年持平；农村民主法制方面全面小康实现程度为72.7%，比上年提升3.7个百分点；资源环境方面全面小康的实现程度为-0.7%，比上年提高21.7个百分点。

在反映农村全面小康的六个方面中，农村人口素质和社会发展等方面全面小康进程相对缓慢。农村经济、农民生活质量方面的全面小康进程虽然提升加快，但基础依然薄弱。从农村全面小康的18项指标来看，农村养老覆盖率、农民人均可支配收入、小城镇人口比重、农村人口平均受教育年限等指标的全面小康实现程度较低。

（二）农村全面建设小康的区域特点

总体上看，东部地区全面建设小康进程快于中、西部地区，西部地区略快于中部地区。2005年东、中、西部地区农村全面小康实现程度分别为47.6%、24.6%和1.3%，分别比上年提升7.1、6.3和6.4个百分点。东部与中、西部地区农村全面小康实现程度差距进一步拉大，其中，中部与东部地区农村全面小康实现程度的差距比2004年扩大0.8个百分点，西部与东部地区的差距扩大0.7个百分点；西部与中部地区的差距缩小0.1个百分点。

从全面小康的进程看，2005年东部地区全面小康实现程度为47.6%，已经走完了农村全面小康进程的近一半的路程，估计再过10年左右可基本实现全面小康。中部地区全面小康实现程度为24.6%，走完了1/4的全面小康路程，但经济与社会发展不均衡，经济发展和人口素质的实现程度均很低。西部地区实现程度仅为1.3%，刚刚达到总体小康水平，全面小康建设任重道远。

从结构上看，东、中、西部地区经济发展、人口素质和生活质量方面差距较大。在经济发展方面，东部和中、西部农村全面小康实现程度的差距分别为39.5%和59.0%，发展差距在5年以上；在人口素质方面，东部和西部农村全面小康实现程度的差距为80.3%，中部和西部农村全面小康实现程度的差距为66.9%，发展水平差距10年以上；在生活质量方面，东部和中、西部农村全面小康实现程度的差距分别为28.6%和46.4%，发展差距在5年以上。

四、农村经济运行中存在的主要问题

（一）农民增收难度加大

一是农产品价格经过两年多的上升周期后，进入相对稳定期，农产品价格对农民增收的促进作用减弱。二是农业生产资料价格上涨，影响农民增收。农业生产资料价格上涨必然对农民收入造成不良影响。2005年粮食亩均纯收益243元，比上年减少27元，其中有21元（占78%）是因为农业生产资料价格上涨造成。三是实现农村全面建设小康目标的难度较大。如果到2020年实现农村全面建设小康目标，农民收入每年要增加近200元左右，按现价计算，农民收入每年至少要增加250元以上，难度之大可想而知。

（二）农业基础不稳，抗自然灾害能力弱，粮食继续增产难度大

一是资源环境制约农业生产。尽管实行了最严格的耕地保护制度，但2005年我国耕地净减少543万亩。我国水资源分布不均，粮食生产基地主要在北方，但北方缺水，长期、稳定提高粮食综合生产能力的难度较大。二是农田基本建设落后。我国现有农田水利骨干工程大都建于20世纪50年代至70年代，目前老化失修严重。2005年全国有效灌溉面积8.25亿亩，占耕地面积的比重仅为45%；旱涝保收田仅占耕地面积的50%左右，农业生产的丰歉在很大程度上取决于气候条件。

（三）农村社会保障事业发展滞后

据卫生部统计，2005年全国开展新型合作医疗试点的县为671个，参加合作医疗人口为1.79亿，占全国农业人口的23.6%。农村千人卫生技术人员数与城镇相差10倍，落后世界平均水平20年以上。到目前为止，全国参加养老保险的农民5400万人，只有200多万参保农民领取了养老金。

（四）农村劳动力素质低

2005年农村人口平均受教育年限仅相当于初中二年级水平。全国农村劳动力文盲率为6.9%，小学和初中文化程度的农村从业人员占79.4%，高中文化程度的农村从业人员占10.3%，中专及以上文化素质人员只占3.4%。另外，随着农村城镇化建设的加快，有较高文化素质的农村劳动力大量流向城镇。农村劳动力素质低成为农村社会经济发展的主要瓶颈之一。

（五）农村居住环境改善难

新农村建设要求农村有新的村容村貌。2005年，农村居民使用清洁能源、卫生厕所、室外道路为硬质路面的农户比重分别只有42%、13.1%和54.6%，要改变农村居住散、乱、脏的现状，使大部分农户生活在整洁环境中的难度很大。

五、对农业和农村经济工作的几点建议

（一）培育农民收入新的增收点

新农村建设为农民增收创造新的机遇，要以此为契机，积极培育农民收入新的增长点。在社会主义新农村建设中，一要尽量吸收农民工，增加农民务工收入；二要进一步推动农村小城镇建设，加快农村人口向城镇流动和转移；三要大力发展农村二、三产业。各级政府应加强对农村第二、三产业发展的政策引导，振兴农村第二、三产业，增加本地非农就业机会，推动农村经济发展和增加农民收入。

（二）建立发展农村基础设施的长效机制

一是发展现代农业，走资源节约型农业生产的路子。二是构建以政府资金为主体的多元化投入机制，加强农田水利等农业基础设施建设，大力推广农业节水灌溉技术。三是探索新机制，

充分调动社区和农户承担更多的基础设施建设和管护职能。

（三）培育新一代农民

要加强立法，实施强制性义务教育。规定家长或监护人必须将15岁以下少年儿童送入学校接受教育，或保证达到初中毕业水平，违法者给予严厉惩罚。同时，要继续加大对农民工的培训力度，要保证目前20~40岁的青壮年都有机会接受各种形式的教育培训，提高创业或就业能力。

（四）为农民提供新保障

将改善农民医疗卫生条件和完善社会救助制度作为重点，有计划、有步骤地推进农村社会保障制度的建立，不断改善农村医疗条件、扩大农村救助范围、提高农民的健康水平，为农民提供新保障。

（五）做好村镇发展规划，建设一批新村庄

改变落后的乡村面貌、改善农民居住环境是新农村建设不可缺少的内容。在有条件的地方，各级政府要做好村镇发展规划，将分散的自然村集中连片建设成新村庄，有利于基础设施的建设和改变村容村貌，也有利于节约土地以及原有宅基地改造，增加耕地面积。

第二部分：全国农村贫困状况及变化

2

2005年是《中国农村扶贫开发纲要（2001-2010年）》实施中期 。本文对2005年我国农村贫困规模、分布及多元贫困状况进行描述分析，同时对我国“十五”期间农村贫困状况进行总结，在此基础上提出新时期农村扶贫的对策建议。

一、2005年农村贫困状况

（一）贫困标准

根据农村居民消费价格指数，2005年农村绝对贫困标准由上年的668元调整为683元，低收入人口的标准由上年的924元调整为944元。

（二）贫困规模

根据2005年绝对贫困人口和低收入人口的标准测算，2005年末，农村绝对贫困人口的数量2365万人，比上年减少245万人，减少9.4%；贫困发生率为2.5%，同比下降0.3个百分点。低收入人口数量为4067万人，比上年减少910万人，减少18.3%；低收入人口占农村人口的比重为4.3%，同比下降1个百分点。绝对贫困人口与低收入人口合计数量为6432万人，比上年减少1155万人，减少15.2%；占农村人口的比重为6.8%，下降1.3个百分点。我国贫困人口下降的主要原因是2005年农业继续增产，农民继续增收，农村税费改革继续推进，农村扶贫开发力度加大，共同推动了贫困和低收入人口的减少。

分省来看，2005年绝对贫困人口和低收入人口数量合计减少较多的分别是四川（减110万）、山西（减93万）、河南（减89万）、河北（减86万），这几个省贫困人口和低收入人口基数大，2005年人均纯收入增长较快，所以贫困和低收入人口减少较多。

（三）贫困分布

1. 绝对贫困人口分布

从地区分布看，贫困人口主要分布在西部地区。2005年末东部、中部、西部、东北地区[①]贫困人口分别为142万、668万、1421万、134万，贫困发生率分别为0.4%、2.4%、5.0%、2.4%。贫困人口主要分布在西部地区，占农村贫困人口总数的60.1%。

从地势来看，贫困人口主要集中在山区，2005年末山区贫困人口1228万，贫困发生率为5.5%，占农村贫困人口总数的51.9%。

①根据新的地区划分标准，把全国划分为东部、中部、西部和东北四大地区。即：东部地区：北京、天津、河北、上海、江苏、浙江、福建、山东、广东和海南共10个省市；中部地区：山西、安徽、江西、河南、湖北、湖南共6个省；西部地区：内蒙古、广西、重庆、四川、贵州、云南、西藏、陕西、甘肃、青海、宁夏和新疆共12个省区市；东北地区：辽宁、吉林、黑龙江共3个省。下同。

分省来看，西部省份贫困发生率相对较高，其中，青海贫困发生率在10%以上，内蒙古、贵州、云南、西藏、陕西、甘肃、新疆等7个省（区）贫困发生率在5%~10%之间。

图2—1
2005年绝对贫困人口地区分布

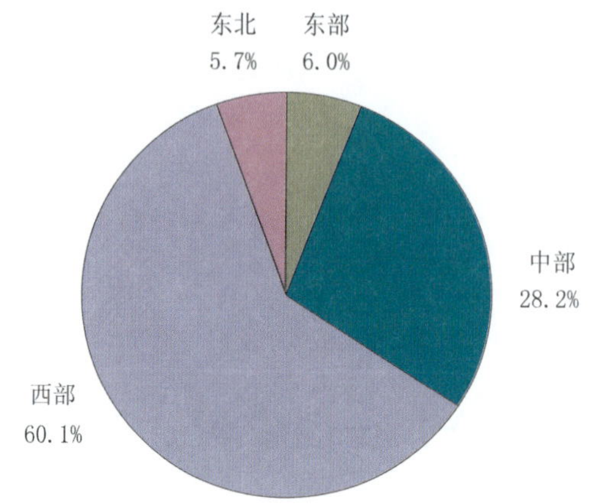

数据来源：全国农村住户抽样调查

2. 低收入人口分布

从地区分布看，中西部地区低收入人口较多。2005年末，东部、中部、西部、东北地区低收入人口分别为318万、1237万、2384万、128万，占本地区农村人口的比重分别为1.0%、4.4%、8.4%、2.3%。低收入人口近九成分布于中西部地区，其中，中部地区低收入人口占全国低收入人口总数的30.4%，西部地区占58.6%。

从地势来看，近半数的低收入人口分布在山区。2005年末，平原、丘陵、山区低收入人口占全国农村低收入人口的比重分别为30.7%、21.8%、47.5%。

分省来看，2005年末，低收入人口占农村人口比重仍在10%以上的有6个，分别为贵州、云南、西藏、陕西、甘肃、新疆，在5%~10%之间的有河南、广西、海南、青海、宁夏等5个省（区）。

图2—2
2005年低收入人口地区分布

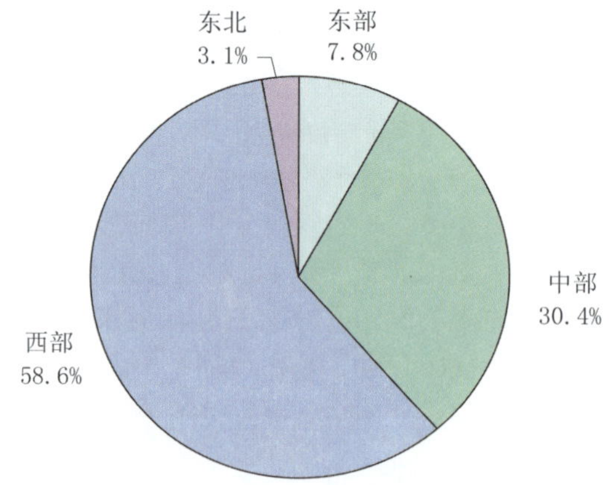

数据来源：全国农村住户抽样调查

（四）贫困和低收入人口特征

贫困及低收入人口家庭规模大、负担重，劳动力素质相对较差。

贫困和低收入人口家庭规模大，2005年户均人口分别为5.3和5.1人，均大大高于全国平均4.1人的水平。贫困及低收入人口的家庭负担也相对较重，平均每个劳动力负担人口为1.6人，高于全国1.4人的平均水平。同时贫困和低收入农户中家庭结构为“夫妇及三个以上孩子”和“三代同堂”的比重明显高于全国平均水平，因此贫困和低收入家庭中老人和孩子的比重也相对较高，家庭负担相对较重，其中，贫困农户中60岁以上和15岁以下的人口比重为36.2%，低收入农户这一比重为35.1%，而全国平均为26.5%。

在劳动力素质上，贫困和低收入人口中劳动力人均受教育年限低、文盲率高，其中受教育年限分别为6.5年和6.8年，比全国平均水平低1.5年和1.2年；文盲率分别为16.8%和14.4%，比全国平均水平高9.9个和7.6个百分点。劳动力中接受过专业培训的比重也低于全国平均水平，贫困人口为12.7%、低收入人口为12.6%，全国平均为20.2%。但是贫困和低收入人口都有很强的接受培训意愿，在未接受过专业培训的贫困和低收入人口中分别有67.3%和67.5%的人愿意接受专业培训，高于全国58.8%的平均水平。

（五）收入特征

2005年贫困人口人均纯收入为552元，仅为全国平均水平的17.0%；低收入人口人均纯收入860元，仅为全国平均水平的26.4%。

1.贫困及低收入人口收入结构相对单一，收入主要来源于家庭经营第一产业

与全国平均水平相比，贫困和低收入人口收入结构相对单一，收入主要来源于家庭经营第一产业，尤其是种植业。2005年贫困和低收入人口人均纯收入中来源于家庭经营第一产业的比重分别为61.5%和61.8%，高于全国平均水平约16个百分点。其中纯收入来源于种植业的比重分别高达57.8%和54.0%，远高于全国平均水平。因此，贫困和低收入农户中农业户和农业兼业户的比重明显高于全国平均水平，2005年贫困农户中农业户和农业兼业户的比重为88.1%，低收入农户中农业户和农业兼业户的比重为86.3%，而全国平均水平为64.5%。

表2-1 2005年农村居民纯收入及其构成

指　标	收入水平(元)			收入构成（%）		
	全国	贫困人口	低收入人口	全国	贫困人口	低收入人口
人均纯收入	3255.4	552.0	860.0	100.0	100.0	100.0
一、工资性收入	1174.5	148.4	232.8	36.1	26.9	27.1
二、家庭经营收入	1844.5	361.8	571.7	56.7	65.6	66.5
1.第一产业	1469.6	339.3	531.4	45.1	61.5	61.8
其中：种植业	1097.7	318.8	464.2	33.7	57.8	54.0
2.非农产业	374.9	22.6	40.3	11.5	4.1	4.7
三、财产性收入	88.4	8.6	13.5	2.7	1.6	1.6
四、转移性收入	147.4	33.1	42.1	4.5	6.0	4.9

数据来源：全国农村住户抽样调查

2.贫困和低收入农户收入货币化程度低

2005年贫困人口人均现金纯收入287元，占纯收入的52%；低收入人口人均现金纯收入519元，占纯收入的60.3%。贫困和低收入人口现金纯收入的比重较之于2004年有较大提高，但与全国平均水平相比仍然较低，分别比全国平均水平低32.1个和23.8个百分点。

3.政策性补贴收入低于全国平均水平

2005年全国农民人均获得的四项补贴（包括退耕还林还草补贴、粮食直接补贴、购置和更新大型农机具补贴、良种补贴）为35.3元，贫困和低收入人口人均分别为18.9元和25.9元，分别为全国平均水平的54%和73%。但贫困和低收入人口获得的四项补贴收入占纯收入的比重分别为3.4%和3.0%，高于全国平均水平（1.1%）。

4.贫困人口中70%以上人均纯收入在500元以上，处于贫困线边缘

2005年贫困人口中人均纯收入300元以下的占10.7%，300~500元的占18.1%，500元以上的占71.2%，多数处于贫困线的边缘。

（六）生活消费特征

2005年贫困人口人均生活消费支出651元，相当于全国平均水平的25.5%；低收入人口人均生活消费支出891元，相当于全国平均水平的34.9%。

1．贫困和低收入人口消费水平层次低，以满足基本的衣食住为主

农村贫困和低收入人口生活消费以满足基本的衣食住等生存需要为主，2005年贫困人口生活消费支出的82.6%用于食品、衣着和住房消费，低收入人口生活消费支出的80.1%用于衣食住，均远高于全国平均水平。其中，贫困人口人均食品消费支出444元，相当于全国平均水平的38.2%，食品消费支出占生活消费支出的比重（恩格尔系数）高达68.2%；衣着支出人均36.9元，相当于全国平均水平的24.8%；居住支出人均57元，相当于全国平均水平的15.4%。低收入人口人均食品消费支出583.4元，相当于全国平均水平的50.2%，食品支出占生活消费支出的比重达65.5%；衣着支出人均53.3元，相当于全国平均水平的35.9%；居住支出人均76.3元，相当于全国平均水平的20.6%。

表2-2 2005年农村居民消费情况

指 标	消费水平（元）			消费结构（%）		
	全国	贫困人口	低收入农户	全国	贫困人口	低收入农户
生活消费支出	2555.4	651.0	890.6	100.0	100.0	100.0
# 服务性支出	756.5	89.0	145.3	29.6	13.7	16.3
1.食品消费支出	1162.2	444.0	583.4	45.5	68.2	65.5
2.衣着支出	148.6	36.9	53.3	5.8	5.7	6.0
3.居住消费支出	370.2	57.0	76.3	14.5	8.8	8.6
4.家庭设备用品和服务支出	111.4	20.6	29.0	4.4	3.2	3.3
5.交通和通讯费支出	245.0	24.5	39.6	9.6	3.8	4.4
6.文教娱乐支出	295.5	33.4	53.8	11.6	5.1	6.0
7.医疗保健支出	168.1	27.2	43.5	6.6	4.2	4.9
8.其他商品和服务	54.5	7.3	11.6	2.1	1.1	1.3

数据来源：
全国农村住户抽样调查

2．除了衣食住消费外，贫困和低收入人口其他消费很少，尤其是体现生活质量的消费更少

2005年贫困人口人均家庭设备用品和服务支出人均20.6元，仅相当于全国平均水平的18.5%；人均交通和通讯支出24.5元，相当于全国平均水平的10.0%；人均文教娱乐支出33.4元，相当于全国平均水平的11.3%；人均医疗保健支出27.2元，相当于平均水平的16.2%。低收入人口家庭设备用品和服务支出人均29元，相当于全国平均水平的26.0%；人均交通和通讯支出39.6元，相当于全国平均水平的16.2%；人均文教娱乐支出53.8元，相当于全国平均水平的18.2%；人均医疗保健支出43.5元，相当于全国平均水平的25.9%。

贫困和低收入人口的文教娱乐支出中2/3是学杂费支出，医疗保健支出中几乎全部是购买药品和医疗费支出，而体现居民生活质量的文化娱乐、保健等支出极少。

3．贫困和低收入人口现金消费和服务性支出比重低，自给性消费比重偏高

贫困和低收入人口不仅整体消费水平低，而且生活消费中现金消费和服务性支出比重低，自给性消费比重偏高。2005年贫困和低收入人口人均现金消费占生活消费支出的比重分别58.4%和61.7%，分别比全国平均水平低25.1个和21.8个百分点，相应地，自给性消费比重则分别比全国平均水平高25.1个和21.8个百分点。贫困和低收入人口服务性支出人均89元和145元，占总的生活消费支出的比重分别为13.7%和16.3%，低于全国平均29.6%的水平。

（七）生产投入特征

2005 年贫困和低收入农户人均生产投入分别为 573 元和 562 元，分别仅为全国平均水平的 43.4% 和 42.5%。

1. 生产经营费用支出少，且主要投向种植业和牧业

2005 年贫困和低收入农户人均生产经营费用支出仅为 513 元和 511 元，相当于全国平均水平的 43% 左右。在投向上，贫困和低收入农户家庭经营费用支出中有 90% 以上投在种植业和牧业上。

2. 生产性固定资产投入少

2005 年贫困和低收入农户购置生产性固定资产支出（包括购置生产性固定资产雇工支出）分别为 60 元和 51 元，分别相当于全国平均水平的 45.9% 和 38.9%。

贫困和低收入农户拥有的生产性固定资产原值和数量与全国平均水平相比也有一定差距。2005 年贫困和低收入农户户均拥有的生产性固定资产原值分别为 5160 元和 5221 元，相当于全国平均水平的 72.1% 和 73.0%。在年末拥有的主要生产性固定资产数量上，贫困和低收入农户在体现传统生产方式的胶轮大车、役畜、产品畜等的数量上多于全国平均水平，而在汽车、拖拉机、脱粒机、农用动力机械等体现现代生产方式的固定资产数量上明显低于全国平均水平。

（八）温饱饮食健康

食物消费结构有所改善。2005 年我国农村居民食品支出占生活消费支出的比重，即恩格尔系数为 45.5%，比上年下降了 1.8 个百分点。人均消费的肉禽、奶、水产品等动物性食品数量增加，人均消费的粮食则明显减少。农民摄取的热量来自于谷物的比重（谷物热能比）有所下降，2005 年全国农村居民的谷物热能比为 64.5%，比上年下降了 3.3 个百分点；贫困人口的谷物热能比为 80.2%，比上年下降了 1.9 个百分点；低收入人口的谷物热能比为 77.6%，比上年下降了 2.3 个百分点。谷物热能比的下降说明农民食物消费结构的改善，但贫困和低收入人口的谷物热能比仍偏高，其摄取的热量有 3/4 以上来自于谷物，说明其饮食结构的单一。

表 2–3 2005 年农村居民主要食品消费量

单位：公斤／人

指　标	全国	贫困人口	低收入人口
粮食	208.8	153.7	181.1
谷物及薯类	206.9	152.5	179.9
豆类及豆制品	5.4	2.6	3.4
蔬菜及制品	102.3	54.6	67.9
食用油	6.0	3.0	3.8
其中：植物油	4.9	2.5	3.2
肉禽及其制品	22.4	9.0	12.5
蛋类及蛋制品	4.7	1.0	1.6
奶和奶制品	2.9	1.5	1.5
水产品	4.9	0.6	1.1
水果及制品	17.2	6.2	7.8

数据来源：
全国农村住户抽样调查

（九）财产与生活设施

1. 住房和生活设施有所改善

2005 年贫困和低收入人口人均住房面积分别为 18.1 和 19.3 平方米，分别比上年增加了 1.8 和 0.9 平方米。其中钢筋混凝土和砖木结构住房面积的比重分别为 56.6% 和 63.7%，比上年提高了 2.4 和 0.6 个百分点。人均住房价值分别为 2727 元和 3115 元，比上年高 548 元和 489 元。有安全

饮用水的农户比重分别为58.7%和60.5%，比上年提高了3.4个和2.5个百分点。炊事使用液化气的农户比重分别为1.3%和1.5%，提高了0.8个和0.4个百分点。有水冲式厕所的农户比重分别为1.4%和1.7%，提高了0.8个和0.3个百分点。

表2-4 农户生活设施情况

指 标	2005年			2004年		
	全国	贫困农户	低收入户	全国	贫困农户	低收入户
1.人均住房面积（m^2）	29.7	18.1	19.3	27.9	16.3	18.4
2.钢筋混凝土和砖木结构住房面积比重(%)	85.2	56.6	63.7	83.4	54.2	63.1
3.人均住房价值（元）	7947.8	2727.0	3114.6	6307.9	2178.6	2625.6
4.有安全饮用水的农户比重（%）	71.5	58.7	60.5	69.9	55.3	58.0
5.炊事使用液化气的农户比重（%）	12.5	1.3	1.5	9.9	0.5	1.1
6.水冲式厕所的农户比重（%）	13.1	1.4	1.7	10.5	0.6	1.4

数据来源：全国农村住户抽样调查

2. 耐用消费品拥有量增加

2005年末贫困和低收入农户拥有的主要耐用消费品增加，其中电话、移动电话、彩色电视机等增加较快。

表2-5 平均每百户年末主要耐用消费品拥有量

单位：台／百户

指 标	2005年			2004年		
	全国	贫困农户	低收入户	全国	贫困农户	低收入户
洗衣机	40.2	17.3	20.4	37.3	15.5	20.1
电风扇	146.3	48.1	65.4	141.9	41.5	61.2
电冰箱	20.1	6.0	5.5	17.8	4.5	4.2
摩托车	40.7	19.3	21.6	36.2	14.5	17.0
电话机	58.3	26.3	33.2	54.5	16.5	24.2
移动电话机	50.2	22.4	23.1	34.7	8.7	10.0
彩色电视机	84.0	54.1	60.9	75.1	43.2	50.3
黑白电视机	21.8	26.6	27.6	37.9	39.9	41.8
照相机	4.1	0.6	0.6	3.7	1.0	1.0

数据来源：全国农村住户抽样调查

（十）儿童及成人受教育情况

1. 儿童在校率较高

2005年全国农村7~15岁儿童在校率为97.2%，其中，7~12岁儿童在校率98.5%；13~15岁儿童在校率95.5%。农户的经济状况与儿童入学率密切相关，贫困农户儿童入学率最低，低收入户稍好，其他农户入学率最高。2005年，贫困农户7~15岁儿童入学率为90.1%；低收入农户7~15岁儿童入学率为95.5%。

2. 文盲率下降，但贫困和低收入人口文盲率仍然较高

2005年全国农村16岁以上成人文盲率为9.9%，比上年下降0.3个百分点；15~24岁青年文盲率为1.2%，比上年下降0.2个百分点。但贫困和低收入人口文盲率仍然较高，2005年，贫困和低收入人口16岁以上成人文盲率分别为22.5%和18.9%；15~24岁青年文盲率为5.2%和3.7%。

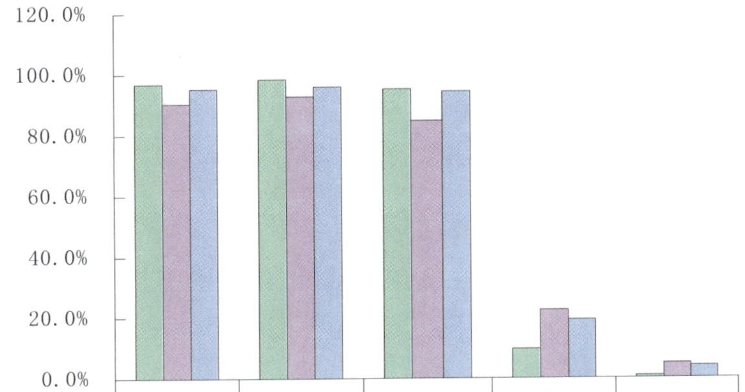

	7-15岁儿童在校率	#7-12岁儿童在校率	13-15岁儿童在校率	成人文盲率	青年文盲率
全国	97.2%	98.5%	95.5%	9.9%	1.2%
贫困农户	90.1%	93.0%	85.2%	22.5%	5.2%
低收入农户	95.5%	96.3%	94.2%	18.9%	3.7%

图 2–3
2005 年农村儿童在校率和成人文盲率

数据来源：全国农村住户抽样调查

3. 劳动力教育程度及专业技术培训状况

农村劳动力文化程度普遍不高，尤其是高素质的劳动力较少。2005 年全国农村劳动力平均受教育年限为 8.0 年，相当于初中二年级水平，而贫困和低收入农户劳动力平均受教育年限为 6.5 年和 6.8 年。劳动力中高中及高中以上文化程度的比重较低，全国为 13.7%，贫困和低收入户更低，分别为 6.5% 和 5.6%。

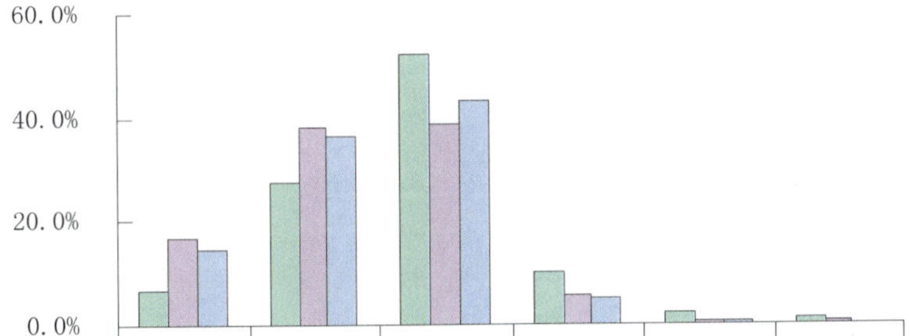

	文盲半文盲	小学	初中	高中	中专	大专及以上
全国	6.9%	27.2%	52.2%	10.2%	2.4%	1.1%
贫困农户	16.8%	38.2%	38.6%	5.5%	0.7%	0.3%
低收入农户	14.4%	36.6%	43.4%	4.8%	0.7%	0.1%

图 2–4
2005 年农村劳动力文化程度

数据来源：全国农村住户抽样调查

农村劳动力中接受过专业技术培训的比重提高，2005 年农村劳动力中有 20.2% 的人接受过专业技术培训，比上年提高了 4.7 个百分点。贫困和低收入户中的劳动力接受过专业技术培训的比重稍低，分别为 12.7% 和 12.6%。低收入群体参加的专业技术培训更多的是由政府组织的，2005 年贫困和低收入户中参加过专业技术培训的劳动力分别有 55.4% 和 55.6% 是由政府组织的，而全国平均的数据为 34.7%。

（十一）市场参与

1. 劳动力外出务工比重提高

2005 年农村常住户中劳动力外出务工比重为 20.2%，比上年提高了 0.9 个百分点。其中贫困和低收入户中劳动力外出务工比重分别为 16.5% 和 18.3%，低于全国平均水平，但提高较快，分别比上年提高了 2.5 个和 2.0 个百分点。

2. 外出劳动力平均务工强度

2005 年农村外出务工劳动力在外务工时间平均 8.2 个月，比上年少 0.1 个月，其中年内外出务工时间在 6 个月以上的占 80.4%。贫困和低收入农户中外出务工劳动力平均在外务工时间均为 7.7 个月，低于全国平均水平，但比上年多了 0.5 个和 0.3 个月。分性别来看，女性外出务工劳动力在外务工时间高于男性，女性平均为 8.6 个月，男性为 8 个月。

3. 人均纯收入中工资性收入比重提高

2005 年我国农村居民工资性收入人均 1175 元，占人均纯收入的 36.1%，比上年提高了 2.1 个百分点。贫困和低收入人口的人均工资性收入分别为 148 和 233 元，占纯收入的比重为 26.9% 和 27.1%，分别比上年提高了 7.0 个和 4.4 个百分点。

4. 现金纯收入比重提高

2005 年我国农村居民人均现金纯收入 2738 元，占人均纯收入的 84.1%，比上年提高了 5.2 个百分点。贫困和低收入人口人均现金纯收入分别为 287 元和 519 元，分别仅占人均纯收入的 52.0% 和 60.3%，但比上年提高了 7.6 和 10.3 个百分点。从收入分组看，收入最低的 20% 人口的人均纯收入中现金纯收入比重只有 66.6%，而收入最高的 20% 人口的现金纯收入比重已达 92.0%，不同收入组的农户市场参与能力存在较大差距。

5. 主要农产品商品率

与全国平均水平相比，贫困和低收入农户主要农产品商品率（出售量除以生产量）相对较低，但粮食、油料、畜禽等的商品率比上年有所提高。

表 2-6 主要农产品人均商品率

单位：%

指　标	2005 年			2004 年		
	全国	贫困	低收入	全国	贫困农户	低收入户
粮食	51.3	31.3	33.6	41.1	28.7	30.4
棉花	93.5	81.3	94.5	78.0	84.1	77.8
油料	59.8	54.3	49.5	55.1	45.9	45.6
蔬菜	63.0	21.8	32.7	59.2	29.8	34.0
畜禽	85.4	65.0	62.9	82.1	55.6	57.9

数据来源：全国农村住户抽样调查

（十二）　社会平等程度

1. 城乡收入差距较大

近年来城乡居民收入差距进一步扩大，到 2005 年全国农村居民人均纯收入与城镇居民人均可支配收入的比例扩大到 1:3.2。

2. 农村居民内部收入差距继续扩大

农村居民内部收入差距也继续扩大，基尼系数逐年增大，2005 年农民人均纯收入的基尼系数达 0.3751，比上年提高 0.006。

以农民人均纯收入最低省与最高省的比率衡量，较之于 2004 年的 1:4.1，2005 年继续扩大，达 1:4.4。

以五等份分组情况看，各组之间差距较大，2005年高收入组人均纯收入是低收入组的7.3倍，人均生活消费是2.9倍，并且高收入组所拥有的收入份额有扩大的趋势。总的来看，低收入组收入水平低，发展能力弱，收入大部分依赖于家庭经营第一产业，工资性收入的比重相对较低；同时低收入组生存性消费明显，恩格尔系数相对较高。

表2-7　2005年按人均纯收入五等份分组收入及消费情况

单位：%

指　标	低收入组	中低收入组	中等收入组	中高收入组	高收入组
人口比重	20.0	20.0	20.0	20.0	20.0
人均纯收入比重	6.0	11.4	16.1	22.5	43.9
人均生活消费支出比重	12.0	14.5	17.6	21.5	34.4
家庭经营第一产业收入占纯收入比重	57.7	55.3	50.8	46.5	35.8
工资性收入占纯收入比重	30.1	32.7	36.0	38.0	40.0
恩格尔系数	51.4	50.1	48.5	45.6	39.8

数据来源：全国农村住户抽样调查

3. 性别差异

农村儿童在校率性别差异下降，到2005年，全国农村7~12岁男童在校率98.7%，女童在校率98.3%，相差0.4个百分点；已无明显性别差异。

在劳动力文化程度性别构成上，男性文化程度高于女性，平均受教育年限比女性高1.4年。男女劳动力文盲率都有所下降，但女性文盲率仍然偏高。2005年男性劳动力文盲率为3.1%，比上年下降0.3个百分点；女性劳动力文盲率为11.1%，比上年下降0.3个百分点。

在劳动力的流动性上，男性仍高于女性，2005年外出劳动力中，男性占65.4%，女性占34.6%。农村男劳动力外出务工比重为25.3%，女性劳动力外出务工比重为14.6%。

二、“十五”期间农村贫困状况和变化

（一）农村缓解贫困的成就

1. 贫困和低收入人口大规模减少

“十五”期间，通过党和政府及社会各方面的努力，尤其是《中国农村扶贫开发纲要(2001-2010年)》的实施，我国农村扶贫工作取得进一步成果，农村贫困人口从2000年末的3209万减少到2005年末的2365万，贫困发生率从3.5%下降到2.5%。“十五”期间我国贫困人口整体上呈下降趋势，五年间共减少贫困人口844万人。

表2-8　“十五”期间贫困人口规模及贫困发生率

年　份	数量(万人)	贫困发生率(%)	比上年增减(万人)
2001	2927	3.2	-282
2002	2820	3.0	-107
2003	2900	3.1	80
2004	2610	2.8	-290
2005	2365	2.5	-245

数据来源：全国农村住户抽样调查

“十五”期间全国低收入人口逐年稳步下降，从2000年的6213万减少到2005年的4067万人，五年共减少2146万人，低收入人口占农村人口的比重从2000年的6.7%下降到2005年的4.3%，下降了2.4个百分点。

表2－9 “十五”期间低收入人口规模及比重

年 份	低收入人口规模（万人）	低收入人口比重（%）	比上年减少（万人）
2001	6103	6.6	111
2002	5825	6.2	277
2003	5617	6.0	208
2004	4977	5.3	640
2005	4067	4.3	910

数据来源：全国农村住户抽样调查

2．西部和山区绝对贫困、低收入人口减少较多、下降较快

西部地区虽然是贫困和低收入人口的主要集中地，但“十五”期间西部地区贫困和低收入人口减少较多，下降较快。“十五”期间西部地区贫困人口减少了523万，占全国农村贫困人口减少总量的62%。贫困发生率也从2000年的6.9%下降到2005年的5.0%，下降了1.9个百分点。

表2－10 各地区贫困人口规模及发生率

指 标		2000年	2001年	2002年	2003年	2004年	2005年
贫困人口规模（万人）	全国	3209	2927	2820	2900	2610	2365
	东部	207	183	261	217	173	142
	中部	814	683	642	752	730	668
	西部	1944	1856	1742	1698	1552	1421
	东北	244	204	175	233	156	134
贫困发生率（%）	全国	3.5	3.2	3.0	3.1	2.8	2.5
	东部	0.7	0.6	0.8	0.7	0.5	0.4
	中部	2.9	2.5	2.3	2.7	2.6	2.4
	西部	6.9	6.6	6.2	6.0	5.5	5.0
	东北	4.4	3.6	3.1	4.1	2.7	2.4
占农村贫困人口比重（%）	东部	6.4	6.3	9.3	7.5	6.6	6.0
	中部	25.4	23.3	22.8	25.9	28.0	28.2
	西部	60.6	63.4	61.8	58.5	59.4	60.1
	东北	7.6	7.0	6.2	8.0	6.0	5.6

数据来源：全国农村住户抽样调查

“十五”期间西部地区低收入减少了1403万，占全国农村低收入人口减少总量的65.4%。西部地区低收入人口占西部农村人口的比重也从2000年的13.5%下降到2005年的8.4%，下降了5.1个百分点，而东部、中部、东北地区则分别下降了0.8个、1.1个和4.0个百分点。

表2－11 各地区低收入人口规模及比重

指 标		2000年	2001年	2002年	2003年	2004年	2005年
贫困人口规模（万人）	全国	6213	6103	5825	5617	4977	4067
	东部	550	591	670	547	474	318
	中部	1527	1552	1477	1748	1511	1237
	西部	3787	3679	3285	2975	2765	2384
	东北	349	281	393	347	228	128
贫困发生率（%）	全国	6.7	6.6	6.2	6.0	5.3	4.3
	东部	1.7	1.9	2.1	1.7	1.5	1.0
	中部	5.5	5.6	5.3	6.2	5.4	4.4
	西部	13.5	13.1	11.6	10.5	9.7	8.4
	东北	6.2	5.0	7.0	6.1	4.0	2.3
占农村贫困人口比重（%）	东部	8.9	9.7	11.5	9.7	9.5	7.8
	中部	24.6	25.4	25.4	31.1	30.4	30.4
	西部	61.0	60.3	56.4	53.0	55.6	58.6
	东北	5.6	4.6	6.7	6.2	4.6	3.1

数据来源：全国农村住户抽样调查

“十五”期间山区贫困人口减少较多，五年共减少441万人，占“十五”期间全国农村贫困人口减少总数的52%；山区贫困发生率从2000年的8.5%下降到2005年的5.5%，下降了3个百分点，而丘陵地区下降了0.3个百分点，平原地区下降了1.4个百分点。

“十五”期间山区低收入人口减少了988万人，占全国农村低收入人口减少总量的46%。山区低收入人口占山区农村人口的比重从2000年的14.7%下降到2005年的8.9%，下降了5.8个百分点，丘陵地区下降了2.5个百分点，平原地区下降了2.3个百分点。

西部地区和山区贫困、低收入人口减少较多、下降较快说明我国以西部地区和山区为重点的扶贫取向成效明显。

3．生活质量有所改善

“十五”期间贫困和低收入农户生活质量有所改善，主要表现在消费结构、财产与生活设施、社区基础设施等的改善。

“十五”期间贫困和低收入农户消费的肉禽、奶和奶制品、水产品等动物性产品增加，消费的粮食则减少，贫困人口的谷物热能比下降了2.3个百分点，低收入人口下降了1.2个百分点。

“十五”期间贫困和低收入农户住房状况改善，人均居住面积分别提高了4平方米和2.1平方米，钢筋混凝土和砖木结构住房面积比重分别提高了13.7个和6.1个百分点，人均住房价值分别提高了71%和50%。同时贫困和低收入农户生活设施改善，有安全饮用水的农户比重、炊事使用清洁能源的农户比重、有厕所的农户比重均有较大提高。

“十五”期间农户拥有的财产状况改善，耐用消费品尤其是体现现代生活的耐用消费品拥有量明显增加。其中每百户贫困农户拥有的洗衣机从2000年末的10.6台增加到2005年末的17.3台；电冰箱从1.5台增加到6.0台；摩托车从6.3辆增加到19.3辆；电话机从3.5部增加到26.3部；移动电话从0.3部增加到22.4部；彩色电视机从20.3台增加到54.1台。低收入农户的耐用消费品拥有量也相应有较大增加。

“十五”期间贫困和低收入农户所在地区的社区基础设施也有较大改善。2005年贫困和低收入农户所在村通公路的比重分别为93.7%和96.0%，分别比2000年提高了3.3个和5.3个百分点；通电话的比重分别为90.6%和92.8%，提高了23.2个和17.7个百分点；通电视的比重分别为95.9%和96.6%，提高了1.1个和0.6个百分点；通电的比重分别为97.2%和98.8%，提高了2.6个和2.3个百分点。

（二）存在的问题

1．中部地区减贫速度相对较慢

“十五”期间我国农村贫困和低收入人口大规模减少，但中部地区的减贫速度却相对较慢，主要表现在以下两个方面：

一是贫困发生率下降速度慢。“十五”期间中部地区贫困发生率从2000年的2.9%下降到2005年的2.4%，五年仅下降了0.5个百分点，而同期西部地区下降了1.9个百分点，东北下降了2个百分点。在低收入人口占农村人口的比重上，中部地区从2000年的5.5%下降到2005年的4.4%，五年下降了1.1个百分点；而同期西部地区下降了5.1个百分点；东北地区下降了3.9个百分点。

二是占全国农村贫困人口的比重提高。中部地区贫困发生率下降速度相对较慢，导致中部地区贫困人口占全国农村贫困人口的比重相应上升。 2000年中部地区贫困人口占全国农村贫困人口的比重为25.4%，到2005年则为28.2%，上升了2.8个百分点，而东部、西部、东北则分别下降了0.4个、0.5个和2个百分点。中部地区低收入人口占全国低收入人口的比重也从2000年的24.6%上升到2005年的30.4%，上升了5.8个百分点，而东部、西部、东北则分别下降了1.0个、2.3个和2.5个百分点。

2．贫困人口发展能力弱、脱贫难度大

贫困和低收入农户脱贫难度大，主要是其发展能力弱，这种发展能力弱主要来自于以下三个方面。

一是自然条件和社区环境相对较差，发展的外部条件差。

与2000年相比，2005年贫困人口所处的自然环境有所改善，贫困人口粮食亩产由2000年的209公斤提高到2005年的238公斤。但贫困人口所处的自然条件仍然很差，贫困人口中有一半以上生活在山区；贫困人口人均耕地面积仅为全国平均水平的73.5%，其中有效灌溉面积仅为全国平均水平的52.3%；粮食亩产仅为全国平均水平的72.6%；人均粮食产量也仅为全国平均水平的45.5%。

在社区环境方面，贫困和低收入人口所在的社区环境在“十五”期间得到全面提升。不管是村一级的设施，如所在村通公路的比重、通电话的比重、能看电视的比重、通电的比重，还是户一级的设施水平，包括使用生活用电的农户比重、有安全饮用水的农户比重，两类农户同2000年相比都有明显改善。但与全国平均水平相比仍存在较大的差距，比如，贫困和低收入农户中有安全饮用水的农户比重比全国平均水平分别低12.8个和11个百分点。

二是人力资本水平不高，发展的自身能力低。

“十五”期间，贫困和低收入人口受教育状况有较大的改善。2005年贫困农户7~15岁儿童在校率为90.1%，比2000年提高了5.1个百分点；16岁以上成人文盲率为22.5%,，下降了3个百分点；15~24岁青年文盲率为5.2%，下降了6.7个百分点；劳动力平均受教育年限6.5年，提高了0.4年。与贫困农户类似，低收入人口受教育状况也有了较大改善。

但从整体上来看，贫困和低收入人口受教育程度低，人力资本水平不高。2005年贫困人口成人文盲率仍高达22.5%，比全国平均水平高12.6个百分点；青年文盲率为5.2%，比全国平均水平高4个百分点；劳动力人均受教育年限6.5年，比全国平均水平低1.5年；劳动力中接受过专业技能培训的比重为12.7%，比全国平均水平低7.5个百分点。低收入人口受教育程度虽高于贫困人口，但与全国平均水平相比也仍有一定差距。

三是生产投入水平低，再生产能力弱。

受收入水平的制约，“十五”期间贫困和低收入农户生产投入水平始终较低，维持性投入特征明显。一方面，贫困和低收入农户生产经营费用支出少，且投向单一，主要投向了种植业和牧业；同时，生产性固定资产投入少，拥有的生产性固定资产数量较少，尤其缺乏体现现代农业生产方式的拖拉机、脱粒机等生产工具。

3．收入差距继续扩大

“十五”期间我国居民收入差距继续扩大，首先是城乡居民收入差距进一步拉大，农村居民人均纯收入与城市居民人均可支配收入的比例从2000年的1:2.8提高到2005年的1:3.2。

同时，农村居民内部、贫困农户与其他农户的收入差距也在扩大。2000年农民人均纯收入的基尼系数为0.3536，到2005年扩大为0.3751。

图2-5
“十五”期间农村基尼系数

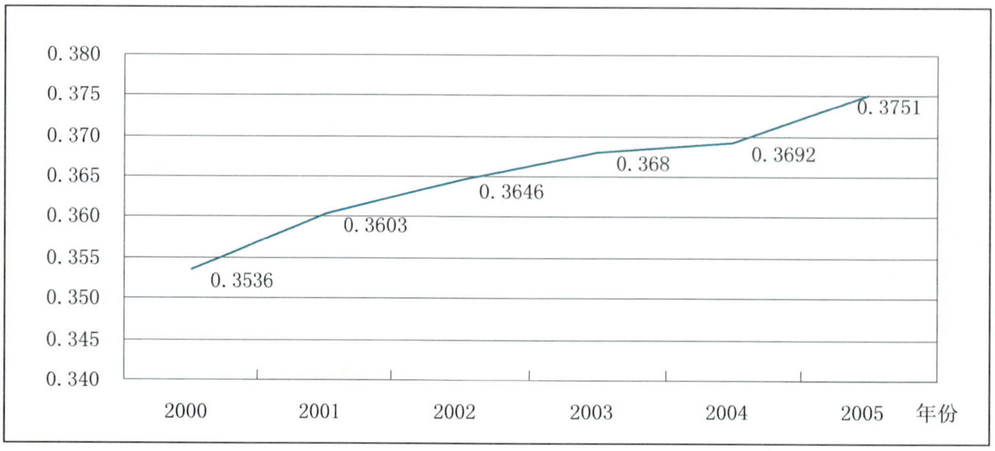

数据来源：全国农村住户抽样调查

三、对策和建议

1. 在继续加大对西部和山区扶持力度的同时，适当加大对中部地区的扶持

西部地区和山区仍是我国贫困和低收入人口的主要集中地，要继续坚持并加大对这些弱势地区的扶贫力度。同时，“十五”期间中部地区减贫速度较慢，中部地区贫困人口占全国农村贫困人口的比重上升，要加大对中部地区扶贫开发工作的力度，在中部崛起的大战略中加快中部地区减贫的步伐和速度。

2. 提高贫困和低收入人口发展能力

首先要为贫困人口脱贫创造良好的外部条件，逐步改善贫困地区的自然条件和社区基础设施。要趁新农村建设的有利时机，改善贫困地区的农业生产基础设施，提高农业综合生产能力。通过以工代赈等扶贫方式，一方面可以改善贫困地区的基础条件，同时也可以有效利用贫困地区的剩余劳动力，增加贫困人口收入。但是对于一些自然条件极其恶劣，生态极其脆弱，扶贫资金使用效率很低的地区，要通过经济等机制积极引导农户迁移，实行易地扶贫。同时要加大对迁移农户的技能培训，提高其在新环境中的适应能力。

第二要充分认识教育对减少贫困的重要作用，提高贫困人口的教育水平，尤其是职业技能，提高其自身发展的能力。要在巩固提高现有成果的基础上，继续发展基础教育和成人教育，逐步提高贫困人口的教育程度和扫除青壮年文盲。同时要为贫困人口提供免费的职业技能培训，提高其科技兴农、适应市场竞争和外出就业的能力。

第三，针对贫困和低收入人口生产投入水平低，发展能力弱，要为贫困人口脱贫致富提供必要的启动资金，通过小额信贷等方式为贫困人口提供金融服务与支持。

3. 改革收入分配制度，建立和完善农村社会保障制度

面对收入差距的进一步扩大，通过收入分配制度的改革，防止收入差距的继续扩大，使贫困人口能够更多的享受经济增长的成果。同时，由于贫困人口发展能力弱，在抵御市场风险和自然风险时相对脆弱，要通过建立和完善农村社会保障制度，减少市场风险和自然风险对贫困人口的冲击。

第三部分：国家扶贫开发工作重点县贫困监测结果

3

根据国家统计局对 592 个国家扶贫开发工作重点县（以下简称扶贫重点县）的贫困监测调查结果，“十五”期间，扶贫重点县的贫困人口持续下降，区域经济发展加快，生产和生活基础设施进一步改善，农民生活水平继续提高，国家扶贫力度加大，扶贫项目落实情况良好。

一、国家扶贫开发工作重点县贫困状况

（一）贫困人口持续下降　贫困程度明显减轻

“十五”期间，以全国农村贫困标准衡量，国家扶贫开发工作重点县的农村贫困人口，从 2001 年的 1812 万人下降到 2005 年的 1433 万人，分年度看，除 2003 年贫困人口增加了 11 万外，其他年份的贫困人口都在下降，平均每年减少 95 万人。

扶贫重点县[1]的贫困程度也有较大幅度的缓解。从表 3-1 中可以看出，贫困发生率由 2002 年的 8.9% 下降到 2005 年的 7.1%。分区看，东部地区贫困发生率下降最快，3 年时间几乎下降了一半，而西部和东北地区的下降速度要慢些。此外，山区和少数民族地区的贫困发生率仍然很高，基本上处于扶贫重点县 2000 年的水平，同时下降幅度也比较小。

①592 个扶贫重点县的数据汇总时用分县人口数进行了加权。

图 3—1
国家扶贫重点县贫困及低收入人口

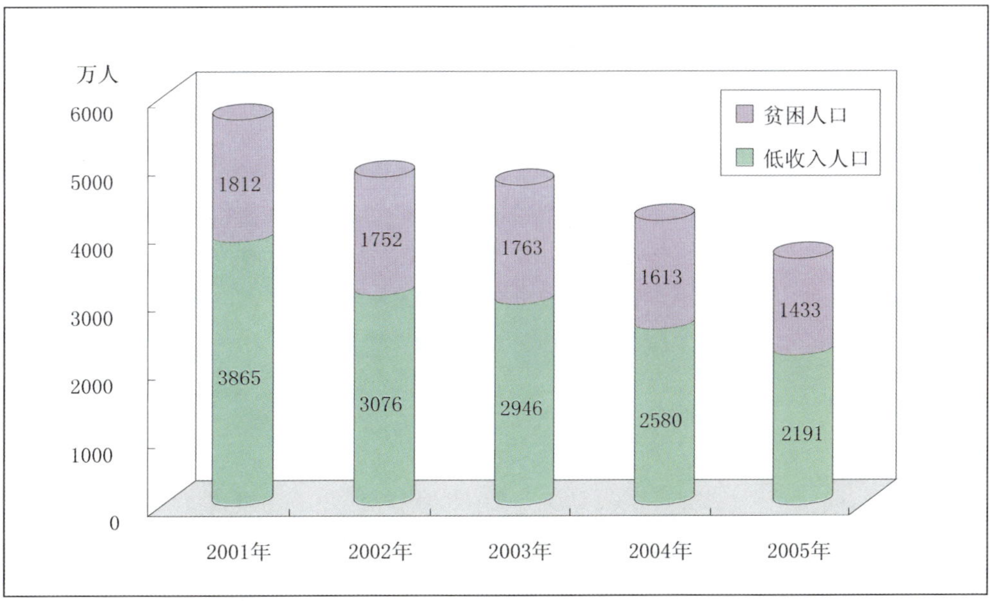

数据来源：
全国农村贫困监测调查

表3-1 国家扶贫重点县贫困发生率

单位：%

年份	扶贫重点县	东部地区	中部地区	西部地区	东北地区	平原	丘陵	山区	少数民族区
2002	8.9	7.7	7.2	11.6	10.7	7.0	8.4	11.6	12.3
2003	8.8	5.8	6.7	11.4	10.0	8.2	7.4	10.8	12.4
2004	8.0	5.4	6.7	10.2	11.7	7.1	6.3	10.4	12.2
2005	7.1	3.9	5.6	9.2	8.1	5.6	5.5	10.7	10.4

数据来源：全国农村贫困监测调查

以全国农村低收入标准衡量，国家扶贫开发工作重点县的农村低收入人口，从2001年的3865万人下降到2005年2191万人，平均每年减少421万人。低收入人口占乡村人口比重由2002年的15.4%下降到2005年的10.8%，下降4.6个百分点。分区看，东部地区下降最快，而西部和东北地区的下降速度要慢些。此外，山区和少数民族地区的低收入人口比重仍然很高，但下降幅度也很大。

表3-2 国家扶贫重点县低收入人口比重

单位：%

年份	扶贫重点县	东部地区	中部地区	西部地区	东北地区	平原	丘陵	山区	少数民族区
2002	15.4	12.8	14.8	20.0	22.4	17.5	14.3	23.1	21.3
2003	14.7	9.9	12.5	17.9	21.8	15.5	12.5	21.8	18.2
2004	12.8	8.6	11.5	13.9	14.6	11.0	10.5	15.8	14.4
2005	10.8	4.4	9.1	12.7	11.2	9.1	7.4	13.6	12.6

数据来源：全国农村贫困监测调查

“十五”期间，贫困及低收入人口得以减少，得益于三个方面的原因：一是宏观经济的整体带动作用；二是国家针对农村推行的惠农政策，如为推动农村劳动力有序流动而采取的各项措施，2005年外出劳动力人数比“十五”初期增长了67%，年均增长10.8%，外出劳动力人数占劳动力人数的比重提高了7.6个百分点；外出劳动力劳均收入名义增长了44.5%，年均递增9.0%。此外，国家取消农业税的政策使以农业为主的贫困地区受益较大，农民负担减轻的幅度超过全国平均水平，到2005年底，农民人均税费负担5.7元，其中农林牧渔业税降至人均1.1元，比“十五”期初的56.7元下降了51元；三是国家扶贫政策和资金投入落实情况较好，起到了促进贫困地区发展的作用。

（二）西部地区、山区和少数民族地区更为贫困

2005年，在592个扶贫重点县中，西部县、山区和少数民族县的贫困人口和低收入人口比例更高，贫困程度更为严重。

1.西部地区贫困人口和低收入人口多于其他地区

至2005年底，东部地区①扶贫重点县的农村贫困人口为50万人，占贫困人口的3.5%，中部地区389万人，占27.2%，西部地区952万人，占66.5%，东北地区42万人，占2.9%。

“十五”期间，扶贫重点县贫困人口持续向西部地区集中：从2001年到2005年，西部地区的贫困人口占全部贫困人口的比重上升了4.5个百分点。在减少的379万贫困人口中，西部地区仅减少了169万。

到2005年底，东部地区扶贫重点县农村低收入人口为56万人，占贫困人口的2.6%，中部地区646万人，占28.4%，西部地区1448万人，占66.4%，东北地区50万人，占2.3%。

“十五”期间，扶贫重点县低收入人口也在向西部地区集中：从2001年到2005年，西部地区的低收入人口占全部贫困人口的比重上升了2.2个百分点，其他地区的低收入人口比重在下降。

2.山区贫困人口多于平原地区

①按最新的东中西部和东北地区的统计划分方法，东部包括京、津、冀、苏、浙、闽、鲁、粤、琼10省市；中部包括晋、皖、赣、豫、湘、鄂6省；西部包括蒙、桂、渝、川、黔、滇、藏、陕、甘、青、宁、新12个省区市；东北包括辽、吉、黑3省。

贫困分布的另一个特点是山区的贫困人口相对集中，且下降速度缓慢：至2005年底，扶贫重点县中居住在山区的农村贫困人口为1064万人，占贫困人口的74.2%，另外25.8%的贫困人口分布在平原地区和丘陵地区。在“十五”期间，平原和丘陵地区的贫困人口下降速度快于山区，使得山区的贫困人口比重上升了2个百分点。

3.少数民族聚居区属于贫困重点区域

扶贫重点县中少数民族聚居区的贫困人口相对集中：民族聚居区的乡村人口占扶贫重点县乡村人口的37.4%，但其贫困人口占扶贫重点县贫困人口的比例达到49.4%。换句话说：在扶贫重点县，每3个人中有1个人住在少数民族聚居区，每2个贫困人口就有1个住在少数民族聚居区。

二、国家扶贫开发工作重点县社会经济发展状况

根据分县统计结果，“十五”期间，国家扶贫重点县人均国民生产总值快速增长，农户税费负担大幅下降，人均财政收入有所增加，教育卫生状况明显改善。

（一）地区生产总值快速增长

2005年，国家扶贫重点县国民生产总值11056亿元，与“十五”期初相比，年均递增14.6%。人均国民生产总值4793元，年均递增13.9%。与全国平均水平相比，扶贫重点县人均国民生产总值的增长速度比全国县域平均水平高出个0.9百分点，但绝对数量与全国平均水平的差距还在继续扩大。

1.第一产业平稳增长

2005年，国家扶贫重点县的第一产业依然占据主导地位，在乡村从业人员中有68.7%是从事第一产业的人员，第一产业增加值占地方生产总值的32.4%。“十五”期间，虽然自然条件恶劣及部分地区频繁的自然灾害，但在国家大力支持下，近年来国家扶贫重点县的第一产业保持了平稳快速的发展势态，年均递增9.0%，特别是2004、2005两年增长速度加快，达到创记录的20.9%和20.8%的高速增长。

2.二、三产业保持了较高速度的增长

2005年，第二产业增加值达到4144亿元，比“十五”期初年均递增18.1%，第三产业增加值3636亿元，年均递增16.1%。

①增长率为名誉增长，没有扣除物价因素。

表3-3 国家扶贫重点县生产总值增长率①

单位：%

指 标	2001年	2002年	2003年	2004年	2005年
地区生产总值	7.0	7.6	16.6	22.1	22.1
1.第一产业增加值	1.6	7.5	5.0	20.9	20.9
2.第二产业增加值	5.9	15.6	22.5	25.8	25.8
3.第三产业增加值	10.0	12.7	11.3	15.2	15.2

数据来源：全国农村贫困监测调查

（二）财政收入有所增加

2005年国家扶贫重点县的人均地方财政预算内收入178.2元，比“十五”期初增加了62元，年均递增8.9%。

2005年592个国家扶贫重点县的地方财政预算内收入为411亿元，与“十五”期初相比，年均递增9.6%；财政支出1794亿元，其中：教育支出431.5亿元，占24%，农业支出104.7亿元，占5.8%。虽然国家扶贫重点县的财政收入有所增加，但仍处于入不敷出的状态，“十五”期间地

方财政收入与财政支出的比例逐年扩大:2000年为1:2.6，到2005年扩大到1:4.4。需要国家更多的转移支付和更多的项目投资。

（三）农民税费负担逐年下降

2005年扶贫重点县农民人均税费负担为5.7元，仅及2000年的1/10。“十五”期间，扶贫重点县农民税费负担每年都下降，而且下降幅度逐年加大:2001年下降0.8%，2002年下降5.5%，2003年下降18.6%，2004年下降44.4%，2005年下降76.2%。与全国农村平均水平相比，扶贫重点县农民人均税费负担水平低7.4元，下降幅度高11.1个百分点。

扶贫重点县的贫困及低收入农户的税费负担为3.7元，其中农林牧渔业税0.6元，税费负担率略低于扶贫重点县平均水平。农业税减免对以往农业税负担较重的贫困及低收入农民产生了更大的减贫作用。

（四）金融市场的存贷能力增强，民间借贷占据半壁江山

2005年末金融机构年末各项贷款余额达到5428亿元，比“十五”期初年均递增6.1%。金融机构的年末各项存款余额9164亿元，年均递增17.3%；其中，城乡居民个人存款6729亿元，年均递增16.8%。

与全国平均水平相比，扶贫重点县人均金融机构各项存款余额的增长速度比全国县域平均水平高出0.8个百分点。但贷款余额的增长速度低3.6个百分点。

2005年农户当年人均借贷款127.8元，按来源看，在当年借贷款中，来自亲友处的借款占53.2%，来自银行信用社的商业贷款占40.0%，来自政府的扶贫贷款占2.0%，其他渠道占4.8%。“十五”期间，农户每年的人均借贷款基本保持在120~200元的规模，年度之间有波动，但2005年是最低的一年，主要是国家贷款规模收缩。

2005年农户年末人均借贷款余额182.6元，按来源看，在年末人均借贷款余额中，来自亲友处的借款占48.2%，来自银行信用社的商业贷款占42.2%，来自政府的扶贫贷款占3.7%，其他渠道占6.0%。“十五”期间，每年人均借贷款余额都在下降，由期初的245元下降到期末的183元的规模。

（五）交通、通讯和供电能力明显提高

“十五”期间，国家扶贫重点县交通通讯条件明显改善。道路修建是扶贫重点县的重要项目，在落实到国家扶贫重点县的中央扶贫资金中，用于交通建设的资金达到35.2亿元，占全部扶贫资金的13.4%。新修及改、扩建道路的公路里程9万公里，占全部公路里程的15.4%。与交通条件改善同步，民用汽车拥有量创纪录地达到142.8万辆，“十五”期间年均递增14.9%。其中私人汽车达到89.3万辆，占全部民用汽车拥有量的62.5%。

国家扶贫重点县的通讯设施水平低，但发展较快。2005年通电话的村占全部村的比例达到98.0%，比“十五”期初增加19.7个百分点。固定电话用户达到2329.6万户，移动电话用户达到2446.8万户。与“十五”期初相比，年均递增19.0%和55%；电话普及率为20.7(部/百人)，比“十五”期初提高14.8个百分点。

供电能力有所提高，但用电量增长缓慢。到2005年底，有97.8%的行政村通电，比“十五”期初提高了1.3个百分点，接近全国平均水平。人均农村用电量90.5千瓦小时，与“十五”期初相比，年均递增8.1%；比全国人均298.4千瓦小时农村用电量的水平低207.9千瓦小时，而年递增速度低了1/3。

有96.5%的行政村可以接收到电视节目，比“十五”期初增加1.3个百分点，与全国的平均水平差距不大。

从自然村水平看，“四通”与全国的平均水平有较大的差距：通电、通路、通电话和接受电视的比例分别为95.9%、79%、74%和87.8%。

（六）农村教育继续改善

1. 儿童入学率提高，学费负担下降。2005年底，扶贫重点县学龄儿童在校率为94.7%，比2002年提高了3.6个百分点。分年龄段看， 7~12岁儿童在校率为96.9%，比2002年提高了2个百分点；13~15岁儿童在校率为91.8%，比2002年提高了6.3个百分点。分地区看，东部地区国家扶贫重点县7~12岁和13~15岁儿童在校率分别为99.6%和96.1%，西部地区分别为95.9%和90.3%，其中最低的省仅为73.7%和72.2%，东西差距明显，同时与国家西部地区“两基”攻坚计划（2004年~2007年）的目标也有一定的差距。

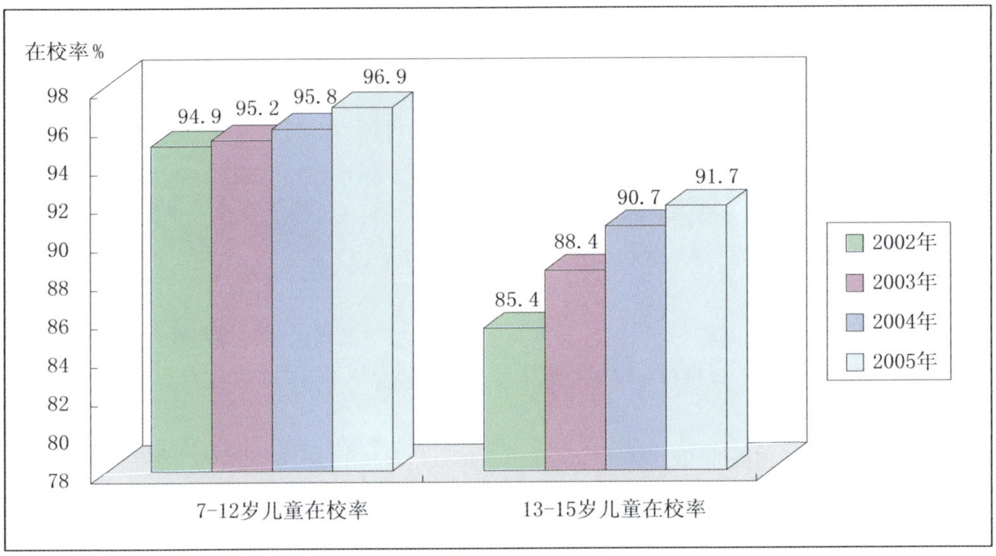

图3-2
国家扶贫重点县儿童在校率

数据来源：全国农村贫困监测调查

2005年，义务教育阶段的学杂费和书本费有所下降，但其他费用继续上涨。扶贫重点县平均每个小学生教育费用支出为309元，比2004年上涨2.7%，其中学杂费和书本费175元，比2004年下降6.1%；平均每个初中生教育费用支出为849元，同比上涨5.8%，其中学杂费和书本费393元，下降4.9%；高中学生平均教育费用支出为2490元，其中学杂费和书本费1149元，分别上涨9.6%和1.4%。

2005年，贫困农户的教育负担呈上升趋势：贫困家庭平均每个小学生的教育费用为218元，比2004年上升了3.6%；其中学杂费和书本费128元，比上年下降了5.6%。平均每个初中生的教育费用为638元，比2004年上升了5.8%；其中学杂费和书本费288元，下降了5.2%。

“十五”期间，儿童失学情况大大缓解，特别是中学阶段的情况：国家扶贫重点县7~12岁儿童的失学率为3.1%，比2002年下降了2个百分点；13~15岁儿童的失学率为8.3%。比2002年下降了6.3个百分点。另外，贫困农户中7~12岁儿童的失学率为8.4%，13~15岁儿童的失学率为16.9%，虽然仍比平均水平高出1倍左右，但与2002年相比，还是有很大改善，分别下降了3.5个和8.6个百分点。

儿童失学情况缓解，不仅表现在失学人数下降，还表现在引起失学的原因上：“十五”期间因贫困而失学的比例持续下降（2000年有56.7%，2005年有37.4%），由于上学愿望不强烈而失学的比例上升（2000年有18.7%，2005年有32.5%），因为客观原因如无校舍、无教师、附近无学校等等不上学的人比例也由2000年的5.8%下降到只有3.4%。反映出失学受经济条件限制的在减少，原因更加复杂化。此外，在失学儿童中，其严重程度也在下降：只上过1~3年学或只上过小学的比例下降，曾上到初中的提高。

2. 劳动力的文盲率下降、就业培训增加。2005年在国家扶贫重点县农村劳动力中，文盲劳动力占12.7%，小学文化程度占35.1%，初中占43.4%，高中及以上占8.7%。“十五”期间，文盲和小学文化程度的劳动力分别降低了2.4和3.9个百分点，初中文化程度的劳动力上升了13.1个百分点，高中及以上劳动力上升了2.6个百分点。

教育、培训不足制约了劳动力的就业能力和转移速度。近年来国家对扶贫重点县的劳动力培训给予了大力支持，劳动部、农业部等相关部门都制定了相应的规章制度，以保证农村劳动力的有序和持续流动。2005年国家扶贫资金中用于技术培训的资金为3.55亿元；同时，当年接受过技能培训的劳动力比例为12.8%，比“十五”初期提高了5个百分点。

（七）农村医疗卫生有所改善

“十五”期间，扶贫重点县农户的健康状况和医疗卫生条件都有改善：健康人口比重上升，医疗网点稳步增加，农民不能及时就医的比例下降。

1.健康人口比重上升。2005年在所调查的全部人口中，健康人口占93.3%，体弱多病或有慢性病、大病的人口占5.7%，残疾人占1%，与“十五”期初相比，健康人口的比重提高了1.6个百分点。

2.医疗网点稳步增加。至2005年底，扶贫重点县有73.5%的行政村有医疗室，有74.8%的行政村有乡村医生或卫生员，分别比“十五”期初提高了4.5和3.8个百分点。其中西部扶贫重点县有69.9%的行政村有医疗室，有71.4%的行政村有乡村医生或卫生员，分别比“十五”期初提高了5.6和4.4个百分点。

少数民族聚居区缺少医疗点和医务人员的程度更严重但改善也大：只有66.2%的行政村有医疗室，有66.3%的行政村有乡村医生或卫生员，分别比“十五”期初提高6.8和6.3个百分点。

3.农民不能及时就医的比例继续下降。2005年，生病时不能及时就医的人数占全部调查人数的14.0%，比“十五”期初下降了2.3个百分点。其中：贫困农户生病后不能及时就医的人占24.9%，比非贫困农户高出1倍，低收入农户中生病不能及时就医的人口占17.5%，比非贫困农户高出5个百分点。分地区看，西部扶贫重点县农民生病不能及时就医的人口比重达16.7%，中部扶贫重点县为10.5%远高于东部4.5%的水平。

经济困难、无力承担高昂的医疗费用仍是农户有病不能及时就医的最重要原因。2005年，在生病不能及时就医的人口中，由于经济困难、无力承担高昂的医疗费用占61.9%；而因为医疗点少、医院太远的占26.4%。在贫困农户中，由于经济困难生病不能及时就医的人口比例高达67.0%。

（八）政府主导下科技投入增加

“十五”期间，国家对扶贫重点县的科技投入在逐年增加：2005年财政支出中的科学支出和科学三项费支出达到9.2亿，占财政支出的0.5%，比“十五”期初增加了6.6亿元，提高了个0.1百分点。

在调查村，使用节水栽培技术的村占到总村数的6.4%，有塑料大棚或温室的村占14.1%，在26.1%的村确定了农牧业新技术示范户，有37.6%的村举办过专业技术培训。这些比例都比“十五”期初略有提高但幅度不大。

贫困地区目前在科技投入方面只依靠政府投入，尚未形成全社会多渠道的投入机制。

（九）市场参与程度提高

1.主要农、牧产品的商品率提高

2005年，国家扶贫重点县主要农牧产品的销售收入和销售比例都有明显提高，其中，农民人均农产品的出售收入457元，占农业收入的45.5%，比“十五”期初提高了10.5个百分点；农民人均畜产品的出售收入364元，占牧业收入的73.6%，比“十五”期初提高了14.8个百分点。主要农产品中除油料、禽蛋的出售量下降外，均有不同程度的增加。商品率是指出售量占产量的比重，下表可以看出，大部分农产品的商品率都比2002年有所提高。

表 3－4　国家扶贫重点县主要农产品出售率

指　标	出售量（公斤）				商品率（%）			
	2002 年	2003 年	2004 年	2005 年	2002 年	2003 年	2004 年	2005 年
1. 粮食	114.2	123.8	128.2	153.6	24.0	27.0	26.6	31.1
2. 棉花	2.5	5.4	6.0	7.1	83.1	82.2	77.0	89.7
3. 油料	11.1	12.0	10.7	9.9	48.8	50.8	45.9	45.8
4. 蔬菜	41.0	43.3	43.8	45.4	28.3	31.7	32.7	34.2
5. 瓜果	28.1	25.8	31.4	33.4	62.5	64.8	69.6	83.6
7. 猪肉	17.9	17.7	16.9	17.9	54.0	59.5	63.0	64.8
8. 牛肉	2.7	2.3	2.4	2.8	57.4	70.0	46.0	69.8
9. 羊肉	2.9	2.8	2.9	3.4	63.7	74.2	57.0	77.0
10. 家禽	1.1	1.3	1.3	1.4	47.1	48.7	48.7	50.6
11. 禽蛋	1.3	1.6	1.5	1.3	49.3	54.5	55.5	59.1
12. 奶类	3.0	3.7	4.9	5.9	53.3	64.6	74.5	78.4

数据来源：全国农村贫困监测调查

2. 农民收入中的现金收入比例上升

2005 年，国家扶贫重点县农民人均现金纯收入 1142 元，占全年人均纯收入的 66.2%，比“十五”期初提高了 5.5 个百分点。

3. 工资性收入增加

2005 年，国家扶贫重点县农民人均工资性纯收入为 561 元，占全年人均纯收入的 32.5%，比“十五”期初提高了 4.7 个百分点。

4. 劳动力外出比例、时间和劳均收入都有所增加

2005 年，劳动力外出务工的比例为 17.8%，比“十五”期初提高 7.6 个百分点。在外出务工的劳动力中，在县内乡外务工的劳动力占 10.9%，在省内县外务工的劳动力占 19.7%，在省外务工的劳动力占 69.5%。与“十五”期初相比，出省务工的比例上升了 19.9 个百分点，在县内乡外和省内县外务工的比例分别下降了 15.8 和 4.0 个百分点。

在外出务工劳动力中，2005 年在外时间超过 6 个月的占 68%，比“十五”期初提高 13 个百分点。

平均每个外出劳动力的总收入为 4831 元，比“十五”期初的 3147 元年均递增 9.0%；在外消费为 1774 元，比“十五”期初的 1239 元年均递增 7.4%，寄回和带回 1787 元，比“十五”期初的 1608 元年均递增 2.1%。

（十）性别平等缩小

1. 男女贫困差距不大。2005 年，扶贫重点县在 683 元之下的绝对贫困人口中，女性占 48.5%，但在总人口中，女性占 47.9%。女性人口的贫困发生率为 8.5%，男性人口的贫困发生率为 8.2%，女性比男性高 0.3 个百分点。与“十五”期初相比，女性的贫困发生率与男性的差距略有缩小。

在 683 元以上、944 元以下的低收入人口中，女性占 48.4%。女性人口的贫困发生率为 11.8%，男性人口的贫困发生率为 11.4%，女性比男性高 0.4 个百分点。与“十五”期初相比，女性的贫困发生率与男性的差距缩小 0.3 个百分点。

2. 女性就业机会改善。2005 年，扶贫重点县女劳动力（16~55 岁）的全年就业时间在 6 个月以上的占 90.3%，比男劳动力低 4 个百分点；平均从业时间为 9.2 个月，比男劳动力少 0.4 个百分点；从事非农产业劳动时间占 25.0%，比男劳动力低 10.3 个百分点。外出务工劳动力占劳动力的 13.2%，比男劳动力低 11 个百分点。平均每个外出务工女劳动力的月工资为 548 元，比男劳动

力低99元。

“十五”期间，随着国民经济的快速发展，两性的就业机会和收入情况都有改善，但扶贫重点县女性劳动力就业机会和收入情况的改善程度要低于男性。从事非农产业劳动时间，女性增加了3.8个百分点，男性增加了5.4个百分点；平均每个外出务工人员月工资，女性提高了237元，男性提高了251元。

3.男女教育机会都有明显增加。2005年，扶贫重点县的女劳动力中的文盲率为16.7%，小学文化程度的占39.2%，初中文化程度的占38.5%，高中占4%。与男劳动力相比，文盲率高10.5个百分点，小学文化程度的比重高9.1个百分点，初中和高中文化程度的比重分别低12.9和5.8个百分点。女劳动力接受过各种职业技术培训的比例仅为9.2%，是男劳动力培训比重的一半。

“十五”期间，随着社会对教育的普遍重视，两性的受教育机会都有较大的增加，女性劳动力的改善程度大于男性。女性劳动力中的文盲率下降了4.4个百分点，小学文化程度的比例下降了2.9个百分点，初中文化程度的比例提高了6.4个百分点，高中文化及以上程度提高了0.5个百分点（表3-5）。女劳动力接受过各种职业技术培训的比例也提高了3.8个百分点。

表3-5 国家扶贫重点县分性别劳动力文化程度

单位：%

指 标	男性		女性	
	2002年	2003年	2004年	2005年
文盲	8.1	6.2	21.1	16.7
小学	33.8	30.1	42.0	39.2
初中	46.8	51.4	32.2	38.5
高中及以上	11.3	12.4	4.7	5.6

数据来源：全国农村贫困监测调查

根据抽样调查结果，2005年7~15岁女童年末在校学生的比重（在校率）为94.1%，比男童低1个百分点。

“十五”期间，7~15岁女童年末在校学生的比重（在校率）提高了5个百分点。其中：7~12岁女童的在校率提高了3.6个百分点。13~15岁女童的在校率提高了8.3个百分点。

4.女性社会参与机会仍然很低。根据贫困监测调查，2005年底，妇女担任社会职务（指乡村干部，村民代表，乡村集体企业和各种群众组织负责人等）占女性劳动力的比重为0.8%，比男性（5.3%）低4.5个百分点，同时，一些对扶贫重点县的专项调查表明，妇女参加村民大会和村民小组会议的比重，妇女对扶贫项目的了解程度，通过公开途径了解村内事务的比重均显著低于男性。但在“十五”期间，妇女担任社会职务的比重还是略有提高。

5.男女健康状况没有明显差异。2005年，扶贫重点县妇女健康人口比重为95.7%，比男性低0.5个百分比。与男性相比，主要是长期慢性病和体弱多病现象较多，但残疾比重稍低。

“十五”期间，女性劳动力的健康状况有所改善，长期慢性病和体弱多病的比例下降高于男性劳动力。

三、国家扶贫开发工作重点县农民生活水平

（一）住房面积扩大，质量提高

2005年，扶贫重点县人均住房面积22平方米。从住房结构看，有砖木结构住房的农户占40.7%，有土坯房的农户占25.1%，有钢筋混凝土房屋的农户占14.2%。“十五”期间，不但人均面积有所增加，而且居住质量也在改善：人均面积增加了2.6平方米，住钢筋混凝土房屋的农户比例增加5.2个百分点，居住土坯房的农户比例下降了10.8个百分点。农户的住房质量的改

善还体现在单位住房价值上：每平米房屋的价值由2000年的96元提高到2005年的153元。

（二）耐用消费品拥有量快速增加

2005年扶贫重点县每百户拥有电冰箱、冰柜7.5台；拥有电视机91.3台，其中彩色电视机65.3台；拥有固定电话和移动电话54.5部；拥有摩托车42.7部，自行车51.8辆。

“十五”期间，农户的耐用消费品拥有量增加迅速。每百户拥有电冰箱、冰柜增加2.7台，年均增长16.0%；拥有电视机增加15.8台，年均增长3.9%；其中彩色电视机增加18.1台，年均增长17.7%；拥有固定电话和移动电话增加33.3部，年均增长36.9%；拥有摩托车增加11.8辆，年均增长24.3%。

（三）生活用燃料仍以柴草为主

2005年，有2.0%的农户使用清洁燃料（太阳能、天然气、液化石油气），有25.3%的农户使用煤炭，高达70.4%的农户以柴草作为主要生活用燃料。分省看，山西、贵州、宁夏等产煤省使用煤炭的比例较高；部分省90%的农户使用柴草；使用清洁燃料的农户各省都有分布，广西、重庆、江西等省的比例超过3%。

“十五”期间，使用清洁燃料的农户比重上升了0.6个百分点，使用柴草的农户比例没有变化，由于煤炭涨价，使用煤炭的农户比例下降。

仍有37.1%的农户感到最近5年来取得生活燃料越来越困难，这个比例低于“十五”期初45%的水平。除海南、云南外，其他省区感到取得生活用燃料越来越困难的农户均不到一半，特别是河北、内蒙、安徽、江西、河南、青海、宁夏7省区，感到取得生活用燃料越来越困难的农户不到1/5。与“十五”期初相比，所有的省区感到取得生活用燃料越来越困难的农户数量都在减少。

（四）饮用水困难的局面得以缓解

2005年有34.7%的农户饮用自来水，占20.6%的农户饮用深井水，占24.3%的农户饮用浅井水，占5.3%的农户直接饮用江河湖泊水，占2.2%的农户饮用塘水，还有13.0%的农户饮用其他水源如窖水等。此外，还有13.7%的农户取得饮用水困难①，在干旱缺水的西部扶贫重点县，饮用水困难的农户比例占16.8%。

“十五”期间，扶贫重点县饮用水状况改善明显，使用自来水的农户比例上升、取水困难缓解。饮用自来水的农户比例上升4.5个百分点，饮用深井水的农户下降0.9个百分点，饮用浅井水的农户下降1.0个百分点，直接饮用江河湖泊水的农户下降2.5个百分点，饮用塘水的农户下降0.2个百分点。特别是干旱缺水的西部扶贫重点县，改善更明显。饮用自来水的农户比例提高了5.8个百分点，取得饮用水困难的农户比例下降了6.2个百分点。

（五）卫生条件改善

2005年，有卫生设备农户的比重为86.2%，其中：有水冲式厕所的农户比重为3.0%，有旱厕所的农户比重为83.2%，没有厕所的农户比重为13.8%。分省看，没有厕所的农户比重低于5%的省（区 ）有河北、山西、吉林、河南、湖南、甘肃、宁夏。

“十五”期间，农户的卫生设施也有很大程度的改善：有水冲式厕所的农户比重上升了1.2个百分点，有旱厕所的农户比重上升了2.7个百分点，没有厕所的农户比重下降了4个百分点。

（六）农民收入增加

2005年，扶贫重点县农民人均纯收入为1723元，其中：工资性收入为560元，从家庭经营第一产业中得到的纯收入为916元（种植业人均纯收入643元，牧业收入219元，林业收入50元），从家庭经营第二产业获得的收入29元，从家庭经营第三产业获得的收入达到97元。

①饮水困难是指：有下列3种情况之一的称饮水困难。a．与饮水水源的垂直距离超过500米；b．水平距离超过1公里；c．取水时间超过半小时。

2005 年，农民人均纯收入中现金收入 1147 元，首次突破千元大关，占农民人均纯收入的比重为 66.6%，而实物纯收入为 576 元。

与全国平均水平相比，2005 年扶贫重点县的农民人均纯收入仅为它的 53%，“十五”期间差距略有缩小。分项看，差距最大的是家庭经营第二产业收入，仅为全国平均水平的 26.7%，其次是家庭经营第三产业收入，仅为全国平均水平的 36.1%。

“十五”期间，扣除物价影响，扶贫重点县农民人均纯收入实际年均增长 5.7%，其中：人均工资性收入实际年均增长 9.9%；第一产业纯收入实际年均增长 5.1%；第二、三产业纯收入实际年均增长 7.8%。

调查还显示，在扶贫重点县内部，收入差距也在扩大：2005 年农村居民内部收入分配的基尼系数为 0.3296，高于“十五”期初的 0.3049，但低于全国平均水平。

图 3—3
国家扶贫重点县按农民人均纯收入计算的基尼系数

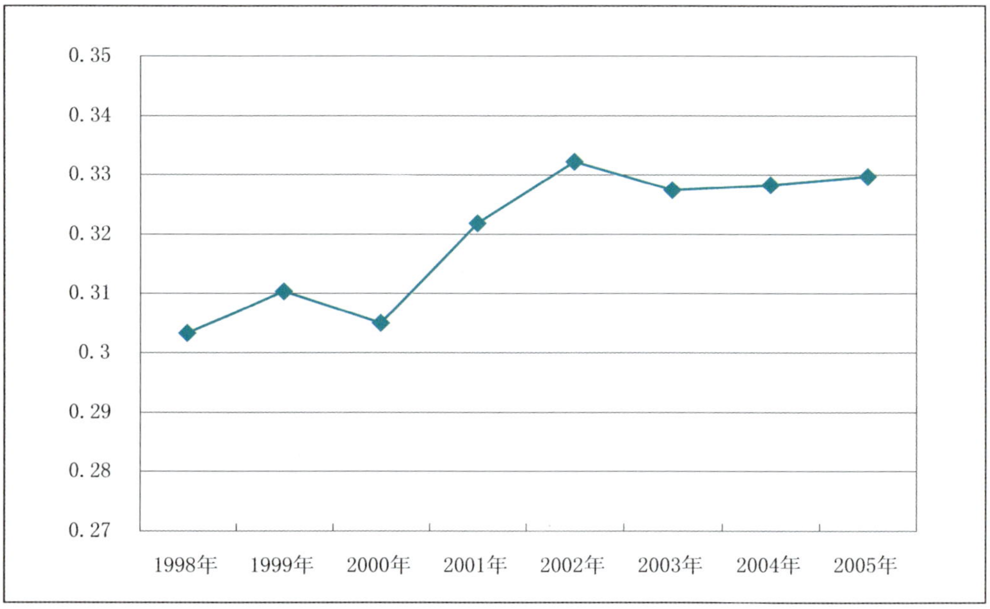

数据来源：全国农村贫困监测调查

（七）农户生活消费稳步增长

2005 年国家扶贫重点县农民人均生活消费支出 1529 元，恩格尔系数为 51.9%，比全国农村平均水平高 6.7 个百分点。人均食品消费支出 793 元，人均衣着消费支出 86 元，人均居住消费支出 193 元，人均家庭设备用品及服务消费支出 56 元，人均文化教育、娱乐用品消费支出 182 元，人均交通、通讯消费支出 106 元，人均医疗保健支出 87 元。

“十五”期间，扣除物价影响，扶贫重点县农民人均消费实际年均增长 8.7%，其中：人均食品消费支出实际增长 5.4%；人均衣着消费支出 8.3%；人均居住消费支出 10.5%；人均家庭设备用品及服务消费支出 8.2%；人均文化教育、娱乐用品消费支出 13.9%；人均交通、通讯消费支出 32.3%；人均医疗保健支出 15.8%。

与全国平均水平相比，2005 年扶贫重点县的农民人均消费仅为它的 59.8%，而且在“十五”期间两者的差距没有缩小。分项看，差距最大的是交通、通讯消费支出，仅为全国平均水平的 42.1%，其他消费基本上是全国平均水平的一半。

2005 年国家扶贫重点县农民人均粮食消费量为 206.8 公斤，蔬菜 87 公斤，食用油 5.2 公斤，肉类 19.6 公斤，蛋类 1.8 公斤，水产品 1.3 公斤，奶类 1.6 公斤，水果 7.4 公斤。与“十五”期初相比，食物结构趋向合理：粮食的人均消费量下降了 14 公斤，蔬菜人均消费量增加 8.1 公斤，肉类的人均消费量增加 4.1 公斤，水产品和奶类的人均消费量增加 0.3 和 0.6 公斤。

表3-6 国家扶贫重点县人均食物消费量

单位：公斤

指 标	2001年	2002年	2003年	2004年	2005年
1.粮食消费	220.7	230.3	220.1	208.6	206.8
其中：谷物及制品消费		167.0	205.5	196.2	195.8
薯类及制品消费		58.4	10.4	8.5	7.0
豆类及制品消费		5.0	4.2	3.9	4.0
2.食用油消费	5.0	6.2	5.1	5.0	5.2
3.蔬菜及制品消费	78.8	95.0	86.2	87.5	86.9
4.肉类、家禽消费	15.5	18.7	17.1	17.8	19.6
5.蛋类消费	1.8	1.5	1.7	1.7	1.8
6.水产品消费	1.0	0.7	1.3	1.3	1.3
7.奶类及奶制品消费	1.0	2.4	1.5	1.3	1.6
8.水果消费		8.0	7.4	7.4	7.4

数据来源：全国农村贫困监测调查

与全国相比，在国家扶贫重点县的人均食物消费中，基本达到全国平均水平的是粮食，接近的是食用油、蔬菜、肉类，而水果、水产品、蛋类、奶类的消费量与全国平均水平相差甚远，“十五”期间两者的差距缩小的是粮食、肉类、蔬菜，其他食品消费量的差距没有缩小。

从贫困监测结果看，扶贫工作重点县农村居民的能量和蛋白质摄入量已经基本满足人体基本生理需求量。2005年人均食物消费折算的每日摄取热量为2415大卡，摄取蛋白质62.1克，摄取脂肪50.7克。但贫困农户的能量和蛋白质摄入量都低于正常生理需求，低收入农户的能量和蛋白质摄入量刚能满足正常生理需求。换句话说，在扶贫工作重点县，目前还有近10%人口的能量和蛋白质摄入量不足到影响身体正常发育的程度。

表3-7 国家扶贫重点县人均每天热量、蛋白质及脂肪消耗量

年 份	热量(千卡)	蛋白质(克)	脂肪(克)
2001	2488.2	64.0	46.7
2002	2653.6	67.7	54.1
2003	2507.9	64.6	48.8
2004	2400.3	61.9	48.5
2005	2415.0	62.1	50.7

数据来源：全国农村贫困监测调查

四 、国家扶贫开发工作重点县扶贫资金、项目情况

（一）扶贫资金总量增加，投资方向调整

据592个国家扶贫重点县上报的统计数据，2005年国家扶贫重点县得到的与扶贫有关的资金266亿元，其中:中央财政扶贫资金48.3亿元，占资金总额的18.1%；以工代赈资金43.3亿元，占16.3%；中央扶贫贴息贷款累计发放额达59.7亿元，占22.4%；发放专项退耕还林还草工程补助44.1亿元，占16.6%；省级财政安排的扶贫资金9.9亿元，占3.7%；外资实际投资额29亿元，占10.9%。从资金投入总量看，中央政府投资依然占据主导地位，达73.3%。

随着国家财力的增强，扶贫资金的投放力度逐年加大。从增量水平看，中央财政扶贫资金、以工代赈资金、专项退耕还林还草工程补助、外资和社会资金持续增加，中央扶贫贴息贷款受政策调控影响持续减少。“十五”期间，扶贫资金的投放规模累计达到1315亿元，其中:中央财政扶贫资金202亿元，占资金总额的15.3%；以工代赈资金212亿元，占16.1%；中央扶贫贴

①本文中的项目指救济和救灾以外的、扶贫重点县所受到的所有外来扶持活动，既包括政府专项扶贫资金支持的项目，也包括定点扶贫、对口扶贫、国际组织的专项扶持、以及非政府组织的扶贫项目，同时还包括了把扶贫重点县作为重要扶持对象的政府其他项目，如农业综合开发工程、义教工程、退耕还林工程、天保工程等等。

②从2002年开始使用的调查方案中才有扶贫活动的内容，因此没有2002年以前的项目活动情况。

息贷款累计发放额达413亿元，占31.4%；发放专项退耕还林还草工程补助149亿元，占11.3%；省级财政安排的扶贫资金50亿元，占3.8%；外资实际投资额131亿元，占10%。

以县为单位，平均每个县得到的扶贫资金为4459万元。但各省的资金分配不是平均的：宁夏平均每个县得到的资金超过亿元，安徽、湖北、湖南、广西、重庆和贵州等省超过5000万元，其他省平均每个县得到扶贫资金在2200~5000万元之间。

2005年，各行业的资金分配格局基本保持稳定：投入到农业和农产品加工业的资金超过1/3：种植业的扶贫资金为23.6亿元，占9.0%；林业的扶贫资金为46.2亿元，占17.5%；养殖业的扶贫资金为23.2亿元，占8.8%；还有10.2亿元的资金用于农产品加工业，占3.9%。近1/3的扶贫资金用于基础建设：35.2亿元用于道路修建和改扩工程，占13.4%；16.9亿元用于电力设施建设，占6.3%； 15.5亿元用于基本农田建设，占扶贫资金的5.9%；10.2亿元用于人畜饮水工程，占3.9%；用于社会服务和提高生活质量的行业，如教育卫生文化事业的资金历年都占极低的比例，2005年也不例外，仅占扶贫资金的5%。

“十五”期间，各地加大了环境保护和基础设施的投入力度，投入到林业生产、道路修建和改扩工程、种植、养殖业和其他生产行业的资金累计达到165亿元、170亿元、136亿元、119亿元、114亿元。与“十五”期初相比，2005年林业生产、道路修建和改扩工程以及电力设施建设使用的资金在全部资金中的 比例提高，分别提高了13.1、6.1和6.3个百分点；其他各项投资所占比例有所减少，其中投向农业、牧业及其他生产行业的资金减少较多，比例分别下降了10.3、2.4和5.9个百分点。

（二）到村到户的扶贫项目①增加，资金落实的针对性增强

1. 村及农户项目覆盖率提高

2005年，国家扶贫重点县到村到户的各类扶贫项目开展顺利。在全部调查村中，当年有37.2%的行政村参加了各种到村到户项目，比2002年②增加了10个百分点。按扶持形式分，得到过现金扶持的村占全部村的28.6%，得到过实物扶持的村占全部村的22.9%，得到过技术扶持的村占全部村的12.8%。

在参加项目的行政村中，参与退耕还林项目的村占14.3%，参与新建及改建公路项目的占8.5%，参与种植业项目的占7.5%，参与养殖业项目的占7.5%，参与人畜饮水工程项目的占6.2%，其他项目的比例不足5%。

图3-4
国家扶贫重点县得到扶贫项目扶持的村占全部村的比例

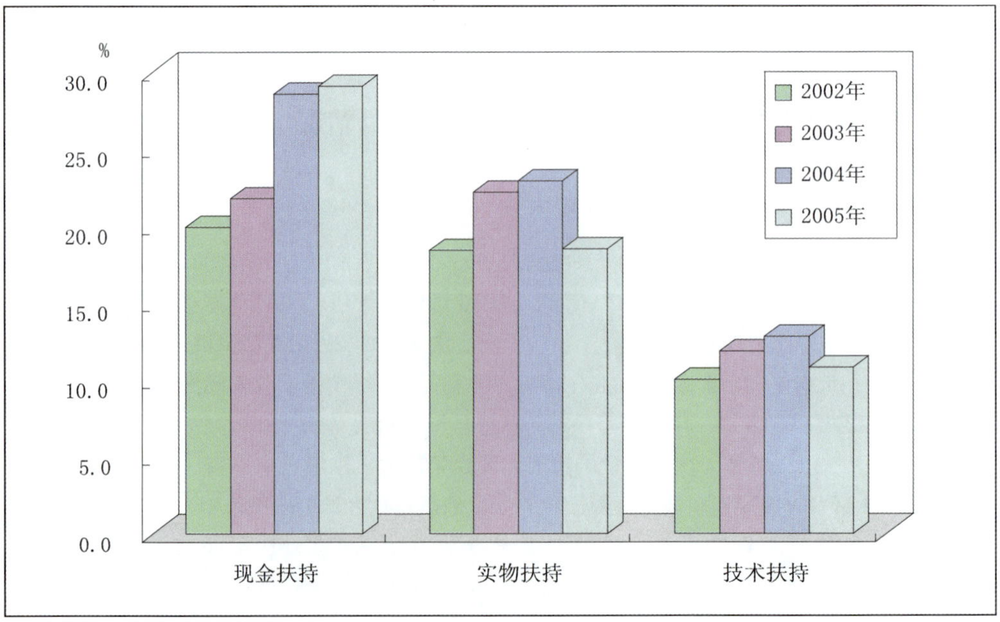

数据来源：全国农村贫困监测调查

扶贫重点村受到的扶持明显多于非重点村。2005年，扶贫重点村参与项目的比重是49.1%，比非重点村26.5%的比例高出近1倍，其中得到现金扶持的扶贫重点村占全部重点村的比重为37.2%，得到实物扶持的重点村占26.8%，得到技术援助的村占14.7%，分别比非重点村高15.7、15.9和8.7个百分点。与2002年相比，重点村和非重点村的项目覆盖率都增加了，但重点村的力度更大。

在扶贫重点县的全部调查村中，有14.3%的农户参加了各种形式的到户项目或从公益项目中受益，其中扶贫重点村有19.8%的农户参加了各种形式的到户项目或从公益项目中受益。在有项目的行政村中，参加了各种形式的到户项目或从公益项目中受益的农户占53%，其中贫困村农户占54.3%。同时重点村农户参与扶贫项目的比例明显高于非重点村。2005年重点村农户参加扶贫项目的比重比非重点村高了近1倍。

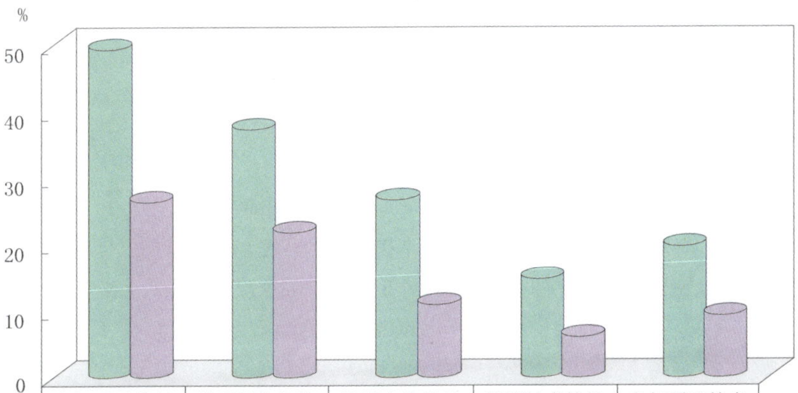

	参与项目的村比重	得到现金扶持的村比重	得到实物扶持的村比重	得到技术扶持的村比重	参与项目的农户比重
重点村	49.5	37.5	26.9	14.9	19.8
非重点村	26.5	21.9	11.0	6.2	9.4

图3–5
国家扶贫重点县扶贫项目在重点村和非重点村的覆盖情况

数据来源：全国农村贫困监测调查

在参加项目的农户中，参与退耕还林项目的农户占18.2%，参与新建及改建公路项目的占15.5%，参与种植业项目的占14.8%，参与人畜饮水工程项目的占14.5%，参与养殖业项目的占9.2%，参与农田基本建设项目的占5.9%，其他项目的比例不足5%。

2．到村到户资金（包括实物折价）强度大幅度增强

平均每村当年落实的到村到户资金6.8万元，比2002年增加3.2万元，增长近1倍。其中扶贫贷款0.8万元。当年使用资金6.7万元，比2002年增加3万元，增长近1倍。当年使用的资金主要用于：种植业、养殖业、人畜饮水工程、新修及改扩建公路和退耕还林。

与2002年相比，用于技术培训、卫生室及设施、资助儿童入学、退耕还林以及修建道路的费用大幅增加，用于各项生产活动的费用减少。

扶贫重点村平均每村当年得到资金9.6万元，其中扶贫贷款1.2万元，分别比非重点村多5.3万元和0.8万元。与2002年相比，重点村和非重点村的资金强度都增加了，但重点村的力度更大。

平均每个参与项目的农户当年直接得到的到户资金747.5元，其中：扶贫重点村当年户均得到的到户资金为839.1元。

当年直接得到到户项目资金的农户占全部农户数的9.5%，其中：扶贫重点村当年直接得到过扶贫资金的农户比重为13.3%，非重点村为6.2%。

在直接得到资金的农户中，多数农户得到资金在500~5000元间，与2002年相比，得到资金

在500元以下的农户比例下降，500元以上的农户比例上升，表明农户得到扶贫资金的强度增加，有利于农户扩大生产规模，尽快脱贫致富。

表3-8　国家扶贫重点县农户得到的扶贫资金的分组比例

单位：%

指　标	2002年	2003年	2004年	2005年
合计	100	100	100.0	100.0
5000元以上	0.9	2.4	2.0	2.1
1000—5000元	20	23.2	24.5	29.4
500—1000元	17.4	20.2	20.2	22.0
100—500元	41.4	37.8	37.7	34.8
100元以下	20.3	16.4	15.5	11.6

数据来源：全国农村贫困监测调查

不同行业之间的资金强度有较大差异：参与种植业的农户，户均得到的扶贫资金为1181元；参与养殖业的农户为1387元；参与林业的农户为447元；参与退耕还林的农户为945元；参与基本农田建设的农户为645元；参与人畜饮水工程的农户为805元。

（三）参与式扶贫取得成效

随着参与式扶贫的开展，多数农户了解本村的项目。在当年有扶持项目的村中，75.9%的农户知道本村当年是否落实了新的项目或资金，有52.6%的农户参与了项目的规划，有61.6%的到户项目得到了农户的事先同意，而项目是自选的农户占当年参与项目的农户的36.1%。

图3-6　国家扶贫重点县农户参与项目情况

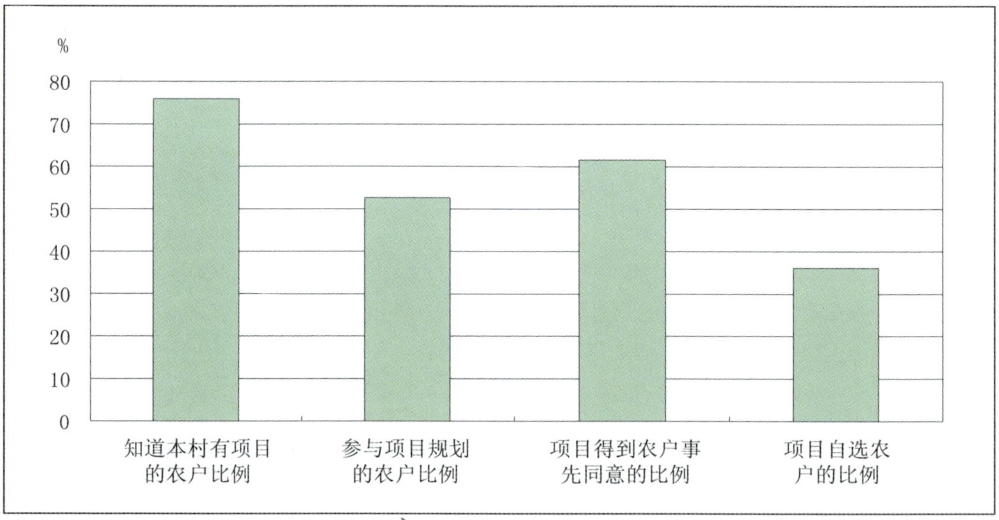

数据来源：全国农村贫困监测调查

农户主要通过公开渠道了解项目。公开渠道是指村民大会、村民代表大会、村民小组会议、公开告示和通知。据调查，在当年有扶持项目的村中，通过公开渠道了解项目内容的农户占了解项目内容的农户比例为70.2%，有6.5%通过村干部的个别通知，5.4%通过本户的村干部接到上级通知，4.0%通过亲朋好友的转告，另有7.6%的农户是在开展贫困监测调查时，通过村干部的现场解说才了解本村的项目。

种植、养殖、修建公路、人畜饮水工程、修建基本农田和退耕还林是国家扶贫重点县村及农户最迫切希望得到的项目。

迫切希望某种项目的村数占全部村数的比重：种植业为46%，养殖业42.2%，修建公路24.2%，人畜饮水工程16.4%，技术培训11.4%，修建基本农田12.5%，农产品加工10.4%，退耕还林7.1%。与前几年相比，对修建公路、基本农田的需求增加，对种植、养殖业项目需求下降。2005年的项目安排与村里的需求是一致的，基本符合了村级脱贫解困的项目要求。

迫切希望某种项目农户数占全部农户数的比重：养殖业46%；种植业45.7%；修建公路21.8%；人畜饮水工程13.9%；技术培训12.8%；基本农田建设11.0%。与2002年相比，对生产项目的需求下降：养殖业、种植业分别下降了8.8、4.3个百分点，对改善生产条件和生活质量的需求上升：修建公路、基本农田建设、人畜饮水工程、技术培训和卫生设备的比例分别提高了5.7、3.1、1.7、1.5和1.4个百分点，同时希望得到更具地方特点的其他项目增加了1.4个百分点。

五、面临的问题

（一）受区位劣势的制约，贫困地区经济发展滞后

扶贫重点县集中分布在特殊片区，如齐齐哈尔周边及嫩江流域地区、努鲁尔虎山区和浑善达克沙地以南地区、太行山区和吕梁山区、黄土高原区、康藏、秦巴山区、南疆地区、大别山区、武陵山区、九万大山、广西、贵州石灰岩地区、横断山区及滇西地区、四川乌蒙山区、大凉山区以及滇东北高原地区、滇东南地区、鄱阳湖湖区、伏牛山区、赣南山区、皖南山区、五指山区等。与周边地区相比，这些贫困片区山高水深，远离经济中心，接受经济辐射的机会小，虽然国家给予了特殊优惠政策和直接的财政转移支付，而且纵向看，“十五”期间贫困地区的经济发展在提速，各项经济指标显示了良好的发展势头，但与全国平均水平相比，贫困地区的发展速度显得相对缓慢，一些指示性指标，如地方生产总值的增长速度、居民收入水平，人均财政收入水平、银行存贷款余额、农村用电量、固定资产投资等等，都远远低于全国的平均水平，有的指标甚至仅保持在全国平均水平的1/4，经济发展严重滞后，一些人均指标的水平相当于十年前的全国平均水平。

（二）受竞争弱势的制约，与全国的发展差距拉大

贫困地区的经济状态在目前的市场经济竞争中处于弱势地位，具体表现在“三缺三低”上。“三缺”：缺资金，城镇固定资产投资人均为1738元，是全国县域平均水平的59%；金融机构年末各项贷款余额人均2353元，是全国县域平均水平的一半。缺技术，主要缺第二、三产业的技术人员，每万人拥有各类技术人员为122人，是全国县域平均水平的73.6%。缺人才，主要缺高素质的劳动力，贫困地区的劳动力文盲率比全国平均水平高5.8个百分点。“三低”：农业产业化程度低，工业化程度低，城镇化程度低。由此，“十五”期间贫困地区的一些基础指标与全国平均水平的差距逐年拉大：人均地方一般预算内财政收入年均递增速度比全国平均水平低5.2个百分点，规模以上企业总产值年均递增速度低1.7个百分点，出口总额年均递增速度低10个百分点，非农产业从业人员比重变动率低0.8个百分点。

（三）受自然条件制约，返贫现象严重

中国农村扶贫重点县多分布于自然条件恶劣、生态破坏严重、土地产出率低下的山区，黄土高原区，偏远荒漠地区，地方病高发区，以及自然灾害频发区。2005年，在国家扶贫重点县中，旱地占67%，25度以上的坡耕地占耕地资源的15.9%，没有可灌溉耕地的村有24.6%；没有水田、水浇地的农户占34.3%，当年遭受自然灾害的村占53.4%，其中减产超过五成的占14.9%。在当年贫困农户中，遭受严重自然灾害的户占41.1%，有残疾人或重病、大病患者的户占7.8%。由于这些地区生态环境的脆弱性，靠天吃饭，脱贫不易，返贫迅速，只要遇到自然灾害，立即返贫。

（四）受经济水平制约，社会发展缓慢

与经济发展水平相比，扶贫重点县的社会发展更为缓慢，个别指标与全国县域平均水平相

比竟相差20年。

在教育方面，虽然经过多年的努力，扶贫重点县百万人口拥有的学校数、师生比接近或相当于全国的平均水平，学校校舍建设取得明显成效，学校危房面积大幅度减少。但近年来实施的并校措施在一部分扶贫重点县也造成了贫困儿童入学困难。特别是儿童入学率仍明显低于其他地区，远未达到普及九年制义务教育的标准。2005年国家扶贫重点县7~12岁儿童入学率比全国平均水平低2.7个百分点；13~15岁儿童入学率低4.8个百分点。

在医疗卫生方面，扶贫重点县与全国相差近20年的距离：扶贫重点县每万人拥有医院、卫生院床位数和每万人口拥有的医生数约是全国县域平均水平的60%左右，相当于全国1980年以前的水平。至2005年底，尚有26.5%的村没有医疗室，有25.2%的村没有乡村医生或卫生员。

在社会保障方面，除民政救济、救助外，养老基金和农村低保制度建设在扶贫重点县基本上刚刚起步，商业性保险处于初始阶段。

在信息技术全球化的今天，扶贫重点县依然处于相对闭塞的状况，离以因特网为特征的信息社会有很大的距离。目前在扶贫重点县，每万人因特网用户数仅为66.1户。

（五）受人力资本限制，贫困长期化的危险依然存在

贫困地区有丰富的人力资源，但教育投入不足使之难以转化为有效的人力资本。2005年，接受培训的劳动力比例仅为12.8%，劳动力素质不高，增加了现在的贫困人口脱贫难度，同时，13~15岁的儿童失学率高达10%，意味着数年后青壮年劳动力中仍有相当比例的文盲劳动力，增加了今后继续产生贫困人口的可能性。

第四部分：少数民族地区贫困状况

4

少数民族地区的贫困一直是政府和各界高度关注的问题。2005年国家民委和国家统计局合作对少数民族地区的贫困状况及扶贫情况进行详细分析。

一、少数民族地区贫困状况

国家民委通常所指的少数民族地区包括民族八省区和其余民族自治地方，共计20个省、区、市。其余民族自治地方涉及12个分布有自治州、自治县的省市，计有8个自治州、52个自治县。

据统计，“十五”期间（2001年~2005年）少数民族地区扶贫投资总额达794.7亿元，扶贫资金投入逐年增加，2001年为89.1亿，2002年为176亿，2003年为165.8亿，2004年为189.8亿，2005年为174亿元。至2005年底，少数民族地区有9180个重点村实施了整村推进扶贫规划（除云南），云南整村推进以自然村为单位，已有2323个自然村实施了整村推进扶贫规划，当年组织劳动力转移培训455.1万人次。少数民族贫困地区经济社会各项事业发展进步，贫困村面貌有所变化，少数民族群众生产生活条件得到改善，农牧民收入增加，生活质量进一步提高。

（一）2005年贫困情况

1．绝对贫困人口和低收入人口继续减少。根据国家统计局全国农村住户调查和农村贫困监测调查结果，2005年末少数民族地区农村绝对贫困人口为1170.4万人，比上年减少75.2万人；贫困发生率为6.9%，下降0.9个百分点。初步解决温饱但还不稳定的农村低收入人口为2048万人，比上年减少239.7万人；低收入人口占农村人口的比重为12%，下降2.3个百分点。少数民族地区绝对贫困人口与低收入人口合计数量为3218.4万人，比上年减少314.9万人，减少8.9%；占农村人口的比重为18.9%，下降3.2个百分点。

在少数民族地区1170.4万农村绝对贫困人口中，据不完全统计，丧失劳动能力的人口为179.2万人，占15.3%。当年因灾、因病返贫人口174.4万人，返贫率为14.9%。到2005年底，少数民族贫困地区还有1423.1万人、1742.8万头（只）牲畜未解决饮水困难，有缺乏基本生存条件需易地搬迁对象58.3万户、237.8万人。

2．少数民族地区贫困人口占全国的比重增加，贫困人口和低收入人口占农村人口的比重均高于全国平均水平。少数民族地区农村贫困监测结果与全国农村贫困监测结果对比情况：2005年末少数民族地区农村贫困人口占全国农村贫困人口（2365万人）的比重为49.5%，比上年（47.7%）增加1.8个百分点；贫困发生率比全国（2.5%）高4.4个百分点。低收入人口占全国低收入人口（4067 万人）的比重为 50.4%，比上年（46.0%）增加 4.4 个百分点；低收入人口占农村人口的比重比全国（4.3%）高 7.7 个百分点。绝对贫困人口与低收入人口合计数量占全国（6432 万人）的比重为 50.0%，比上年（46.6%）增加 3.4 个百分点；占农村人口的比重比全国（6.8%）高 12.1 个百分点。

（二）“十五”期间少数民族地区贫困变化

经过 5 年的扶贫开发，少数民族地区农村贫困人口从 2000 年底的 1687 万人减少到 2005 年的 1170 万人，减少 517 万人；贫困发生率由 10.8% 下降为 6.9%，减少 3.9 个百分点。低收入人口逐年下降，2002~2005 年，低收入人口规模分别为 3317 万人、2695 万人、2288 万人和 2048 万人，3 年减少 1269 万人；低收入人口占农村人口的比重从 20.5% 下降到 12%，减少 8.5 个百分点。

表 4-1　少数民族地区农村贫困人口和低收入人口规模分年度情况

指　标	2000 年	2001 年	2002 年	2003 年	2004 年	2005 年
贫困人口规模（万人）	1687	1865	1322	1304	1246	1170
比上年增减（万人）	+309	+178	−543	−18	−58	−76
贫困发生率（%）	10.8	14.1	8.2	7.3	7.8	6.9
低收入人口规模（万人）			3317	2695	2288	2048
比上年增减（万人）				−622	−407	−240
低收入人口比重（%）			20.5	15.1	14.3	12.0

数据来源：全国农村住户抽样调查

民族自治地方农民人均纯收入从 2000 年的 1626 元增加到 2005 年的 2295 元，增加 669 元，增长 41.1%，年均增长 12.2%。

图 4-1
民族自治地方农民人均纯收入

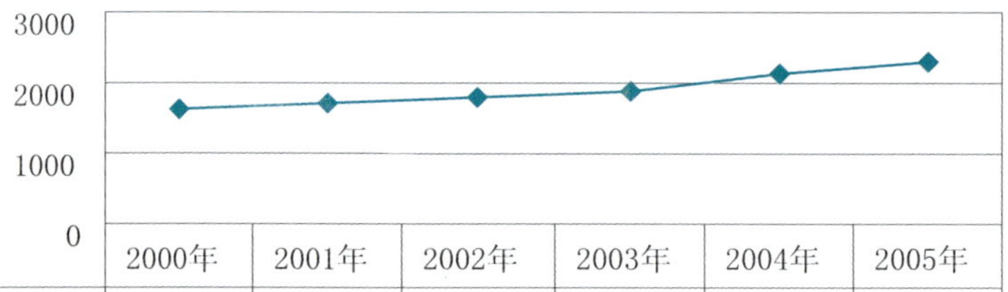

	2000年	2001年	2002年	2003年	2004年	2005年
农民人均纯收入(元)	1626	1726	1771	1895	2116	2295

数据来源：全国农村住户抽样调查

与全国农村贫困监测结果对比情况看，少数民族地区贫困人口占全国贫困人口的比例在 50% 左右，2001 年最高，达到 63.7%，2002 年、2003 年有所下降，2004 年、2005 年又有所上升，2005 年为 49.5%。少数民族地区农村贫困发生率虽逐年下降，但一直高于全国贫困发生率，2001 年达到最高为 14.1%，高出全国 10.9 个百分点；2005 年为 6.9%，高出全国 4.4 个百分点。少数民族地区农村贫困人口占全国的比例近 3 年有所上升，贫困发生率一直高于全国，这表明没有解决温饱问题的贫困人口逐步向少数民族地区集中，少数民族地区的贫困问题更加突出。

表 4-2　少数民族地区农村贫困人口分布变化

指　标		2000 年	2001 年	2002 年	2003 年	2004 年	2005 年
贫困人口规模（万人）	全　国	3209	2927	2820	2900	2610	2365
	少数民族地区	1687	1865	1322	1304	1246	1170
贫困发生率（%）	全　国	3.4	3.2	3.0	3.1	2.9	2.5
	少数民族地区	10.8	14.1	8.2	7.3	7.8	6.9
少数民族地区占全国比例（%）		52.6	63.7	46.9	45.0	47.7	49.5

数据来源：全国农村住户抽样调查

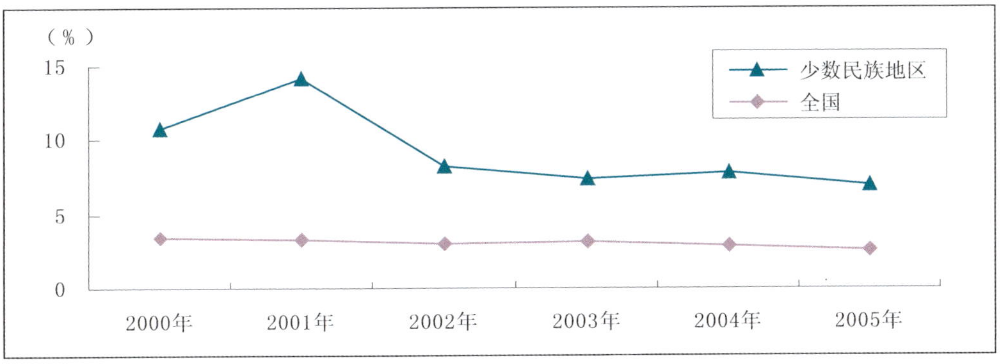

图 4–2
全国与少数民族地区贫困发生率

数据来源：
全国农村住户抽样调查

2002~2005 年，少数民族地区农村低收入人口占全国低收入人口的比例保持在 50% 左右。低收入人口占农村人口的比重逐年下降，但大大高于全国的低收入人口比重，2002 年高出 14.3 个百分点，2005 年高出 7.7 个百分点。

表 4–3　少数民族地区农村低收入人口分布变化

指　标		2000 年	2001 年	2002 年	2003 年	2004 年	2005 年
低收入人口规模（万人）	全　国	6213	6102	5825	5617	4977	4067
	少数民族地区			3317	2695	2288	2048
低收入人口比重（%）	全　国	6.7	6.6	6.2	6.0	5.3	4.3
	少数民族地区			20.5	15.1	14.3	12.0
少数民族地区占全国比例（%）			56.9	48.0	46.0	50.4	

数据来源：
全国农村住户抽样调查

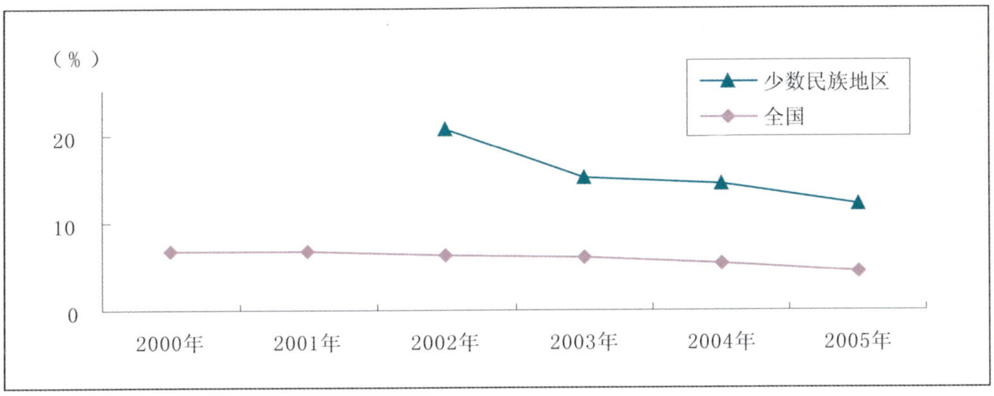

图 4–3
少数民族地区低收入人口比重

数据来源：
全国农村住户抽样调查

二、少数民族扶贫开发工作重点县贫困情况

根据国家统计局对全国 592 个扶贫开发工作重点县（以下简称扶贫重点县）的贫困监测调查，被调查村个数为 5341 个，其中 267 个少数民族扶贫重点县被调查村个数为 2324 个。据监测调查显示，自 2001 年以来，少数民族扶贫重点县基础设施得到改善，农牧民生活水平逐年提高，各项社会事业有了较大的发展。

（一）民族扶贫重点县基本情况

在少数民族扶贫重点县的 2324 个被调查村中，山区占 71、1%，少数民族聚居村占 75.9%，属于陆地边境县的村占 15.7%。人口及劳动力情况，平均每个村有农户 413.5 户、1760.1 人，户均人口 4.51 人，其中男性 2.38 人；有劳动力 942.1 人，劳动力负担系数为 1.52。

资源情况，2005年少数民族扶贫重点县人均耕地1.7亩，其中水田、梯田面积比重上升，25度以上坡耕地面积比重下降；人均桑园（茶园、果园）0.1亩，与2002年相比没有变化；人均林地2.1亩，比2002年增加0.4亩；人均草场13.0亩，比2002年增加1.3亩；人均荒山荒坡0.9亩，比2002年减少0.1亩。少数民族扶贫重点县人均资源多于全部被调查村的人均资源。户均土地使用情况与全部被调查村基本持平或略高，户均耕地9.6亩、林地2.6亩、桑园（茶园、果园）0.4亩、荒山荒坡1.3亩。户均粮食播种面积8.3亩，比2002年减少0.3亩，比全部被调查村少0.2亩；草场面积42.6亩，比2002年增加1.4亩，比全部被调查村多24亩。

（二）自然村基础设施

基础设施逐年改善，2005年通公路的自然村占75.5%、通电的自然村占93.1%、通电话的自然村占61.6%、能接收电视节目的自然村占81.8%，分别比2002年提高7.8、4.3、24.4和5个百分点，但均低于全部被调查村各项比重。通讯、广播电视设施发展较快，自然村通电话比重在4年中增加了24.4个百分点，能接收电视节目的比重增加了5个百分点。

表4-4　少数民族扶贫重点县社区基础设施

单位：%

指 标	2002年	2003年	2004年	2005年
通公路的自然村比重	67.7	70.4	73.3	75.5
通电的自然村比重	88.8	90.4	91.9	93.1
通电话的自然村比重	37.2	44.6	50.3	61.6
能接收电视节目的自然村比重	76.8	80.5	82.4	81.8

数据来源：全国农村贫困监测调查

表4-5　2005年少数民族扶贫重点县社区基础设施

单位：%

指 标	全国重点县	少数民族重点县
通公路的自然村比重	79.0	75.5
通电的自然村比重	95.8	93.1
通电话的自然村比重	73.8	61.6
能接收电视节目的自然村比重	87.6	81.8

数据来源：全国农村贫困监测调查

（三）教育

2005年底，少数民族扶贫重点县7~15岁儿童在校率为92.6%。分年龄段看，7~12岁儿童在校率为94.9%，13~15岁儿童在校率为89.2%。与2002年相比，7~12岁组提高3.2个百分点，13~15岁组提高7.9个百分点。少数民族重点县7~15岁儿童在校率低于全国扶贫重点县水平，每个学生平均教育费用支出比全国扶贫重点县少218.1元，其中学杂费和书本费也比全国扶贫重点县少92.7元。年内受到社会捐助的学生比重为9.5%，比2002年提高5个百分点，且高于全国扶贫重点县1.5个百分点。这表明少数民族重点县在捐资助学方面得到了越来越多的帮扶。

表4-6　少数民族扶贫重点县7-15岁儿童在校率

单位：%

指 标	2002年	2003年	2004年	2005年
7-12岁儿童在校率	91.7	92.2	93.1	94.9
13-15岁儿童在校率	81.3	84.5	87.5	89.2

数据来源：全国农村贫困监测调查

在少数民族重点县中，有68.5%的小学生上学所需时间少于0.5小时，有18.3%的小学生上学所需时间在0.5~1小时之间，有8.2%的小学生在寄宿制学校上学，这一比重略高于全国扶贫重点县住校生占7.5%的水平。对失学儿童的调查表明，家庭经济困难是7~15岁儿童失学的主要原因，人数占41.1%；有27.4%的儿童失学是因为自己不愿意上学；在回答本人是否有继续读书的愿望这一问题时，答“是”的占57.1%，答“否”的占42.9%，有近一半的失学儿童由于受各种因素影响不想继续上学，这从一个侧面反映了贫困地区特别是少数民族贫困地区教育观念的落后。在调查人群中，少数民族会汉语的人口比例为71.1%。还有近1/3的少数民族不会汉语，这部分人群由于语言不通难于出门打工。

表4-7 2005年少数民族扶贫重点县儿童在校率和平均教育费用

指 标	全国重点县	少数民族重点县
7~15岁儿童在校率（%）	94.6	92.6
其中：7~12岁儿童在校率（%）	96.9	94.9
13~15岁儿童在校率（%）	91.7	89.2
平均每个学生教育费用（元）	1004.2	786.1
其中：学杂费和书本费（元）	487.1	394.4

数据来源：全国农村贫困监测调查

（四）卫生及健康状况

医疗条件逐年改善，至2005年底，少数民族扶贫重点县有65.7%的行政村有卫生室，有67.4%的行政村有乡村医生或卫生员，比2002年分别提高5.7和5个百分点。有合格接生员的村占64.7%，比2002年提高2个百分点。

贫困监测调查还表明，少数民族扶贫重点县农户的健康状况与全国重点县农户的健康状况水平相当，与2002年相比略有提高，在过去3年内基本保持一致。生病时不能及时就医的人数占全部调查人数的19.8%，经济困难、无力承担高昂的医疗费用仍是农户有病不能及时就医的最重要原因。2005年，在生病不能及时就医的人口中，由于经济困难、无力承担高昂的医疗费用占64.3%；而因为医疗点少、医院太远的占27.6%。

表4-8 2005年少数民族扶贫重点县农户按健康状况分的人口构成

单位：%

指 标	全国重点县	少数民族重点县
健康状况	100.0	100.0
1.残疾	1.0	1.0
2.患有大病	0.4	0.3
3.长期慢性病	1.6	1.4
4.体弱多病	3.7	3.7
5.健康	93.3	93.6

数据来源：全国农村贫困监测调查

表4-9 少数民族扶贫重点县农户按健康状况分的人口构成

单位：%

指 标	2002年	2003年	2004年	2005年
健康状况	100.0	100.0	100.0	100.0
1.残疾	1.3	1.0	1.0	1.0
2.患有大病	0.6	0.5	0.4	0.3
3.长期慢性病	1.8	1.4	1.3	1.4
4.体弱多病	4.2	3.9	3.8	3.7
5.健康	92.1	93.3	93.5	93.6

数据来源：全国农村贫困监测调查

（五）劳动力状况

2005年在少数民族扶贫重点县农村劳动力中，文盲半文盲占16.9%、小学文化程度占38.5%、初中占37.2%、高中及以上占7.4%。与2002年相比，小学和文盲劳动力分别降低了1.7和3.1个百分点，初中劳动力上升了4.2个百分点，高中及以上劳动力上升了0.6个百分点。劳动力文化素质有所提高，但劳动力文化程度仍低于全部被调查村平均水平。

图4—4 2005年少数民族扶贫重点县劳动力文化程度构成

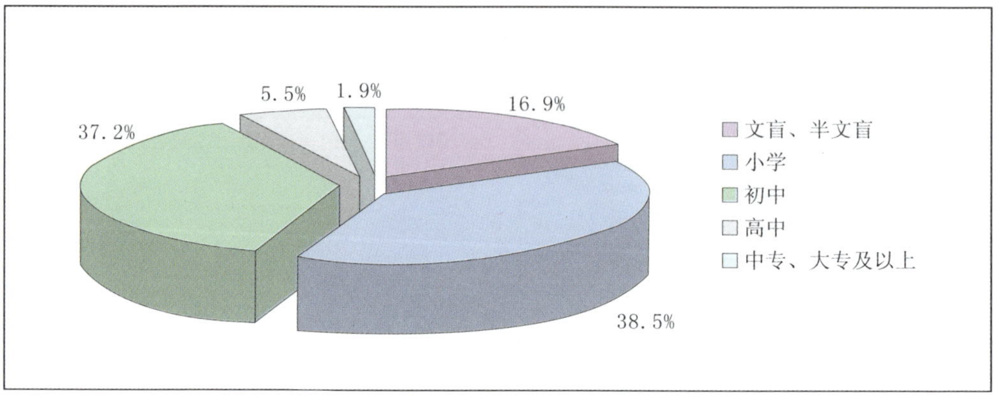

数据来源：全国农村贫困监测调查

表4—10　2005年少数民族扶贫重点县劳动力文化程度构成

单位：%

指 标	全国重点县	少数民族重点县
文盲、半文盲	12.7	16.9
小学	35.1	38.5
初中	43.4	37.2
高中	6.7	5.5
中专	1.5	1.5
大专及以上	0.5	0.4

数据来源：全国农村贫困监测调查

表4—11　少数民族扶贫重点县劳动力文化程度构成

单位：%

指 标	2002年	2003年	2004年	2005年
文盲、半文盲	20.0	19.2	18.4	16.9
小学	40.2	39.2	38.3	38.5
初中	33.0	34.7	36.1	37.2
高中	5.2	5.1	5.4	5.5
中专	1.4	1.5	1.5	1.5
大专及以上	0.2	0.3	0.3	0.4

数据来源：全国农村贫困监测调查

从劳动力从事的主要行业看，第一产业劳动力占全部劳动力的比重为85.5%，比2002年下降4.6个百分点；第二产业劳动力的比重由2002年的4.2%上升到2005年的7.5%，提高了3.3个百分点；第三产业劳动力的比重由2002年的5.7%上升到2005年的7%，提高了1.3个百分点。

与全国扶贫重点县相比，2005年少数民族扶贫重点县第一产业劳动力所占比重高5.6个百分点，第二和第三产业分别低2.7和2.9个百分点。产业内，第一产业中农业占80.4%，与2002年相比，农业劳动力比例下降，林牧渔业劳动力比例上升；第二产业中制造业和建筑业劳动力比例分别由2002年的2.1%和1.6%上升到2005年的4.9%和2.1%，制造业和建筑业新增劳动力较多；第三产业中交通运输仓储和邮政业、批发和零售业、住宿和餐饮业、教育、卫生、文化等行业的比例均低于全部被调查村所占比例。少数民族扶贫重点县农业劳动力所占比重（80.4%）比全国扶贫重点县所占比重（76.9%）高3.5个百分点，表明少数民族扶贫重点县大部分劳动力分布在第一产业并主要从事农业。

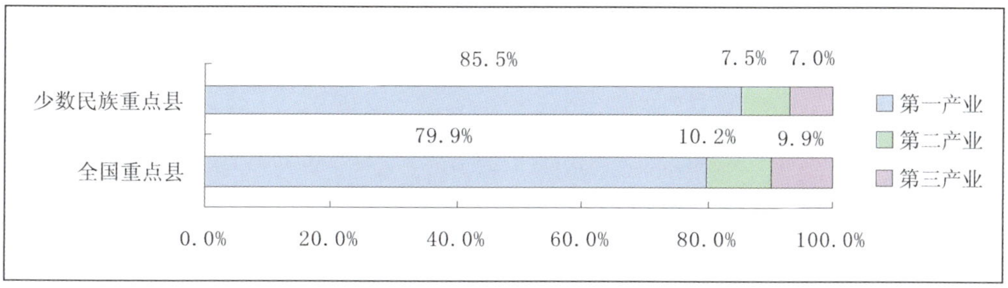

图4—5
2005年少数民族扶贫重点县劳动力行业构成

数据来源：
全国农村贫困监测调查

曾受过技能培训的劳动力比重为15.0%，当地乡镇企业职工人数占劳动力比重0.4%，低于全部被调查村所占比重0.4个百分点；当年劳动力外出打工比重为14.1%，低于全部被调查村比重3.7个百分点，与中部地区、西部十二省区、重点村的被调查村当年劳动力外出打工比重相比较，少数民族扶贫重点县被调查村的比重都是最低的，平均每个村外出打工半年以上劳动力人数114.8人，比全部被调查村少43.4人，少数民族受地处偏远、文化程度低、语言不通、生活习俗差异大等原因，外出务工机会少、困难多。

（六）农民收入情况

2005年，少数民族扶贫重点县农民人均纯收入为1632.8元，比2002年增加414.2元，年均增长10.2%。比全国扶贫重点县（1725.6元）少92.8元。

人均家庭经营纯收入为1106.2元，比2002年增加260元，年均增长9.3%。其中，人均种植业纯收入623.6元，较2002年增加191.7元，年均增长13.0%。分年度看，2002~2004年，家庭经营收入及其中的种植业收入占纯收入的比重逐年上升，2002年为69.4%、35.4%，2003年为69.6%、39.4%，2004年为70.3%、40.9%；但2005年比重却有所下降，分别为67.7%、38.2%，作为农民纯收入的主要来源，家庭经营收入比重下降的现象应引起注意。

人均工资性收入为405.8元，比2002年增加103.4元，年均增长10.3%。其中，外出务工收入为191.4元，占工资性收入的47.2%，比全部被调查村外出务工收入占工资性收入的比重（53.7%）低6.5个百分点。从2002年至2005年，少数民族扶贫重点县农民人均纯收入中外出务工收入所占比重维持在11.7%的水平，没有增长，且比全国扶贫重点县农民人均纯收入中外出务工收入所占比重（17.4%）低5.7个百分点。这说明少数民族贫困地区农民外出务工机会少、困难多，劳动力转移培训应加强。

人均转移性收入为93.5元，比2002年增加36.5元，年均增长17.9%。2005年增幅较大，增长了42.7%。国家的扶贫救济、粮食直补、退耕还林还草等惠农政策直接增加了农民收入。

表4—12　少数民族扶贫重点县农民人均纯收入及构成

指 标	2002年	2003年	2004年	2005年
一、农民人均纯收入（元）	1218.6	1340.7	1489.9	1632.8
1.工资性收入	302.4	320.5	348.2	405.8
其中：外出务工收入	142.9	148.5	156.4	191.4
2.家庭经营收入	846.2	932.9	1048.1	1106.2
其中：种植业收入	431.9	527.9	609.8	623.6
二、构成（%）				
1.工资性收入	24.8	23.9	23.4	24.9
其中：外出务工收入	11.7	11.1	10.5	11.7
2.家庭经营收入	69.4	69.6	70.3	67.7
其中：种植业收入	35.4	39.4	40.9	38.2

数据来源：
全国农村贫困监测调查

（七）农民生活消费情况

2005年少数民族扶贫重点县农民人均生活消费支出1464元，比全国扶贫重点县少64元，比2002年增加363元。基本生活消费水平逐年提高。农民人均食品消费支出802元，比全国扶贫重点县多9元，比2002年增加140元；人均衣着消费支出83元，比2002年增加16元；人均居住消费支出189元，增加72元；人均家庭设备用品及服务消费支出51元，增加19元。

恩格尔系数为54.8%，比2002年下降7个百分点。少数民族扶贫重点县恩格尔系数逐年下降，2005年比全国扶贫重点县恩格尔系数（51.9%）高2.9个百分点。

医疗保健支出有所增加。2005年少数民族扶贫重点县农民人均医疗保健支出80元，比全国扶贫重点县少7元，比2002年增加22元。2002~2005年，人均医疗保健支出占人均生活消费支出的比重分别为5.3%、5.2%、5.3%、5.5%。少数民族扶贫重点县农民人均医疗保健支出在过去3年虽有所增加，但占其生活消费支出的比例基本不变。

交通通讯消费支出逐年增长。2005年少数民族扶贫重点县农民人均交通通讯支出100元，比全国扶贫重点县少6元，比2002年增加58元。2002~2005年，人均交通通讯支出占人均生活消费支出的比重分别为3.8%、5.3%、6.0%、6.8%。交通通讯消费支出构成逐年增长，支出增加，反映出少数民族贫困地区农民与外界交流正在逐步增加。

文化娱乐消费支出逐年增长，后小幅回落。2005年少数民族扶贫重点县农民人均文化教育、娱乐用品及服务消费支出137元，比全国扶贫重点县少45元，比2002年增加42元，但比2004年减少5元。2002~2005年，人均文化娱乐支出占人均生活消费支出的比重分别为8.6%、9.4%、10.6%、9.3%，文化娱乐消费支出构成前3年逐年增加，2005年小幅回落，这是由于国家对贫困地区义务教育阶段学生全部实行“两免一补”政策，农民的教育支出减少所致。

表4-13 少数民族扶贫重点县农民生活消费支出

单位：元

指 标	2002年	2003年	2004年	2005年
人均生活消费支出	1101.2	1188.4	1334.1	1464.4
1.食品	662.4	681.9	752.3	802.1
恩格尔系数(%)	60.2	57.4	56.4	54.8
2.衣着	66.5	67.7	73.7	82.8
3.居住	117.1	141.9	147.8	188.7
4.家庭设备用品	31.9	42.1	45.0	51.0
5.医疗保健	58.3	62.4	71.1	79.9
6.交通通讯	41.6	62.6	80.5	99.7
7.文化教育	95.1	111.5	141.8	136.5
8.其他	20.6	18.3	21.9	23.7

数据来源：全国农村贫困监测调查

农民人均家庭经营支出逐年增加，2002年为480元，2003年为538元，2004年为625元，2005年为721元。其中种植业和牧业支出所占比重在90%上下，2005年少数民族扶贫重点县人均家庭生产经营支出比全国扶贫重点县多59元，主要是多在牧业支出（54元）上。

（八）农户生活状况

2005年少数民族扶贫重点县人均住房面积为20.9平方米，比592个扶贫重点县少1.1平方米，比2002年增加2平方米，年均递增3.4%。从单位住房价值看，每平米房屋的价值由2002年的105.5元提高到2005年的133.4元，与自身相比，农户的住房质量有所改善；但比592个扶贫重点县低19.4元，比中部地区扶贫重点县低40.1元，这表明少数民族扶贫重点县农户的住房质量相对较差。

从住房结构看，居住钢筋混凝土结构住房的农户比例较低，占9.3%，比全国扶贫重点县低4.9个百分点；有1/3的农户住房为砖木结构，占33.9%，比全国扶贫重点县低6.8个百分点；有相当部分农户仍住土坯房或竹草房，占27.8%，比全国扶贫重点县高2.2个百分点，其中住竹草房的农户占0.8%；其他结构住房的农户占29%，包括毡房、石板房等。进一步表明少数民族扶贫重点县农户的住房质量较差。

表4–14 2005年少数民族扶贫重点县农户住房状况

单位：%

指 标	全国重点县	少数民族重点县
按住房结构分所占的比重	100.0	100.0
其中：砖木结构	40.7	33.9
竹草、土坯结构	25.6	27.8
钢筋混凝土结构	14.2	9.3
其他	19.5	29.0

数据来源：全国农村贫困监测调查

近年来，少数民族扶贫重点县每百户拥有的耐用消费品呈快速增长的势头。2005年每百户拥有电冰箱、冰柜6.9台，比2002年增加了3台，年均递增20.9%；拥有电视机83.4台，其中彩色电视机60.8台，年均递增分别为6.8%和13.9%；拥有固定电话和移动电话42.4部，比2002年增加了28.5部，年均递增45.0%；拥有摩托车21.8辆，比2002年增加了11.1辆，年均递增26.8%。少数民族扶贫重点县每百户拥有生活耐用消费品绝大部分低于全国扶贫重点县和西部12省区以及被调查重点贫困村的统计数字，与其他地区或全国平均水平相比还有较大差距。

表4–15 2005年少数民族扶贫重点县农户耐用消费品拥有情况

指 标	单 位	全国重点县	少数民族重点县
1. 收录机、音响	台／百户	26.6	29.8
2. 冰箱、冰柜	台／百户	7.5	6.9
3. 电视机	台／百户	91.3	83.4
其中：彩色电视机	台／百户	65.3	60.8
4. 自行车	辆／百户	51.8	34.2
5. 摩托车	辆／百户	24.7	21.8
6. 固定电话、移动电话	部／百户	54.5	42.4

数据来源：全国农村贫困监测调查

表4–16 少数民族扶贫重点县农户耐用消费品拥有情况

指 标	单 位	2002年	2003年	2004年	2005年
1. 收录机、音响	台／百户	37.4	33.5	34.1	29.8
2. 冰箱、冰柜	台／百户	3.9	4.8	5.4	6.9
3. 电视机	台／百户	68.5	75.2	79.6	83.4
其中：彩色电视机	台／百户		41.2	49.1	60.8
4. 自行车	辆／百户	41.5	38.0	38.9	34.2
5. 摩托车	辆／百户	10.7	13.2	16.2	21.8
6. 固定电话、移动电话	部／百户	13.9	47.1	27.1	42.4

数据来源：全国农村贫困监测调查

与自身相比，少数民族扶贫重点县农户生活条件逐年改善；但与592个重点县相比，农户生活设施状况稍差，生活条件仍需进一步改善。对少数民族扶贫重点县2324个被调查村的监测显示，用电户比重为94.3%，比2002年提高了3.1个百分点；有取暖设备的农户比重为63.5%，比2002年下降6.2个百分点；农户的卫生设施在改善，有厕所的农户比重为75.6%，比2002年提高了4.8个百分点，但低于592个重点县86.2%的水平。

至2005年底，仍有53.8%的农户感到近几年取得生活燃料越来越困难，这个比例低于2002年57.4%的水平，但大大高于592个重点县37.1%的水平。

饮水困难逐步缓解。2005年有16.7%的农户饮水困难，比2002年下降5.7个百分点，但比592个重点县高3个百分点；饮用自来水的农户比例上升，2005年有52.8%的农户饮用自来水、深井水，比2002年提高了4个百分点。

表4—17 2005年少数民族扶贫重点县农户生活设施状况

单位：%

指 标	全国重点县	少数民族重点县
1.有厕所的农户比重	86.2	75.6
2.用电户比重	96.7	94.3
3.有取暖设备农户比重	62.0	63.5
4.饮用自来水、深井水农户比重	55.3	52.8
5.饮水困难农户比重	13.7	16.7
6.取得生活燃料越来越困难的农户比重	37.1	53.8

数据来源：全国农村贫困监测调查

表4—18 少数民族扶贫重点县农户生活设施状况

单位：%

指 标	2002年	2003年	2004年	2005年
1.有厕所的农户比重	70.8	73.1	74.1	75.6
2.用电户比重	91.2	93.7	93.9	94.3
3.有取暖设备农户比重	69.7	60.9	63.1	63.5
4.饮用自来水、深井水农户比重	48.8	50.8	51.8	52.8
5.饮水困难农户比重	22.4	20.0	15.5	16.7
6.取得生活燃料越来越困难的农户比重	57.4	56.3	50.7	53.8

数据来源：全国农村贫困监测调查

（九）当年受灾情况

在2324个被调查村中，遭遇严重自然灾害的村占50.1%。自然灾害中旱灾占71.3%，比2002年的40.6%提高30.7个百分点；水灾占10.5%，比2002年的19.2%下降8.7个百分点。表明近年旱灾加重、水灾减轻。从灾害程度看，减产3~5成的比重为83.5%，缺粮需要救济的农户比重为8.5%，收到过救济、救灾款物的农户比例为7.6%。在调查期内，人均期末存粮371.8公斤，低于全部被调查村390.5公斤的水平；户均借入粮食4.3公斤，高于全部被调查村3.7公斤的水平。

表4—19 少数民族扶贫重点县当年受灾情况

单位：%

指 标	2002年	2003年	2004年	2005年
当年遭遇严重自然灾害的村的比重	59.6	42.5	40.5	50.1
自然灾害的类型比例				
其中：旱灾	40.6	58.0	49.3	71.3
水灾	19.2	13.9	13.4	10.5

数据来源：全国农村贫困监测调查

（十）村级扶贫活动

2005年人均粮食作物播种面积1.6亩，人均粮食总产量393.3公斤，比2002年增加36.6公斤，增长9.3%；平均每个村乡镇企业个数0.9个、从业人数13.4人，销售总收入大幅增长，2005年为51.9万元，是2002年的6.6倍；使用节水栽培技术的村占8.8%，有塑料大棚/温室的村占14.2%，有农牧业新技术示范户的村占31.0%，举办过专业技术培训的村占43.8%，各项比重与全部被调查村持平或略高，表明少数民族扶贫重点县科技推广和技术培训工作正在加强。

表4—20　2005年少数民族扶贫重点县科技推广及培训情况

单位：%

指 标	全国重点县	少数民族重点县
使用节水栽培技术的村的比重	6.4	8.8
有塑料大棚／温室的村的比重	14.0	14.2
有农牧业新技术示范户的村的比重	25.9	31.0
举办过专业技术培训的村的比重	37.3	43.8

数据来源：全国农村贫困监测调查

少数民族扶贫重点县2324个被调查村中，有56.6%的村是重点贫困村。在全部被调查村中，当年有42.5%的行政村参加了各种到村到户项目，比2002年增加了8.2个百分点，但比2005年下降了6.5个百分点，这一比重高于全国扶贫重点县参加扶贫项目的村占总村数37.1%的比重，表明少数民族扶贫重点县整村推进正在逐步推开。按扶持形式分，得到过现金扶持的村占全部村的31.1%，比2002年增加了9.4个百分点；得到过实物扶持的村占全部村的27.0%，比2002年增加了2个百分点；得到过技术扶持的村占全部村的15.3%，比2002年增加了1.5个百分点。

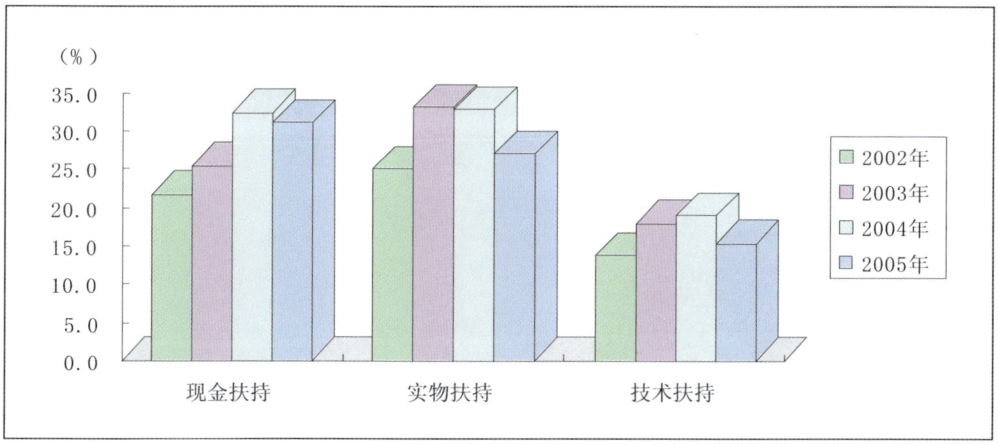

图4—6 少数民族扶贫重点县按扶持形式分得到的扶贫项目比重

数据来源：全国农村贫困监测调查

2005年平均每村当年落实的扶贫资金为9.6万元，比全部被调查村多2.8万元；平均每村得到的扶持资金逐年增加，2005年得到的扶持资金额比2002年增加4.5万元，增长近1倍，其中扶贫贷款1.9万元。当年使用资金9.5万元，主要用于种植业、养殖业、人畜饮水工程、新修及改扩建公路和退耕还林。少数民族扶贫重点县每个得到过扶持资金的村，在2002年到2005年间平均共得到扶持资金32.3万元。平均每个村扶持农户和公共项目成果主要有：修建基本农田13.7亩，修建道路0.6公里，种植业扶持9.8户，养殖业扶持6.2户，人畜饮水工程5.9户，技术培训7.9人次，退耕还林还草149.9亩等。无论从扶持资金到项目成果，大部分指标均高于全部被调查村的平均数，表明整村推进加大了对少数民族扶贫重点县贫困村的扶持力度。

从2005年整村推进实施的扶贫项目看，种植、养殖、修建道路、人畜饮水工程、修建基本农田和退耕还林是少数民族扶贫重点县村及农户最迫切希望得到的项目。农户希望得到的扶持项目构成，种植业占40.6%、养殖业占22.0%，修建道路占10.3%，其次是人畜饮水工程占7.6%、修建基本农田占5.6%，退耕还林还草占2.3%，以上六类项目所占比重为88.4%，其他项目包括林业、农产品加工业、电力设施、学校、卫生室、技术培训、扫盲等。说明农户希望在基础设施和改善生产生活条件上得到更多的扶持。

图4—7
少数民族扶贫重点县农户希望的扶贫项目构成

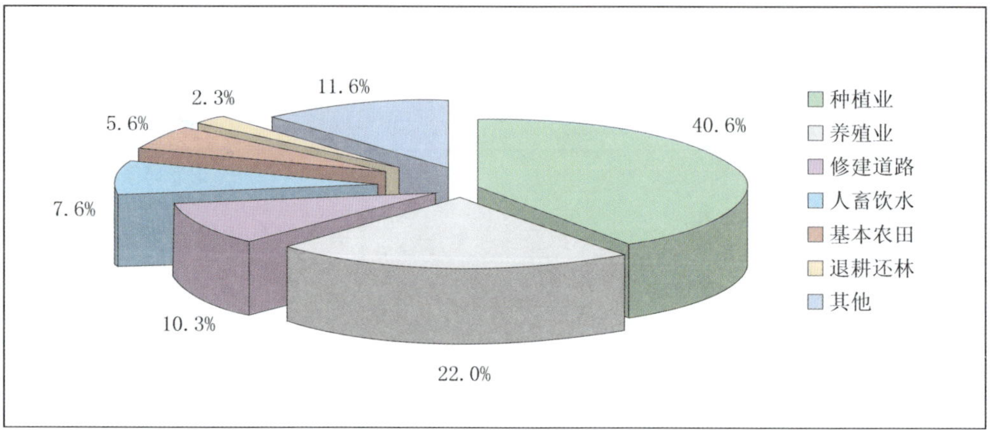

数据来源：
全国农村贫困监测调查

第五部分：扶贫工作回顾及政策展望

5

一、在新农村建设中做好扶贫工作

《中国农村扶贫开发纲要(2001-2010年)》实施以来，全国扶贫开发工作进展顺利，取得了阶段性成果。但扶贫工作面临的形势依然严峻，任务相当繁重。面对农村扶贫新特点，我国在“十一五”期间要进一步加强扶贫力度，创新扶贫新举措，在新农村建设中做好扶贫工作。

(一)《中国农村扶贫开发纲要(2001—2010年)》中期评估主要结果

2005年，按照温家宝总理和回良玉副总理的指示，以及国务院扶贫开发领导小组第三次全体会议的决定，国务院扶贫办组织有关部门、专家、学者用了10个月时间，以全国农村贫困监测数据为基础，结合参与式调查、典型调查以及对特定地区和对象的专项调查，对《中国农村扶贫开发纲要(2001-2010年)》的实施情况进行了中期评估。

评估认为，“十五”期间我国扶贫工作进展顺利，取得阶段性成果。完成了4.51万个贫困村的整村推进扶贫开发规划；在全国认定了近800家扶贫培训基地，建成了国家、省、市、县四级贫困地区劳动力培训网络，培训了318万贫困农户劳动力；支持了一批扶贫龙头企业，带动结构调整和农户增收；对不具备生存条件地区的150多万贫困人口实行了易地扶贫。全国农村贫困人口继续减少，特别是2004年和2005年，贫困人口和低收入人口都有较大幅度的下降。同时，贫困地区的生产生活条件有了较大改善，各项社会事业有了长足进步。

评估还认为，我国农村扶贫工作面临的形势依然严峻，任务相当繁重。一是需要扶持的贫困群体数量依然庞大。按照人均1天消费1美元的国际标准，我国的贫困人口总数仅次于印度，列世界的第二位。二是消除贫困难度加大。目前剩余的贫困人口主要分布在生产生活条件更差的地区，区位条件更加不利，人均资源不足，劳动力素质偏低，收入来源单一，贫困农户家底薄弱，脱贫难度加大。一些刚刚脱贫的人群还很脆弱，稍遇变故就返贫。三是贫困群体的弱势地位突出。四是贫困地区的粮食安全问题还没有从根本上得到解决。目前贫困农户和低收入农户的粮食消费量处于人均150公斤的警戒线上。在国务院扶贫办重点调查的100个贫困村中，36.4%的农户不同程度地缺粮。据中国粮食经济研究会的研究，592个重点县中，有332个不同程度缺粮，涉及人口近1.3亿。

评估结果显示，我国扶贫工作已由解决温饱为主转入解决温饱和巩固温饱并重的阶段。解决温饱难，巩固温饱、进一步提高贫困群体自我发展能力的任务同样十分繁重，缩小贫富差距更是任重道远。

评估结果还表明，现阶段我国扶贫开发工作有四个明显的特点。一是脱贫成本增加。由于目前解决和巩固温饱的难度加大，所以脱贫的总成本比“八五计划”期间有明显提高。二是减贫速度减缓。上世纪80年代，全国农村贫困人口平均每年净减少1350万，90年代平均每年净减少530万。2002年到2005年平均每年净减少只有140万。三是贫困人口分布呈现点（14.8万个贫困村）、片（特殊贫困片区）、线（沿边境贫困带）并存的特征。14.8万个贫困村的贫困人口和低收入人口占其总人口的比重为33%，青藏高原延伸区的甘孜、阿坝和凉山州比重达40%左右，41个沿边境的国家扶贫开发工作重点县比重超过40%，都远远高于全国平均水平。四是贫困群体呈现大进大出的态势。在没有解决温饱的贫困人口中，87%的人群在年际之间有进有出。以2003年为例，当年有1460万人脱贫，同时又有1540万人返贫，使当年贫困人口总量净增加了80万人。

（二）2005年扶贫措施回顾

2005年扶贫开发工作继续取得了显著成效。首先得益于党的“多予少取”政策。592个国家扶贫开发工作重点县提前一次性免征农业税，使重点县农民人均税费负担减少到5.7元。国家对粮食生产的各项补贴政策，对农村贫困家庭子女教育的“两免一补”政策等，直接增加了农民的现金收入。从客观条件看，这两年自然气候条件也比较好，没有发生全国性的大规模自然灾害。从扶贫开发的工作上来看，在政府和社会各界的共同努力下，工作力度更大，措施更得力，效果更明显。

一是增加扶贫投入，完善管理机制。2005年，安排中央财政扶贫资金（含以工代赈）130亿元，比上年增加8亿元。地方各级政府安排的财政扶贫资金32亿元。存量资金首次在全国人代会前就下拨各省，进度明显提前。同时，扩大了信贷资金贴息试点，在4个省启动了担保基金的试点。各地还进一步完善扶贫资金管理机制，提高了扶贫资金的使用效果。

二是全力推进重点工作，提高扶贫效果。在整村推进扶贫规划方面，2005年当年有4.48万个村启动规划的实施，有1.55万个按规划完成了建设，使全国完成规划任务的贫困村总数达到4.51万个。贫困村建设中，新增基本农田553.7万亩；配套整村推进，新增改扩建乡村道路47万公里；新增及改良人工草场1374.2万亩；新增教育卫生用房486.7万平方米；解决1479万人、1887.8万头大牲畜饮水困难。在劳动力转移培训方面，努力扩大培训规模，提高培训质量。在全国贫困地区形成了包括800多个培训机构的网络，完成了78万劳动力的技能培训，其中绝大部分实现了非农就业。在产业化扶贫方面，2005年第一批260个国家扶贫龙头企业的主要经济指标（固定资产规模、年产值和销售收入、企业上缴所得税、企业利润等）均明显优于2004年。带动农户和贫困农户的数量分别达到940万户和379万户，分别比2004年增长了15.40%和20.86%。企业的发展环境进一步改善。

三是试点工作对面上工作起到推动作用。仪陇、通江试点和永和试点取得的经验，已经在各地陆续推开。在永和镇试点取得一定成效后，我们又向全国扶贫系统发出了《关于将扶贫开发与保持共产党员先进性教育活动紧密结合的通知》，要求各省区市扶贫办亲自抓试点。目前，各省区市已落实280个贫困村作为扶贫工作与保持共产党员先进性教育活动相结合的试点，明确了30名领导负责试点工作，其中主要负责人15名。青海省扶贫办与省先教办联合发文，将2006年全省启动扶贫规划的200个贫困村全部作为试点村。宁夏和广西自治区扶贫办领导和每个处室各选择一个贫困村作为试点，并深入开展调查研究，结合建设社会主义新农村的目标，明确了试点村的发展思路和具体项目。

四是社会扶贫、科技扶贫等工作进一步加强。继续抓好机关定点扶贫、东西扶贫协作、社会帮扶工作，并积极开展扶贫领域的国际交流与合作；继续抓好科技扶贫，推广适用农业技术，提高扶贫项目的科技含量；对缺乏生存条件地区的贫困人口，在群众自愿的基础上实施了扶贫移民搬迁。

国务院扶贫办计划统计司

二、以工代赈政策回顾与展望

自1984年国家实施以工代赈政策以来，以工代赈为帮助贫困农民脱贫致富、推动全国减贫进程做出了重要贡献。近年来，党中央、国务院多次提出：要扩大以工代赈规模。下一步，在建设社会主义新农村的进程中，以工代赈将对农村贫困地区的发展发挥更加重要的作用。

（一）以工代赈政策简介

以工代赈，是指政府投资建设基础设施工程，受赈济者参加工程建设获得劳务报酬，以此取代直接救济的一种扶持政策。现阶段，以工代赈是一项重要农村扶贫政策。国家投入实物或资金，在贫困地区建设基本农田、农田水利、县乡村公路、人畜饮水、小流域治理等农村小型基础设施工程，贫困农民参加以工代赈工程建设，获得劳务报酬（赈济物资或现金），直接增加收入。

实施以工代赈政策可以同时达到三个目标，具有“一石三鸟”之功效。第一，通过组织赈济对象参加工程建设，使赈济对象得到必要的收入和最基本的生活保障，达到赈济的目的。第二，在政策实施地区形成一批公共工程和基础设施，对当地经济社会的发展长期发挥作用。第三，在政策实施地区解决农村剩余劳动力临时就业问题，激发群众自力更生、艰苦奋斗的精神，摆脱“等、靠、要”等消极意识。

专栏1　中华人民共和国国家发展和改革委员会令

第41号

国家以工代赈管理办法

依据《国务院关于投资体制改革的决定》、《国务院办公厅关于保留部分非行政许可审批项目的通知》和《国家扶贫资金管理办法》，为了规范和加强以工代赈管理，提高以工代赈资金的使用效益，特制定《国家以工代赈管理办法》，经国家发展和改革委员会主任办公会讨论通过，现予发布，自发布之日施行。

国家发展和改革委员会主任：马凯

二00五年十二月二十七日

（二）以工代赈政策取得的成效

自1984年以来，国家累计安排以工代赈投资880多亿元，其中国债以工代赈投资160多亿元。连同地方配套投资，全国以工代赈总投资达到1200亿元。据初步分析，在国家扶贫开发工作重点县（或原国定贫困县）中，约70%的小型基础设施是通过以工代赈的方式建设的。其中，“十五”以来，在国债资金的大力支持下，进一步加大了以工代赈投入，建设了一大批农村小型基础设施工程，为贫困地区建设小康社会打下了坚实的基础。2001年至2006年，国家累计安排以工代赈投资353亿元，其中国债以工代赈113亿元，连同地方配套投资，总投资470亿元。以工代赈投资集中投向国家确定的贫困地区，并向贫困人口多、基础设施薄弱、受灾严重的贫困地区倾斜，取得了显著成效。“十五”以来的主要成效有以下几方面：

1.小型农田水利。累计安排国家以工代赈投资89.6亿元，其中国债以工代赈投资29.2亿元，连同地方配套投资，总投资124.1亿元，用于贫困地区小型农田水利工程建设。通过新建和扩改建微型、小型水源、水渠工程，新增和改善农田有效灌溉面积4000多万亩。改善了农业生产条件，提高了农业综合生产能力和抵御自然灾害特别是旱灾的能力，对增加粮食产量和农民收入、调整农业结构发挥了重要作用。

2.基本农田建设。累计安排国家以工代赈投资30.6亿元，其中国债以工代赈投资8亿元，连同地方配套投资，总投资45.8亿元，用于贫困地区基本农田建设。通过新建农田、改造中低产田及坡改梯整治等工程建设，建设基本农田1240万亩，改善了农业生产条件，增加了农作物种植面积，提高了农产品产量，为贫困群众解决温饱和当地经济发展奠定了坚实的基础。

3. 县乡村道路建设。累计安排国家以工代赈投资150.8亿元，其中国债以工代赈投资54亿元，连同地方配套投资，总投资227亿元，用于贫困地区"晴通雨阻"公路改造、不通村的道路通达、乡村出口联接路、跨行政区断头路、资源开发及特色农业生产基地配套道路等，共计建设乡村道路21.7万公里。有效解决了群众行路难问题，完善了贫困地区路网功能，加强了贫困地区的对外联系，优化了经济发展环境，为当地资源开发和经济发展创造了条件。

4. 人畜饮水工程。累计安排国家以工代赈投资32亿元，其中国债以工代赈投资10亿元，连同地方配套投资，总投资46.7亿元，用于以打井、铺设管道、集雨、修筑塘坝、建蓄水池和简易自来水等工程为主的贫困地区人畜饮水工程建设。解决了2200万人、1560万头牲畜的饮水困难，使长期困扰贫困群众的吃水难问题得到初步解决，为贫困群众的生产生活提供了基本保障。

5. 小流域综合治理。生态环境恶劣是造成贫困的重要根源之一，也是贫困群众脱贫致富的主要障碍。为了改善贫困地区的生态环境，累计安排国家以工代赈投资17.5亿元，其中国债以工代赈投资7.4亿元，连同地方配套投资，总投资26.3亿元，进行小流域综合治理。初步治理水土流失面积2万多平方公里，改善了当地的生态环境，为实现经济、社会、生态长期、可持续发展打下了基础。

6. 直接增加贫困农民收入。农村贫困地区广大群众通过参加上述以工代赈工程建设，获得了大量的短期就业机会和一定的劳动报酬。为落实好以工代赈劳务报酬政策，在国家以工代赈投资中累计安排劳务报酬专项资金51.8亿元，这部分资金将直接发放到参加工程建设的农民群众手中。按农民工在当地务工一天20元的劳务报酬标准计算，上述资金为贫困地区农民群众提供了2.6亿个工作日的就业机会。按全国农村贫困地区3000万剩余劳动力估算，2001年以来，这些农村剩余劳动力通过参加以工代赈建设，平均每人直接获得现金收入170多元。

以工代赈政策的实施，是党中央、国务院对贫困地区的关怀，体现了"以人为本"的执政理念，改善了农村贫困地区的经济发展环境，增加了贫困农民收入，为推动全国减贫进程和农村地区经济社会发展做出了重要贡献。以工代赈政策受到了农村贫困地区干部群众的普遍欢迎和衷心拥护，被誉为德政工程、民心工程。

（三）下一步工作安排和设想

在今后一段时期内，生产生活条件差、收入水平低、剩余劳动力就业渠道少，仍然是制约我国农村贫困地区发展的三个突出问题。以工代赈作为一项特殊的投资政策，可以同时解决这三方面问题，在推动农村贫困地区加快发展上将会有更加广阔的市场空间。下一步，国家发展改革委将根据党中央、国务院有关政策要求，进一步管好用好以工代赈，为推动全国的减贫事业和社会主义新农村建设作出更大的贡献。

1. 坚持开发式扶贫方针，为农村贫困地区长远发展打好基础。以工代赈资金作为一项扶贫投入，应该按照开发式扶贫方针，顺应新的农村经济形势和扶贫开发形势，与其他各类相关政府支农投资相结合，统筹解决农村贫困地区生产生活条件、产业结构、教育卫生、生态环境等制约经济社会发展的诸类问题，为农村贫困地区长远发展打好基础。下一步国家发展改革委在安排以工代赈计划时，将在有关规划的指导下，进一步与其他渠道的投资相结合，共同帮助农村贫困地区加强基础设施建设，改善生产生活条件。

2. 加强规划编制工作，严格依据规划实施项目建设。在2001年中央扶贫开发工作会议上，温家宝总理明确指示："研究制定贫困地区的扶贫开发规划，是搞好新阶段扶贫开发的一项基础性工作”。目前，国家发展改革委正在组织编制《全国以工代赈“十一五”建设规划》，预计2006年年底前将编制完成并发布实施。下一步将指导各有关省（区、市）发展改革部门在国家规划的基础上，组织编制各地以工代赈建设规划，明确建设目标和任务，建立项目库，做好项目储备，确保以工代赈项目建设按照规划有目标、有计划、有重点地实施。

3.进一步加强计划管理，管好用好以工代赈。根据国务院有关规定，2005年底国家发展改革委发布实施了《国家以工代赈管理办法》，在计划管理、项目建设、资金使用、劳务报酬安排、监督检查等方面明确了管理规定。下一步将督促各地发展改革部门认真落实《国家以工代赈管理办法》，加强监督检查，并指导各地制定以工代赈管理细则，约束各地加强以工代赈管理，促使以工代赈政策较好地发挥效益。

4.积极调动群众参与的积极性，接受社会监督。组织农民自愿参与施工并支付劳务报酬，是以工代赈政策的基本内涵。下一步将进一步认真落实以工代赈劳务报酬政策，以此调动贫困农民参与项目建设的积极性，扩大其在脱贫过程中的参与权。同时，通过实行公告、公示制度，在新闻媒体、项目现场等地对以工代赈计划、项目和资金进行公告、公示，逐步形成行政监督、群众监督和舆论监督相结合的以工代赈监管机制。

5.争取扩大以工代赈规模，适时拓展以工代赈政策领域。鉴于农村贫困地区以工代赈建设的资金缺口较大，下一步国家发展改革委将进一步落实好国务院关于扩大以工代赈规模的精神，与有关方面积极沟通。同时，按照党中央、国务院有关要求，结合新的扶贫形势，适时创新以工代赈管理方式，积极研究探索拓展以工代赈政策领域。

国家发展改革委地区司

三、易地扶贫搬迁试点工程回顾与展望

进入新世纪以来，为探索扶贫开发的新举措，针对生活在缺乏基本生存条件、“一方水土养不活一方人”地区的贫困人口，经国务院批准，国家发展改革委安排国债投资在西部地区部分省份组织实施了易地扶贫搬迁（生态移民）试点工程。“十五”以来，累计安排国债资金67亿元，搬迁贫困人口144万人。这项试点工程基本做到了第一年实施工程建设，第二年组织群众搬迁，第三年搬迁群众稳定下来，随后收入逐年增加，逐步走上脱贫致富和可持续发展之路。

（一）试点工作基本情况

为指导各地做好这项试点工作，国家发展改革委于2001年印发了《关于易地扶贫搬迁试点工程的实施意见》，提出了“政府引导，群众自愿，政策协调，讲求实效”的指导方针，确定了六项实施原则：坚持扶贫与生态建设相结合的原则；坚持群众自愿的原则；坚持统筹安排、政策保障的原则；坚持先开发，后搬迁的原则；坚持因地制宜、讲求实效的原则；坚持量力而行、循序渐进的原则。这项试点工程的实施范围主要是国家扶贫开发工作重点县。搬迁对象为生活在生态环境恶劣、缺乏基本生存条件地区的农村贫困人口，并兼顾生态工程建设中需要搬迁农牧民。国家投资人均补助标准不超过5000元。

（二）试点工程取得的成效

经过几年的试点工作，易地扶贫搬迁试点工程初步取得了明显的成效，较好地解决了剩余贫困人口中“最难啃的硬骨头”的脱贫和发展问题，有效地推进了全国的减贫进程。同时，促进了生态环境的恢复和保护，为西部大开发战略的实施，及再造一个山川秀美的西部地区，作

出了重要贡献。具体而言，主要有以下几方面成效：

1. **有效地解决了搬迁群众的脱贫与发展问题。**从已搬迁群众的情况看，生产生活条件和发展环境发生很大变化后，通过调整产业结构、提高农产品产量，及拓宽增收渠道，多数做到了搬迁后第二年脱贫，部分已开始致富。

2. **促进了生态环境的恢复和保护。**这项试点工程通过与退耕还林、退牧还草、天然林保护等生态工程相结合，有效地恢复和保护了当地的生态环境。据云南省有关部门测算，生活在山区的群众每年人均薪柴砍伐量为2~3立方，目前云南省已搬迁20万多贫困人口，每年可减少薪柴砍伐40多万立方，生态效益明显。

3. **群众的生产生活条件得到了改善。**2001年以来，易地扶贫搬迁试点工程建设群众住房建设1800多万平方米，开发和调整耕地3300多万亩，修建道路1.2万公里，并进行配套的农田、水利、人畜饮水及教育、卫生、文化等设施建设，不仅满足了搬迁群众的需要，也使安置点原有群众受益，群众的生产生活条件得到了改善。

4. **降低了扶贫成本。**不具备生存条件的地区，多为严重缺水、山高路陡或水土流失严重地区，水、田、路等基本生产生活条件很难改善。即使能够改善的部分地区，投资成本也相当大。据测算，就地扶贫的投资，约为易地扶贫的2~3倍，且效益很不明显，工程的实施还会对生态环境造成破坏。易地扶贫搬迁虽然一次性投入较大，但总体上降低了扶贫成本。

5. **有效地解决了贫困群众子女入学问题。**据初步了解，生活在自然条件恶劣地区、需要易地搬迁的贫困群众，其子女入学情况很差，小学毕业率约为60%，初中毕业率仅为30%左右。实施试点工程后，搬迁群众子女的九年义务教育基本得到了保证，同时教学条件得到了改善，教学点得到合理调整，师资力量得以加强。易地扶贫搬迁工程除帮助贫困群众脱贫外，更为重要的是为他们下一代的发展打下了较好的基础。

6. **有效整合了政府支农投资。**易地扶贫搬迁试点工程是一项复杂的系统工程，仅靠国家专项试点资金难以从根本上解决问题，涉及经济、社会、生态等诸类问题，特别是群众发展的长远性问题，需要各类相关资金共同支持。为落实中央关于整合政府支农投资的有关要求，国家发展改革委要求各地在实施试点工程中，依托试点工程，积极整合有关投资，共同致力于安置区的项目建设。在帮助搬迁群众脱贫致富的同时，通过整合投资发挥资金整体效益，取得了较好的效果。

（三）下一步工作安排和设想

党的十六届五中全会通过的《中共中央关于制定国民经济和社会发展第十一个五年规划的建议》，及十届全国人大四次会议通过的《中华人民共和国国民经济和社会发展第十一个五年规划纲要》明确提出“对缺乏生存条件地区的贫困人口实行易地扶贫”。据此，为积极稳妥地推进易地扶贫搬迁试点工程，下一步的初步工作考虑如下：

1. 研究制定专项规划。目前，国家发展改革委正在研究制定《全国易地扶贫搬迁“十一五”建设规划》，预计2006年年底前将编制完成并发布实施。下一步将指导各有关省（区、市）发展改革部门在国家规划的基础上，组织编制各地易地扶贫建设规划，明确建设目标和任务，按照规划有计划、有重点、有步骤地实施。

2. 积极稳妥地推进试点工作。在群众自愿的基础上，选择条件成熟的地区，继续安排专项资金稳步推进易地扶贫试点工作，并进一步向西部最贫困的地区倾斜，帮助最贫困的群众尽快解决温饱。

3. 统筹研究解决群众后续长远发展问题。为确保试点工作达到“搬得出、稳得住、能致富”的目标，按照中央关于积极整合政府支农投资的要求，积极与其他政府支农投资相结合，共同解决搬迁群众后续长远发展问题。并要求各地在审查搬迁方案时，把是否妥善解决后续长远发展问题作为重点。

4. 完善配套政策措施。在总结试点经验的基础上，结合存在的问题，及时研究制定配套政策措施，积极指导全国的易地扶贫搬迁工作。

国家发展改革委地区司

四、发挥财政扶贫应有的作用

作为政府扶贫工作的重要组成部分，财政扶贫在我国的扶贫工作中发挥着不可替代的作用。财政扶贫资金主要包括三个部份，即主要由财政和扶贫系统运行的狭义的财政扶贫资金，主要由发改委系统运行的以工代赈和易地扶贫财政扶贫资金，以及主要由民委系统运行的少数民族发展资金。“十五”期间，财政部门与各部门积极合作，改革各类财政扶贫资金的分配和管理模式，加强财政扶贫资金的管理和监督，促进和提高财政扶贫资金的运行及使用效率。

（一）财政扶贫规模和措施

1. 加大财政扶贫投入力度，完善资金分配与拨付。一是增加财政扶贫投入，2005 年中央财政预算安排扶贫资金 130 亿元，比上年增加了 8 亿元。二是财政扶贫资金分配继续体现党中央国务院提出的扶贫资金向中西部特别是西部倾斜的政策。三是会同国务院扶贫办建立了扶贫开发财政资金计划申报制度，着力解决资金到位不及时的问题。四是加快资金拨付进度，根据国务院扶贫办、财政部《关于做好扶贫资金及项目计划工作的通知》精神，中央财政于 3 月 2 日下拨了首笔财政扶贫资金 52.53 亿元，是近几年资金拨付进度最快的。

2. 大力推进扶贫贷款财政贴息改革。2004 年财政部会同国务院扶贫办选择 11 个省的 33 个县进行扶贫贷款财政贴息方式改革试点，即将贴息资金下拨到贫困县，由其自主选择承贷金融机构和贴息结算方式。试点调动了基层金融机构的积极性，取得了多方满意的成效，2005 年贴息改革试点资金由上年 1650 万元进一步扩大到 1 亿元，试点范围由 11 个省的 33 个县扩大到中西部 21 个省的 200 个县。

3. 全面推行“财政扶贫资金管理监测信息系统”（以下简称“系统”）。经过河北、江西、新疆三省区的试点，财政部会同国务院扶贫办、国家发展改革委、国家民委、国家统计局于 2005 年成功举办了全国培训班，对各省省级财政、扶贫办、发改委、民委四个部门用户进行了培训。此后，各省也相应开展“系统”培训。目前“系统”已在全国运行使用。

4. 开展建立财政“奖补资金”推进小额贷款到户试点。为扩大扶贫贷款到户规模，2005 年 6 月，财政部会同国务院扶贫办在江西、陕西、贵州、重庆四省（市）开展“建立‘奖补资金’推进小额贷款到户”试点工作。将部分中央财政扶贫资金作为“奖补资金”，用于贫困农户贷款的利息补贴、亏损补贴或奖励，以引导金融资本更多地支持贫困群众发展生产，发挥财政扶贫资金“四两拨千斤”的作用。

5. 建立绩效考评制度。为考核各省扶贫任务、责任落实情况，2005 年 12 月 29 日，财政部与国务院扶贫办共同印发《财政扶贫资金绩效考评试行办法》，从 2006 年起在全国范围内开展财政扶贫资金绩效考评工作，对各省使用财政扶贫资金的情况进行定期总结和量化评估，建立起鼓励先进、鞭策后进的激励机制。

6. 加强财政扶贫资金管理制度建设。一是为适应“十一五”时期扶贫开发的新形势和新特点，加快修订《财政扶贫资金管理办法》。二是为规范各类专项资金的管理，财政部会同国家林业局修订印发了《国有贫困林场扶贫资金管理办法》。

7. 地方财政积极创新，努力提高扶贫资金使用效益。为使有限资金发挥更大作用，地方财政扶贫工作也在不断探索创新，如注重“整村推进”过程中的资金整合，江苏省通过建立项目库、推行“菜单式”服务、制定管理办法等，将扶贫资金集中用于实施“整村推进”工程等。

（二）在下阶段工作中力争新的突破

2006年，财政扶贫将紧密结合扶贫开发工作实际，大胆创新、扎实工作，力争在管理机制、政策措施方面进一步突破，继续为扶贫开发事业发挥重要作用。

1. 按照《中国农村扶贫开发纲要（2001-2010年）》要求，继续增加财政扶贫投入；同时，根据十六届五中全会提出的建设“生产发展、生活宽裕、乡风文明、村容整洁、管理民主”的社会主义新农村的要求，积极总结和探索扶贫开发整村推进与新农村建设相结合的新路子。

2. 根据《中国农村扶贫开发纲要（2001-2010年）》中期评估情况和国务院扶贫开发领导小组会议精神，对“十五”时期财政扶贫工作进行全面总结，研究提出“十一五”财政扶贫政策建议，部署“十一五”时期财政扶贫工作。

3. 继续完善财政扶贫机制，包括：

（1）推进扶贫贷款贴息改革和到户贷款担保。进一步抓好扶贫贷款财政贴息方式改革和到户扶贫贷款担保等试点工作，发挥财政资金“四两拨千斤”的作用，逐步解决贫困地区贫困农户和贫困地区农业产业化龙头企业贷款难的问题。

（2）认真开展绩效考评。按照《财政扶贫资金绩效考评试行办法》，通过开展财政扶贫资金绩效考评，研究建立财政扶贫工作激励机制，调动地方积极性，促进扶贫开发任务和责任的落实。

（3）推动项目审批权下放。推进财政扶贫项目管理体制改革，鼓励和支持各省（区、市）逐步将项目审批权限下放到县，实行项目县级审批、省级备案，以强化贫困县的扶贫开发责任，提高项目的针对性，切实解决资金到位晚的问题。同时，强化省市两级政府部门的管理监督职能。

（4）完善资金管理手段。进一步推进“财政扶贫资金监测管理信息系统”建设，加强对财政扶贫信息的收集、分析、利用，不断提高扶贫工作的针对性、有效性。

（5）进一步探索创新财政扶贫新机制。一是开展“贫困村村级发展互助资金”试点，探索新的、有效的财政扶贫资金管理方式，实行财政扶贫资金村管、村批、民用，有借有还、周转使用，解决贫困村贫困农民发展生产无资金来源的问题。二是开展整村推进与新农村结合的试点工作。会同扶贫部门在全国贫困地区开展整村推进与新农村结合的试点工作。通过试点，探索出不同地区实现两者有效结合的路子，通过“典型引路，以点带面”，达到总结经验、加以推广的目的。

国家财政部农业司

五、“十五”期间信贷扶贫工作情况

《中国农村扶贫开发纲要（2001-2010年）》（以下简称《纲要》）实施五年来，中国农业银行紧紧围绕如何实现扶贫贷款“放得出，收得回，有效益”这个问题，探索了多种信贷扶贫有效实现形式，提高了扶贫贷款的资产质量，培育了信贷有效需求。在支持贫困户脱贫增收、改善贫困户生产生活条件、促进贫困地区经济发展方面做出重要贡献。在吸取五年来经验教训的基础上，农业银行总结出一套“因地制宜，方式多样，加强管理，讲求效益”的扶贫贷款经营模式。

（一）贷款扶贫基本情况

2001年至2005年农业银行累计发放扶贫贷款1235.8亿元，其中扶贫贴息贷款787.6亿元；五年来扶贫贷款累计直接扶持贫困农户近两千万户，通过扶贫龙头企业、项目累计辐射贫困农户近四千万户。

2005年，农业银行投放扶贫贷款197.8亿元，其中扶贫贴息贷款76亿元，完成当年扶贫贴息贷款计划的109%。截止到2005年底，扶贫贷款余额959亿元，其中扶贫贴息贷款余额为319亿元。按照贷款四级分类，扶贫贷款的不良贷款占比为52%。分行业看，到户扶贫贷款余额为197亿元，占全部扶贫贷款余额的21%；农业产业化项目的贷款余额为253亿元，占26%；基础设施项目贷款余额为147亿元，占15%；科教文卫项目扶贫贷款余额为50亿元，占5%；生态保护、特色资源开发项目贷款余额为18亿元，占2%；农村中小企业扶贫项目贷款余额为294亿元，占31%。

（二）“十五”期间的主要工作措施

1. 正确分析新时期信贷扶贫工作形势，统一思想，增强从事信贷扶贫工作的责任心和使命感。

在机构、人员和资金等资源配置上积极支持信贷扶贫工作。为做好信贷扶贫工作，从总行到国家扶贫开发重点县支行都设立了专门信贷机构，配备了专职的信贷人员，并从社会上聘用了4000多名合同制协贷员；信贷扶贫计划的分配向西部贫困地区倾斜，对国定贫困县增加扶贫专项费用。还针对信贷扶贫面临的新情况、新问题，及时从制度上调整和规范信贷扶贫工作。先后下发文件进一步明确界定了相关政策，规范了操作程序，并在适当简化扶贫到户贷款审批程序和降低扶贫贷款项目准入标准方面提出指导性意见。与国务院扶贫办联合下发了《关于大力支持国家扶贫龙头企业发展的意见》（国开办发[2005]19号），明确支持扶贫龙头企业是农行信贷扶贫工作的重点。

2. 为解决“放得出”的问题，积极探索多元化的信贷扶贫有效实现形式，拓宽信贷扶贫领域。

信贷扶贫工作进入新阶段后，随着市场经济的发展，贫困地区小生产和大市场之间的矛盾日益突出，单一的到户信贷扶贫模式已逐步显现其扶贫效果方面的局限性；并且在单一模式下，符合贷款条件的贫困农户日益减少，出现发放扶贫贷款难的问题。由此，农业银行在完善到户信贷扶贫模式的同时，积极探索其他有效信贷扶贫模式，形成了以贫困地区经济发展、贫困农户脱贫增收为中心，多种信贷扶贫模式并存的局面，拓宽了信贷扶贫领域，缓解了发放扶贫贷款难的问题。

一是通过优化到户信贷扶贫工作的外部环境，积极尝试扶贫贷款到户的有效形式。在网点撤并、有效管理半径缩小的情况下，农行始终坚持积极稳妥的发放小额扶贫到户贷款的原则。在扶贫对象符合政策、政府帮扶措施到位、项目市场前景看好、农民增收效果明显、贷款收回机制健全、社会信用环境良好的区域，农行仍然积极地开展到户信贷扶贫工作，支持有生产能力、守信用的贫困农户发展生产。在贵州盘县、云南楚雄自治州等地区，到户贷款的投放已经形成农户增收、农行增效、政府满意的多赢局面。同时，各地农行也积极创新贷款方式，通过农作物交叉担保、“户贷企保”、“多户联保”等方式，力争给予贫困农户更多扶持。五年来，农业银行共发放到户扶贫贷款197亿元，共扶持贫困农户近千万户。

二是通过支持农业产业化企业和贫困地区农副产品流通项目，发挥扶贫龙头企业的辐射带动作用、市场的信息桥梁作用。在工作实践中，农行总结出了支持扶贫龙头企业要“把对龙头企业的信贷扶持与对贫困人口的辐射带动作用相结合，把支持龙头企业与带动特色产业形成与发展相结合，把支持龙头企业和特色产业发展与提高农民的组织化程度相结合，把坚持信贷基本原则与因时因地制宜相结合，把农行自身努力与各级党政及扶贫部门的支持配合相结合”的经验；在实践中也产生了龙头企业带动型、原料基地启动型、专业大户带动型、专业市场拉动型等多种扶持贫困农户的方式。五年来，农业银行共发放农业产业化项目扶贫贷款302亿元，直接扶持农户近五百万户，辐射带动农户近两千万户。

三是通过支持贫困地区基础设施项目，消除了制约当地经济发展的瓶颈，为其可持续发展创造良好条件。基础设施落后是制约贫困地区经济发展和农民增加收入的重要原因。因此，支持贫困地区中小型基础设施建设是信贷扶贫资金的一个重要投向。这种信贷扶贫方式可以带来以下社会效益：一是项目建设期长，辐射面宽，能在一个较长的时期内大量使用农村贫困农户劳动力，增加他们劳务收入；二是建设项目要使用大量当地的建设材料，消费当地的农副产品，可以间接带动其他产业发展；三是极大地改善了当地生产生活条件，优化了投资环境，为可持续发展打下了基础；四是农户可以通过投工投劳，加强与外界的沟通，提高素质，有利于农村劳动力的转移。五年来，农业银行共发放中小基础设施项目贷款265亿元，直接扶持农户近百万户，辐射带动农户近七百万户。

四是通过支持贫困地区发展教科文卫事业，提高贫困农户综合素质。农村贫困人口素质低是致贫的一个重要原因，而加大教科文卫的投入是提高农村贫困地区人口素质的一个重要途径。“治贫先治愚，强国先强身”，支持贫困地区的教科文卫项目可以提高贫困农户子女的文化素质和贫困户的身体素质，增强他们脱贫致富的能力。因此，对贫困地区教科文卫的投入也是信贷扶贫资金的一个重要投向。五年来，农业银行共发放教科文卫项目贷款74亿元，直接扶持农户20多万户，辐射带动农户近300万户。

3．为解决“收得回”的问题，加强扶贫贷款管理，不断提高扶贫贷款资产质量。

相当长一段时间里，包括农行员工在内的许多人对于扶贫贷款的政策性有这样的片面认识：扶贫贷款是政策性贷款，只要用在贫困农户身上，收不回来也没关系，国家可以买单。由此，出现了“只管放，不管收”的情况，甚至有些贫困地区干部还向群众做“扶贫贷款是国家给的钱，不用归还”的宣传误导，致使当地信用环境恶化。在不良贷款高企不下的情况下，农行痛定思痛，以创造良好的社会信用环境为出发点，以加强扶贫贷款管理为主要手段，依靠党政部门的支持、配合，正逐步实现扶贫贷款“收得回”。

第一，加大信用观念的宣传，促进贫困地区金融安全区的建设。农行通过宣传扶贫贷款政策，评选信用村、信用户等形式，使贫困地区干部群众认识到扶贫贷款与民政救济款的不同之处，培养了农民在市场经济条件下的新型信贷文化；通过贷款回收率与次年扶贫贷款新增计划挂钩等“奖优惩劣”的措施，使信用观念渐入人心，发展了诚信经济。第二，规范信贷操作程序，加强贷前审查和贷后管理工作。通过举办培训班、下发文件和发放《信贷扶贫工作手册》等形式向经营行普及信贷扶贫相关政策，使其掌握规范的信贷扶贫工作流程并及时获悉相关政策的变化。针对贷后管理“重形式，轻内容”问题，2005年农行对基层的信贷扶贫工作人员进行了专题培训。此外，农行还通过审计与检查积极查找管理中存在的漏洞和问题，惩戒违规人员，严肃信贷扶贫工作纪律。第三，加大清收盘活不良贷款力度，促进信贷扶贫资金良性循环。一方面农行加强内部管理责任制，严格转贷条件，制定清收指标，分解清收任务，清收不良贷款与增量贷款和绩效挂钩，严格考核。另一方面，积极向地方党政部门汇报，争取有关部门对农行清收不良扶贫贷款的理解和支持，依靠党政部门抓清收。2005年全行共清收不良扶贫贷款31亿元，盘活不良扶贫贷款13亿元。

经过五年的努力，扶贫贷款中不良贷款占比已从1998年接收时的近70%下降到2005年底的52%，下降了近20个百分点。

4．为解决“有效益”的问题，大力引导社会资金投向贫困地区，培育贫困地区信贷有效需求。

扶贫贷款“有效益”是指既体现党和政府的扶贫政策，有扶贫效益；又确保国家金融资产安全，有经济效益。多年来，制约扶贫贷款实现“有效益”的一个重要因素就是贫困地区经济基础薄弱，有效信贷需求不足，很难做到扶贫效益与经济效益兼顾。为解决该问题，农行从吸引社会资金投入、调整当地产业结构和做强做大县域经济入手，培育贫困地区信贷有效需求，实现贫困地区经济的可持续发展。

一是采取扶贫贷款与常规商业贷款相结合的方式，增大贫困地区资金投入。仅在2004年和2005年两年间，农行就有130多亿元的常规贷款与扶贫贷款配套投向贫困地区，扶贫贴息贷款与不贴息的贷款是以1:1.3的比例投向贫困地区。扶贫贷款与常规商业贷款相结合扶持贫困地区经济，放大了扶贫贷款的社会效益，也缓解了贫困地区资金需求矛盾。二是在防范金融风险的前提下，适当降低扶贫贷款准入标准，吸引更多发达地区企业在贫困地区投资办厂。近几年，已经吸引诸如双汇、华润等一批产业化龙头企业在贫困地区投资办厂，解决了当地农产品销售难的问题。三是支持贫困地区围绕市场调整产业结构，发展当地支柱产业。农行根据当地政府提出的经济建设规划，与农村产业结构调整相结合，因地制宜，发展当地重点产业。通过扶贫贷款的扶持，出现了一批种植养殖基地和产业圈，在许多地区基本形成了“一乡一业，一村一品”。四是做强做大县域经济，培育地区龙头企业。以四川省为例，“十五”期间，四川省200家省级以上农业产业化龙头企业中有114家得到农行信贷资金的支持。通过进一步支持这些企业在贫困地区的上百个项目，带动和覆盖了贫困地区500万贫困人口，为贫困地区可持续发展提供了动力。

（三）扶贫贷款存在的困难和问题

1. 资产质量差严重影响了信贷扶贫工作的可持续发展。

扶贫贷款的不良贷款额大、占比高是困扰信贷扶贫工作最主要的问题。1998年扶贫贷款业务由农业发展银行划转回农业银行，按照贷款四级分类，划转时不良贷款占比近70%。经过多年的努力，扶贫贷款的资产质量有了很大的改观：按照贷款四级分类，截止到2005年底，扶贫贷款不良占比为52.32%，较接收时下降了近20个百分点。但是近两年扶贫贷款不良贷款占比又出现了反弹。主要原因：一是1999年与2000年农业银行分别发放了210亿元和213亿元扶贫贷款，贷款现已逐渐到期，大部分成为不良贷款；二是加强了借新还旧的管理，致使许多原来依靠借新还旧维持贷款形态正常的不良贷款暴露出来；三是金融生态环境差，部分企业逃废银行债务，企业的经营风险往往直接转化为银行风险；四是缺乏必要的风险转移与损失补偿机制。按照贷款四级分类，截止到2005年底，全行扶贫贷款中的不良贷款余额比2004年底增加了57亿元；不良贷款率比2003年同期上升了7个百分点。大量信贷扶贫资金沉淀，影响了各行的经营效益，也减弱了支持贫困地区的信贷投入力度。

2. 信贷扶贫管理模式的频繁变动严重影响了信贷扶贫工作的稳定发展。

信贷扶贫管理模式几经变革，最初扶贫贷款业务由农业银行承办，1995年业务划转到了农业发展银行，1998年扶贫贷款业务又重新划归农业银行。每一次业务交接都导致一定时期的管理空档，都需要相当长的一段时间工作才能进入正轨，不仅严重影响了信贷扶贫工作的进度和稳定发展，还滋生出了大量不良贷款和遗留问题。对此，农业银行有切肤之痛。而信贷扶贫管理模式的频繁变动也使少部分经营行不把扶贫贷款业务当作一项长期稳定的业务去经营，致使许多短期行为出现，不利于信贷扶贫工作的长期稳定发展。

（四）“十一五”工作构想

“十一五”时期，贷款扶贫工作的重点在于：全面贯彻建设社会主义新农村精神，以支持农业产业化企业为工作重点，推进现代农业建设；以增加贫困农户收入为目标，大力发展县域经济。

1. 以推进农业产业化为切入点，重点支持科技含量高、经济效益好、对贫困农户带动作用大的农业产业化龙头企业。

2. 以多渠道增加农民收入为目的，大力发展劳动密集型的二三产业，推进贫困农村劳动力向非农产业和城镇有序转移。

3. 以优化农村产业结构为目的，积极发展贫困地区特色产业。

4．以改善贫困地区生产生活为目的，支持有还款来源的农村中小型基础设施和社会公共事业项目。

5．以促进粮食生产稳定发展和农民持续增收为目的，在粮食主产区和扶贫对象符合政策、政府帮扶措施到位、项目市场前景看好、农民增收效果明显、贷款收回机制健全、社会信用环境良好的区域，积极稳妥地发放到户扶贫贷款。

6．在信贷扶贫资金配置上，适当向处于革命老区、民族地区、边疆地区的国家重点贫困县倾斜。

7．积极支持、配合扶贫贴息贷款管理体制改革，做好扶贫贴息贷款的发放和管理工作。

中国农业银行农业信贷部

六、“十五”期间的科技扶贫

科技扶贫作为我国扶贫开发事业的重要组成部分，通过把科学思想、科学知识、科学精神、科学方法和科学技术送到贫困地区、送到千家万户，引导广大贫困农民依靠科技破除迷信、摆脱贫困、走向富裕，使科学技术第一生产力在贫困地区发挥巨大威力。“十五”期间，科技部、中国科学院和中国科协共同制订并实施了《“十五”科技扶贫发展纲要》。同时，指导科技部重点联系的大别山、井冈山和陕北三个革命老区的河南、安徽、湖北、江西、湖南和陕西省分别制订并实施了《“十五”科技扶贫发展规划》。

（一）“十五”期间科技扶贫取得的主要成效

1．实施贫困乡村科技扶贫示范行动，建立了一批科技扶贫示范乡村。在尚未解决温饱问题和初步解决温饱问题但不稳固的贫困地区，针对不同类型贫困地区特点，结合科技扶贫项目，建立了一批科技扶贫示范村。中部地区有湖北英山县的东冲河村、湖北红安县的双河村、江西省永新县的龙田村、河南光山县的凉亭乡、河北顺平县的北湖村等；西北地区有陕西佳县的孛牛沟村、安塞县的侯沟门村、宁夏西吉县的酸刺村、甘肃临夏县的关滩村和大平村、青海化隆县的沙田堡乡等；西南地区有云南广南县的克花村、贵州兴义市的打厂村和南龙村等。各示范村针对示范区内生态环境保护与建设、生产发展、生活改善等方面需要，通过制订脱贫与发展规划，为贫困农户提供技术支持与服务。

2．实施科技型特色产业促进行动，支持了一批贫困地区特色支柱产业。根据资源优势、市场前景和技术水平，在不同贫困地区支持了具有发展潜力的特色产业，给予技术、信息等方面的支持，促进其发展壮大，从而带动农户脱贫。如安徽岳西县的反季节蔬菜产业、江西井冈山的竹产业、大别山区英山、光山、霍山、信阳等县的茶产业、陕西延安的苹果产业、佳县的红枣产业、安塞的大棚蔬菜产业和仁用杏产业、海南白沙县的药用长春花产业、广西百色市的八角产业、吉林延边的柞蚕产业等等。

3．实施科技信息扶贫行动，建立一批信息服务中心（站）。交通不便和信息不灵是绝大部分贫困地区共性的致贫原因。科技部与联合国开发计划署（UNDP）构架出通过发展农村信息服务网络帮助贫困地区缩小与发达地区的差距，通过技术、市场、就业等信息服务，帮助贫困农户走出封闭、落后的生产和生活现状。双方在“十五”期间共同组织实施了“中国通讯技术扶贫示范与推广建设”项目。该项目在5个省5个县试验示范，共建立了由5个县级信息中心、10个乡级信息服务中心、22个村级信息站组成的信息服务网络体系，并与国家级信息中心和其他网站联接，构成了完整的信息网。项目农户可以不离开村子上网查找各种信息，并进行商品交易。

很多项目农户通过本项目增加了收入，实现了脱贫的目标。

“星火科技30分”是面向广大农村的技术推广的电视节目，向县电视台免费提供节目播出带，以联播的形式向广大农民传播先进适用技术，全国共有800多个县参与了联播，60%的国家扶贫开发工作重点县参与此活动。有的县电视台还以此电视节目为基础开辟了农村科技栏目。

4．实施科技致富示范行动，探索依靠科技巩固脱贫成果并引导致富的机制和经验。该行动是有选择地在已经解决温饱问题、并具有一定发展基础和条件的贫困地区实施的示范行动。“十五”期间主要在湖北省黄冈市开展。湖北省黄冈市在扶贫攻坚阶段树立依靠科技扶贫开发的大旗，进入新世纪在原有基础上探索依靠科技巩固脱贫成果并引导致富的机制和经验。科技致富示范工程自2001年启动以来，经过五年的努力，科技示范园（村）示范效应日益显现，信息网络平台建设和农产品加工实现了新的突破，山区特色经济优势明显提高，经济结构进一步优化，整体经济实力和农民收入水平显著提高，部分农民已提前过上小康生活。

5．实施科技培训和科学普及行动，向广大农村传播了一批科学知识和技术成果。针对贫困地区干部科技意识弱的问题，与科技部西部党政领导干部培训相结合，“十五”期间共组织了10期西部县级党政领导干部的科技培训，受训人员达到1200多人次，受到中组部的好评；针对贫困地区产业发展，将现有技术进行组装配套，以技术培训、实地指导、媒体宣传等形式向农民传授，帮助农民解决实际生产过程中遇到的问题；针对贫困地区技术人员的知识老化问题，组织技术人员到示范现场参观和技术专项培训，提高乡土技术人才的科技服务能力；同时，还不断研究提高贫困地区农民技术培训和科技能力建设的做法和效果。

6．探索科技与金融结合的科技扶贫模式。向贫困农户提供小额信贷是国际扶贫开发取得的成功经验。科技部在与UNDP共同组织实施的“中国科技扶贫模式示范能力建设”项目基础上，在“十五”期间继续探索、示范、推广科技服务型小额信贷模式，即在为贫困农户提供金融服务的同时，也为他们提供科技服务，以达到贫困农户依靠科技发展生产提高还款能力的目的。经过5年的努力取得了显著成效，绝大多数贷款农户可以按时还款，并通过项目的实施掌握了1~2门实用技术，项目区的教育卫生等社会福利状况有了一定的改善。同时，通过项目的组织实施总结出科技与金融相结合的科技服务型小额信贷扶贫模式。

（二）科技扶贫的主要做法和经验

1．加快科技成果的转化和应用，依靠科技示范带动农民脱贫致富。科技扶贫始终把加速科技成果在农村的扩散传播作为重点任务，通过普及科学知识，引进和大规模推广先进适用技术，开展科技成果试点示范和转化应用，极大提高了贫困地区农民学科学、用科技的热情，显著增强了贫困地区的农业综合生产能力，有效地促进了农民收入的增加。

2．培育新的经济增长点，依靠支柱产业带动农民脱贫致富。以科技为先导，以资源为依托，大力发展区域支柱产业，带动农村脱贫致富是科技扶贫的重要实践。多年来，科技扶贫集中科技力量解决产业发展中的关键技术问题，内引外联，促进了贫困地区的农业产业化，形成了一批具有较高技术水平和较大规模的区域性支柱产业。

3．培育农村科技服务中介，依靠科技服务带动农民脱贫致富。健全的农村科技服务体系是现代农业和农村经济现代化的重要标志，是农村社会化服务体系建设的重要内容，是解决千家万户小生产与千变万化大市场这一深层次矛盾的重大措施。“十五”期间科技扶贫面向农民、面向产业、面向市场，大力培育和扶持农村科技服务中介组织，加快农村信息化建设，并通过网络开展技术培训，由农民专业协会等中介组织或企业与贫困农户建立“公司+协会+农户”的共同发展模式，将分散的贫困农户组织起来，通过科学发展生产，实现增收脱贫致富。

4．培养农村科技带头人，依靠科技能人带动农民脱贫致富。引导科技人员进入贫困农村一线，培育农村科技“二传手”、营造农村科技人才辈出的环境，造就一支浩浩荡荡的科技扶贫大军，是科技扶贫工作主要着力点之一。“十五”期间，科技扶贫大力培养和扶持各类乡土人才，为贫困地区培养了一大批用得上、留得住、养得起的骨干人才。这些乡土人才不但是先进技术的受益者，更是科技星火的传播者，是引导广大农民群众脱贫致富的领头雁。

5．开发农村科技人力资源，依靠科技培训带动农民脱贫致富。提高广大农村劳动者科技文化素质是促进农民增收致富的前提和基础。多年来，科技扶贫工作始终坚持开展科学普及和培训示范，显著提高了贫困地区农民的科学文化素质。

6．发展农村科技扶贫模式，依靠机制创新带动农民脱贫致富。将现代农业的生产要素（技术、资本、人才）引入贫困地区，并通过多种有效机制实现科技长入地区经济发展，是科技扶贫不断探索的环境建设内容。贫困地区农民脱贫致富的实质，是从传统、落后的生产、生活方式向以科学技术为支撑的现代生产、生活方式的转变。为实现农村生产力水平质的飞跃和可持续发展，进而从根本上解决农民的贫困问题，贫困地区尤其需要通过技术创新和机制创新，加速现代科学技术向农村经济的全面渗透。

中国农村技术开发中心

七、中国农村教育的进展与困惑

“十五”期间，中央政府和各级地方政府高度重视农村教育特别贫困地区农村教育的发展，重新修订《中华人民共和国义务教育法》、制定《国务院关于进一步加强农村教育工作的决定》；将农村义务教育纳入政府公共财政体系，建立了义务教育保障机制，实现了人民教育人民办到人民教育政府办的重大转变；发布《2003 － 2007 年教育振兴行动计划》，实施了西部“两基”攻坚工程，农村教育面貌发生重大变化，义务教育普及水平不断提高，城乡教育差距进一步缩小。但是，目前西部地区仍有372个县没有实现“两基”目标。这些县主要分布在“老、少、边、穷”地区，“两基”攻坚任务十分艰巨。到2007年，西部地区普及九年义务教育（以下简称“普九”）人口覆盖率要达到85%以上，青壮年文盲率降到5%以下。

（一）“十五”时期的农村教育体制改革

1．由“以乡为主”到“以县为主”

自改革开放以来，中国教育特别是农村教育实施“低重心”发展战略：一是以普及九年义务教育为中心发展教育事业，提高国民素质；二是以乡镇政府为基础，人民教育人民办。农民直接负担的教育投入包括农村教育费附加、农村教育集资及中小学杂费等。农村教育费附加由乡镇政府负责征收，并纳入财政预算管理。农村教育集资也是农村义务教育投入的重要来源。按政策规定，农村教育集资应用于农村新建、扩建校舍和学校危房改造。人民教育人民办，部分地解决了穷国办大教育的难题，也增加了农民负担，成为农民致富、农村发展的约束条件之一。

“以县为主”是农村义务教育管理的新体制，是推动农村教育可持续发展的“治本之策”。国务院《关于基础教育改革与发展的决定》以及《关于完善农村义务教育管理体制的通知》，把农村义务教育的责任和管理由以乡镇一级为主，上升到以县一级为主。这都对推进农村义务教育投入体制的合理化发展有着重要的意义。2006年6月29日开始实施的《中华人民共和国义务教育法》又明确规定：“义务教育实行国务院领导，省、自治区、直辖市人民政府统筹规划实施，县级人民政府为主管理的体制。” 从此，以县为主的义务教育管理体制以法律形式确定下来。

2．由“农民办”转向“政府办”

为了减轻农民负担，自2000年始，我国以安徽省为试点并逐步在全国实行了农村税费改革。

这一改革的基本内容之一，就是要取消农村教育费附加和教育集资（“两取消”）；与此相配套的是基础教育经费管理体制由乡统筹改为县统筹（教师工资上收县管），也就是要实现农民办教育向政府办教育的转变。税费改革取消了农村教育费附加和教育集资的政策，卸下了农民身上的重担，打破了义务教育农民办的格局，带来了农村教育经费筹措机制的重大变革。

国务院提出，“各级政府要认真落实中央关于新增教育经费主要用于农村的要求。在税费改革中，确保改革后农村义务教育的投入不低于改革前的水平并力争有所提高。”近些年来，随着我国基础教育事业的蓬勃发展，农村义务教育形成了以政府财政拨款为主，辅之以向农民收取农村教育附加、农村教育集资等多渠道的经费保障体系。但是，由于目前相当部分县乡财政困难，加上不少地方和部门的达标升级活动屡禁不止，往往逼着乡村向农民集资，逼着学校向学生收费，形成了“校舍修建靠贷款，危房改造靠集资、工资发放靠收费”的局面。

坚持“以县为主”的管理体制，并不排除中央和省级政府对于实施义务教育的责任和义务。1994年起实行分税以后，中央财力占52%，地方占48%，其中县级财力约占24%。但据国务院发展中心调查，2002年全国义务教育投入中，县乡级财政负担了义务教育87%的投入，财力强大的中央和省(市)只负担了2%和11%。为此，中央明确了农村义务教育经费保障的基本内容，即由国务院和地方各级人民政府根据职责共同负担，省、自治区、直辖市人民政府负责统筹落实的体制。农村义务教育所需经费，由各级人民政府根据国务院规定分项目、按比例负担，这就明确了政府的责任，加大了省级政府实施义务教育的责任。

从改革现行投入机制入手，建立农村义务教育投入新机制，保障农村义务教育的基本需求。中央政府强调：加强义务教育，一要把义务教育摆在优先发展地位，纳入议事日程，切实加以重视；二要加大投入，把农村义务教育经费纳入公共财政，把学校建设列为基础设施建设的重点领域，切实做到教育拨款的增长高于财政经常性的增长。不断中央和省级转移支付力度，建立农村教育发展新机制。

在国务院领导亲自推动下，2004年，国务院办公厅召开了西部“两基”攻坚工作会议，国家发展和改革委员会、财政部、教育部密切配合，建立健全工作机制。中央投入100亿资金，西部各省（自治区、直辖市）将投入省级专款29亿元。各地“两基”攻坚总体规划目标是：到2007年，西部地区“两基”人口覆盖率将达到98.4%，比2003年底的80.2%提高18.2个百分点。

3．修改《义务教育法》，建立农村义务教育保障机制

《中华人民共和国义务教育》自1986年制定和实施以来，对于中国义务教育的普及和发展发挥重要作用。2006年，全国人民代表大会常务委员会重新审议了《义务教育法（修正案)》，新的《中华人民共和国义务教育法》由原来的18条增至63条。新增内容涉及到社会普遍关注的重点问题：贯彻国家教育方针和提高教育质量问题，义务教育的公平公正和均衡发展问题，家庭贫困学生、进城务工农民子女、残疾儿童平等受教育权问题。其中，建立义务教育经费投入保障机制，促进义务教育均衡健康发展是修改的焦点。

新修订的《中华人民共和国义务教育法》专门用了1章的篇幅、9条法律条文、1000多字，来明确义务教育保障机制问题，这充分说明了义务教育经费保障机制对于确保义务教育的顺利实施和提高全民族素质是至关重要的。新修订的《义务教育法》不仅明确了政府对义务教育经费投入负总责，由各级政府共同负担，而且明确了由省、自治区、直辖市人民政府负责统筹落实。对义务教育经费，地方政府不仅要做到预算单列，而且要确保“三个增长”。不仅要按照教职工的工资标准，学校的建设标准和学生人均公用经费标准拨付经费，而且要向农村学校、特殊学校和薄弱学校倾斜。

2005年12月24日，国务院发出了《国务院关于深化农村义务教育经费保障机制改革的通知》。中央提出，要按照“明确各级责任、中央地方共担、加大财政投入、提高保障水平、分步组织实施”的基本原则，逐步将农村义务教育全面纳入公共财政保障范围，建立中央和地方分项目、按比例分担的农村义务教育经费保障机制。中央重点支持中西部地区，适当兼顾东部

部分困难地区。12月26日，全国农村义务教育经费保障机制改革工作会议在北京召开，并成立由国家教育部财务司田祖荫副司长带领的国务院农村义务教育保障机制改革工作督查组，专门负责对义务教育保障机制的监督和检查工作。

4. 由收费到免费

新修订的《中华人民共和国义务教育法》第二条明确规定：国家实行九年义务教育制度。义务教育是国家统一实施的所有适龄儿童、少年必须接受的教育，是国家必须予以保障的公益性事业。实施义务教育，不收学费、杂费。国家建立义务教育经费保障机制，保证义务教育制度实施。修订草案规定，对在公办学校接受义务教育的适龄儿童、少年，不得收取学费，并逐步免收杂费。县级政府教育主管部门编制本部门预算向农村学校和城市薄弱学校倾斜。

2006年3月5日，国务院总理温家宝在政府工作报告中宣布，从2006年起用两年时间，在全国农村普遍实行免除学杂费的义务教育，将农村义务教育全面纳入国家财政保障范围，逐步建立中央和地方分担的农村义务教育经费保障机制。今后5年，国家财政新增义务教育经费累计将达2182亿元。2006年至2010年5年间，中央与地方各级财政累计将新增农村义务教育经费约2180亿元。2006年起，中国西部的农村将实行免费义务教育，全面免除学杂费，对贫困生还免费提供教科书，补助寄宿生生活费；中部和东部地区农村到2007年全部免费。也就是说，至迟到2007年，中国农村将全部实行免费义务教育。

早在2001年秋季，经国务院同意，财政部、教育部联合对中西部农村地区义务教育阶段家庭经济困难学生试行免费提供教科书。中央财政安排的免费教科书专项资金，2001年为1亿元，2002年为2亿元，2003年增加到4亿元。中西部农村中小学贫困学生受益面由2001年的10%提高到2003年的32%，2005年接近40%左右。中央财政重点补助河北、山西、内蒙古、吉林、黑龙江、安徽、江西、河南、湖北、湖南、广西、海南、重庆、四川、贵州、云南、陕西、甘肃、青海、宁夏、西藏、新疆等22个中西部省份贫困地区及新疆生产建设兵团。

2005年开始，农村税费改革取消了农村教育附加费、农村教育集资等专门用于农村义务教育的收费项目，将农村义务教育经费纳入各级财政预算，保证农村义务教育经费的正常需要。同时清理规范农村中小学收费项目，向学生收取的学杂费实行“一费制”。2006年1月，国家首先在西部省份实行了农村义务教育经费保障机制改革，2007年在全国推开，即由中央和地方政府出资，免除农村义务教育阶段学生的学杂费，并继续对家庭贫困学生免费提供教科书，对家庭贫困寄宿生补助生活费，从根本上解决了农村学校经费紧张的难题。

5. 大力发展农村远程教育，加快普及九年义务教育

自2003年教育部、国家发改委、财政部实施“全国农村中小学现代远程教育工程”以来，各地已经创造出教学光盘播放点、卫星教学收视点、计算机网络教室3种模式。中央政府提出，争取用五年左右时间，使农村初中基本具备计算机教室，农村小学基本具备卫星教学收视点，农村小学教学点具备教学光盘播放设备和成套教学光盘。人民教育出版社制作的配套教学光盘有2000多个学时，都已送到中西部22个省、自治区、直辖市的1000多个县；中国教育电视台每天播出11个多小时的空中课堂节目。现代远程教育通过声光图像，使身在高山峡谷、密林深处、大漠戈壁的中小学生共享城市名校名师的教学资源，缩小了城乡之间的教育差距。

国务院总理温家宝已经宣布，在实现农村中小学远程教育工程方面，用五年左右的时间由政府安排专项资金，全面实施农村中小学现代远程教育工程。这意味着，中国所有农村的初中都要具有计算机教室、多媒体教室，所有农村的教学要建有卫星教学的收视点，所有农村教学的点要拥有教学DVD光盘播放设备，和成套的有质量的教学光盘。各级教育行政部门要遵照《教育部关于大力推进城镇教师支援农村教育工作的意见》，推进城镇教师支援农村教育工作，是统筹城乡教育协调发展、优化教师资源配置、解决农村师资力量薄弱问题的一项重大举措，是贯彻落实“城市支持农村、工业反哺农业”重要方针的具体行动，也是农村城镇化进程加快、农村学龄人口和教师供求关系变化的必然要求，对于提高农村教育质量、加快社会主义新农村

建设具有重要的战略意义和现实意义。

2005年7月2日至3日召开的中西部农村中小学现代远程教育教学应用现场交流会上，国务委员陈至立同志强调：加快农村中小学现代远程教育工程建设是“工业反哺农业，城市支持农村”的一项重要举措；是促进城乡教育均衡发展，实现教育公平的有效途径；是推动农村学校教育教学改革、提高教学质量的重要手段；是建设社会主义和谐新农村的一项基础性工程，具有深远的意义。她强调，要把农村中小学现代远程教育的应用作为工程建设的关键环节，摆在更加突出的位置，把应用效益作为衡量现代远程教育工程实施的重要标准。这项工程覆盖广大边远农村，各地要充分运用现代远程教育网络平台，为传播科学技术和先进文化服务，为农村党员干部教育服务，为加快农村信息化步伐、促进农村繁荣和社会进步服务。农村中小学现代远程教育工程自2003年实施以来，国家已投入13.64亿元，地方配套9.1亿元，共建成7.8万余个教学光盘播放点，5.37万余个卫星教学接收点和7,504个计算机教室。至2007年，计划建成11万余个教学光盘播放点，38.4万余个卫星教学接收点和3.75万余个计算机教室，受益农村中小学生将达1.6亿人。

（二）农村教育发展面临问题和挑战

1.城乡教育均衡发展问题

农村学校布点分散，规模偏小，影响了学校的办学效率，也影响了区域内教育的整体发展水平。由于受经济体制和传统经济增长方式的影响，加上自然、历史、社会等多方面的原因，中国近来年，农村地区之间的教育发展的差距越来越大，尤其是经济不发达地区与经济发达地区的农村基础教育的差距更大，农村基础教育的区域发展失衡。由于农村基础教育的非均衡发展，进一步加剧形成农村基础教育重速度、轻效益，重数量、轻质量，重外延、轻内涵的不良发展态势。城乡教育差距，直接影响城乡经济社会协调发展和农村人力资源开发水平。

2.农村教师短缺问题

百年大计，教育为本；教育大计，教师为本。在农村，800万教师承担着6600万中小学生的教育，这个庞大人群的生存状态直接关系着整个中国教育事业的发展。从总体上看，近年来教师的社会地位和福利待遇均有了明显提高。但教育部门的一项专项调查也发现，农村中小学教师面临的压力很大，他们的处境仍然艰辛，农村中小学教师多数认为自己的生活水平偏低。以小学为例，小学教师中有71.2%的人认为教师生活水平低于当地其它行业生活水平，25.0%的人认为与当地其它行业生活水平持平，而认为教师生活高于当地其它行业生活水平的只占3.1%。

3.流动人口子女受教育权益问题

我国正处在城镇化进程加快阶段。据有关部门估算，我国目前的年流动人口已逾1.2亿，且呈继续增长的趋势。流入地政府在解决流动人口子女入学方面，已经采取了许多政策和措施，但是流动人口子女受教育问题在制度上、机制上和经费上存在许多问题。流动人口子女学校办学困难，甚至难以维系。流动人口子女中产生新文盲的危险尚没有科学的解决之策。在流动人口大军中，随同父母一起流动且处于义务教育阶段的学龄儿童、少年约有300万人数，“留守儿童”则远远超出这个数字。

（三）“十一五”期间，中国农村教育发展展望

“十一五”期间，是中国教育和农村教育发展的关键时期，是推进全国教育现代化建设、构建人力资源强国和建设全民学习、终身学习的学习型社会的重要时期。没有农村教育的发展，就没有农民素质的提高，就不能实现农村的全面小康。农村教育特别是贫困地区教育是未来五年教育工作的重中之重，要全面普及九年义务教育，大力发展农村职业教育和成人教育，发展乡村社区教育，进一步缩小城乡教育差距，加强“农、科、教”结合，促进区域内城乡教育均衡发展。“十一五”期间，全国教育发展事业发展的思路和重点是：

全面实施素质教育。把素质教育作为主题，坚持教育以育人为本、以学生为主体，办学以

人才为本，以教师为主体。加强德育、提高教师素质、深化教育教学改革、形成全社会合力，加快推进素质教育。

着力完成“普及、发展、提高”三大主要任务。以中西部农村为重点，普及和巩固九年义务教育，推进义务教育均衡化发展；以中等职业教育为重点，大力发展职业教育；以推进高水平大学和重点学科建设、提高学生创新和实践能力为重点，提高高等教育质量。

努力推进教育全面协调可持续发展。把协调发展作为主线，把握发展节奏，分区规划，分类指导，逐步缩小城乡教育发展差距，遏制地区之间教育差距不断拉大的趋势。

加强制度创新，扩大教育对外开放。把改革开放作为推进教育事业发展的根本动力，着力推进教育投入体制、办学体制、学校内部管理体制和教育教学改革，转变政府职能和管理方式，加强教育法制建设，加强教育对外合作与交流，健全教育发展保障机制。

努力办好让人民满意的教育。把办人民服务作为教育发展的根本宗旨，坚持教育的社会主义性质和公益性。认真研究解决人民群众关心的教育问题，积极推进教育公平，促进教育均衡发展。努力让人民群众享受有平等接受良好教育的机会。

今后5~15年，中国农村教育发展战略重点和主要措施：

以高水平高质量普及九年义务教育为重点，加强基础教育。把农村地区义务教育摆在突出位置，全面推进义务教育的普及、巩固和提高。在农村并逐步在城市免除义务教育学杂费，建立和完善义务教育投入保障机制，将义务教育全面纳入公共财政保障范围。健全扫盲工作机制，全面扫除青壮年文盲。

巩固和完善农村中小学教师工资保障机制。实施农村学校教师特设岗位计划，公开招募大学毕业生到贫困地区县以下农村学校任教。要合理配置师资力量，实行教师和校长区域内交流，努力改善农村学校办学条件，加强城镇薄弱学校改造，缩小学校间的差距，推进区域内义务教育均衡发展。

建立义务教育监控机制，提高九年义务教育完成率并保持在95%以上。加快民族地区特别是边疆少数民族地区义务教育发展。保障农民工子女平等接受义务教育，切实解决农村留守儿童少年接受义务教育问题。保障女童受教育权利，促进性别平等。

进一步加大对农村薄弱学校的改造力度，促进义务教育资源均衡配置，努力缩小区域内特别是县域内学校之间差距。大力加强东部地区对西部地区农村教育发展的支持力度，做好各地区内城市对农村学校的对口支援工作。

实施国家农村劳动力转移培训工程，促进农村劳动力的合理有序转移和农村脱贫致富，提高进城农村工的职业技能和自我保护能力，促进其稳定就业，合理转移。

教育部教育发展研究中心

八、新型农村合作医疗试点情况

新型农村合作医疗制度是由政府组织、引导、支持，农民自愿参加，个人、集体和政府多方筹资，以大病统筹为主的农民医疗互助共济制度。试点工作开展两年多来，在增强农民有病就医意识，改善不同收入农民享有医疗服务公平性，提高农村医疗机构服务效率等方面初见了成效。

（一）新型农村合作医疗基本情况

到2005年底，全国共有678个县（市）开展了新型农村合作医疗试点，占全国总县（市、区）的23.7%，覆盖农业人口23631.23万，占全国农业人口的26.67%，参加新型农村合作医疗的农民17879.66万人，占全国农业人口的20.18%，参合率为75.66%。其中，中西部343个县（市）开展试点，占中西部总县（市、区）的15.84%，约覆盖10519.69万农业人口，占西部农业人口的16.18%，实际参加人数7450.66万，参合率为70.83%。 贫困人口的参合率为71.5%，其中列入医疗救助范围的五保户参合率为76.2%，特困户为80%。

2005年全国新型农村合作医疗筹资总额73.35亿元，其中中央财政补助5.42亿元、地方财政补助36.93亿元、农民个人缴费28.73亿元（民政部门为救助对象缴费0.45亿元）、其他渠道4.27亿元。

加上上年结转及风险基金结转17.48亿元，全国新型农村合作医疗基金总额为92.83亿元。中西部地区2005年筹资总额22.75亿元，其中中央财政补助5.42亿元、地方财政补助8.02亿元、农民个人缴费8.04亿元（民政部门为救助对象缴费0.28亿元）、其他渠道1.27亿元。加上上年结转及风险基金结转6.99亿元，新型农村合作医疗基金总额为29.74亿元。

2005年全国基金支出总额为61.75亿元，占当年筹资总额的81.95%；中西部地区基金支出总额为19.22亿元，占西部地区当年筹资金总额的84.48%。从受益情况看，2005年全国累计受益12236.59万人次。其中，住院补偿584.96万人次，补偿总金额47.85亿元，占基金支出的77.49%；中西部地区住院补偿271.62万人次，补偿总金额14.13亿元，占基金支出总额的73.54%。全国门诊补偿9530.09万人次，补偿总金额12.60亿元，占基金支出总额的20.42%。中西部地区门诊补偿372.64万人次，补偿总金额4.64亿元，占基金支出总额的24.16%。全国参合农民体检2121.54万人次，用于体检的支出1.30亿元，占基金支出总额的2.09%。中西部地区参合农民体检903.67万人次，用于体检的支出0.45亿元，占基金支出总额的2.3%。

（二）试点工作的初步成效

1．新型农村合作医疗制度总体上得到绝大多数农民的支持，目前参合水平发展平稳。广大农民是新型农村合作医疗制度的直接受益者。据2005年卫生部与世界银行开展的新型农村合作医疗试点工作现场调查结果显示，调查地区有57.6%的参合家庭获得了合作医疗对家庭成员医疗服务费用的经济补偿，在利用住院服务的参合农民中有83%的人不同程度上得到合作医疗的补偿，次均补费用为784元。绝大多数农民、各类机构管理人员、卫生服务提供者均认为政府的这一举措体现了对农民的关怀，在一定程度上减少了农民的就医障碍，农民对医疗服务的可及性有了明显的提高。试点县80%的农民参加了合作医疗，而且90%以上的农民表示愿意下一年度继续参加。

2．新型农村合作医疗提高了农民对医疗服务的可负担性，特别在有费用控制制度安排的试点县，费用的降低使农民对医疗服务的利用程度有所增大。新型农村合作医疗制度明显提高了农民对自身健康的关注，尤其是门诊统筹和家庭帐户模式，提高了农民患病就医的意识。据2005年卫生部与世界银行新型农村合作医疗现场调查结果显示：调查的27个县参合农民的就诊率为21.87%，高于未参合农民的17.99%和对照组的17.33%；参合农民的患病者未就诊率为43.28%（其中，最低收入人口、次低收入人口的改善状况较为明显），低于未参合农民的48.44%和对照组的46.05%。调查的27个县参合农民的住院率为3.59%，高于未参合农民的2.24%和对照组的2.07%；参和农民的患病者未住院率为34.2%，低于未参合农民的41.6%和对照组的43.61%。参合农民住院服务利用增加略高于门诊服务，体现出新型农村合作医疗在制度上以“大病”为主的特点。试点地区贫困人口和相对低收入人口对医疗服务利用的改善程度相对较高，不同收入农民对医疗服务利用的不公平性得到改善。

3．新型农村合作医疗使农村医疗机构服务条件有所改善，医疗机构服务效率也有相应的提高。由于参合农民对医疗服务的可负担性和利用水平的提高，农村医疗服务机构通过为农民提供更多的医疗服务在经济收入和服务效率方面也获得了一定程度的改善，特别是对实行合作医疗的乡镇卫生院影响更大。据世界银行与卫生部新型农村合作医疗现场调查结果显示，西部地区2003年和2005年比较，从平均每卫技人员年诊疗人次增加情况看，实行住院补助模式的，县医院增加较快，为32.1%；门诊统筹模式的，中心卫生院增加最高，为24.6%；实行家庭帐户模式的，乡卫生院增加9.4%。从平均每医疗机构病床使用率增加情况看，实行住院补助模式的，县医院增加30.3%；实行门诊统筹模式的，中心卫生院增加45.2%、乡卫生院增加87.7%；实行家庭帐户模式的，中心卫生院增加18.1%，乡卫生院增加31.3%。试点地区乡镇卫生院收入水平、医疗服务提供数量和机构工作效率有明显的增加，并高于同等条件的非试点地区。

4．**新型农村合作医疗的开展有利于对农村医疗服务提供者医疗行为和费用控制。**据2005年世界银行与卫生部新型农村合作医疗现场调查结果显示，建立合作医疗制度以后，参合农民在村卫生室就诊病人的比例增加，不仅有望实现“小病不出村”的目标，而且一定程度上减少了就诊费用。同时，在县内接受住院治疗的比例总体上也有所增加。在实行门诊补偿的地区，门诊费用控制作用比较强，合作医疗的开展没有导致这些地区的医疗费用的上涨，参合人口的次均花费低于未参合人口。并且这些地区，次均住院费用也比较低。在控制住院费用方面，选择了如单病种付费、限额付费、定额补偿等支付方式的也比完全按照服务项目付费的费用低。因此，在建立了有效的管理手段并加以实施的合作医疗地区，合作医疗不但较大程度地改善了农民的医疗服务利用，并对降低医疗服务经济负担产生一定的作用。

（三）新型农村合作医疗可持续发展面临的难题

1．参合率存在潜在“危机”。根据调查，33.9%的家庭参合是因为风险意识强，为了抵御疾病风险；31.7%的家庭由于了解合作医疗的抗风险能力，希望从中受益；34.4%的家庭由于政府的号召或迫于政府的压力，或从众或持无所谓的态度。这表明，66%的家庭不是积极的参加者，如果长时间得不到受益，或者政府重视程度稍有变化，他们就容易从合作医疗中退出。

2．“逆选择”势必会影响合作医疗的实施效果。由于参合制度的自愿原则，农民具有选择性，加之现行制度以保大病为主，引发了一定程度的“逆选择”，只有慢性病患者或自感健康差的人口参合比例才较高。患大病参保户意愿比无大病户高近4.6个百分点（韩俊、罗丹《中国农村医疗卫生状况》，《中国发展观察》2005年第1期）。由于目前整体参合水平不高，大部分农民家庭都包含在合作医疗中，因此逆选择对于新型农村合作医疗的影响暂时还不明显，但参保农民受益面小，难以激励农民积极参保。健康人群不参加，最终会影响到合作医疗的实施效果。

3．抵御风险能力有限。调查地区对医疗服务，特别是较高医疗服务的费用补偿比例普遍较低，仅为20%左右。由于补偿水平较低，在参合农民医疗服务利用水平提高的情况下，新型农村合作医疗对缓解农民家庭因疾病造成的直接经济负担作用有限，因而农民抵御风险的能力也是有限的。在无门诊补偿的地区，对门诊费用几乎没有有效控制，其门诊费用高于未开展合作医疗地区，也高于未参加合作医疗人口。对于低收入人群的门诊费用没有显著性影响，但有导致高收入人群门诊花费增加的趋势。调查结果还显示，当前部分试点地区可能有一些不合理的诱导参合农民医疗的现象，部分地区住院日有一定程度的增加。而在补大病的地区，参合农民的住院费用过高，虽然通过合作医疗基金补偿一部分，但其自付部分也高于未开展新型合作医疗的地区。对减少应住院未住院比例作用不明显，减轻住院者经济负担也有限，最终还是贫困人口得不到应有的治疗，无论从缓解农民因病致贫、因病返贫，还是从公平性的角度看都是不合理的。

4．农民对政府缺乏信任。一方面是对新型农村合作医疗某些相关政策有疑虑。《关于建立新型农村合作医疗制度的意见》明确，新型农村合作医疗制度是由政府组织、引导和支持，农民自愿参加，个人、集体和政府多方筹资，以大病统筹为主的农民医疗互助共济制度。目的是缓解农民因病致贫、因病返贫的状况，提高农民的健康水平。但从目前情况看，以大病为保障对象，很难实现预期的目标。农民对这一政策大有疑虑。根据调查，新型农村合作医疗实行以保大病为主，在比较富裕的东部地区或比较富裕农户中，拥护者居多，原因是小病对他们来说可以支付费用，而得了大病就可以得到一部分补偿。但在中西部地区，贫困人口比例大，贫穷农户连支付小病的钱都很困难，得了大病即使有了一些补偿，但对其来说也是杯水车薪，处于两难。因此这一政策的积极影响对贫困地区来说是低于其他地区的。另一方面是认为政府履行义务存在缺陷。尽管试点地区都建立了一些对供方的管理制度，但在部分地区效果不尽如人意。医疗服务提供者的行为未能得到有效控制，降低了合作医疗资金的使用效率。而农民更多是希望能从合作医疗中受益，他们注重眼前利益，如果长时间的不到补偿，或报销难，报销数额太少，看不到实惠时就难免对这一制度产生怀疑。此外，个别地方干部工作方法简单，只管向农民收钱，不做深入宣传，使一些农民至今对新型农村合作医疗的内容、作用以及参加者的权利和义务知晓不多，或者对政府和干部不信任，担心合作医疗资金管理不好、怕基金被挪用等，也容易引发“信任危机”

5. 不容忽视的低收入人口。试点地区，低收入人口参合比例较低。虽然在整体上当地政府所确定的贫困户参合比例与一般人接近，但也仅为80%左右。同时，在试点地区低收入人口即使通过合作医疗的补偿，其对医疗服务的经济可负担性仍很低。在门诊服务受益程度上，调查显示，除中等收入组外，其他收入组例均门诊补偿费用均高于最低收入组。加之医疗费用的上涨，当合作医疗可利用的资源有限时，低收入人口就更容易失去资源。新型农村合作医疗有利于释放农民被压抑的医疗服务需求，特别是对于贫困农民家庭，医疗服务需求的释放更加明显，但由于当前合作医疗补偿比例的限制，低收入农民家庭所释放的医疗服务需求所支付的大部分医疗支出并不能通过合作医疗的补偿所弥补，因此显示了这些家庭医疗服务支出数额明显增加，尽管在绝对数额上与不同收入的农民家庭趋于相似，但由于这些家庭的收入较低，在增加了相应的医疗服务费用支出后，更容易加剧贫困。调查还显示，贫困地区、贫困家庭或相对贫困家庭参合率低，贫困家庭没有参加合作医疗或退出合作医疗的原因中58%的是由于付不起参合费。调查县中，五保户及特困人口参合率较高，低收入人口参合率相对较低。在实行补大病的地区，低收入人口参合率仅有19.33%。平均80%以上的县对五保户及特困人口实行了个人参合费用减免，对低收入人口实行减免的县为53%，西部仅为34.6%，而低收入家庭，因为他们的经济状况也比较差，遇有重大医疗支出就会使他们陷入贫困，而医疗救助的项目还不能覆盖到这些相对贫困的人群，因此这是一个应当引起关注的群体。

（四）农村新型合作医疗改进思路

1. 进一步完善合作医疗制度实施的设计，促进合作医疗制度可持续发展。通过各种手段促使农民真正提高建立合作医疗制度意义的认识，确保农民参合的积极性；加强合作医疗制度的监管和过程的透明化，确保合作医疗基金和利息全部用于参合农民的医疗补助，增强农民对合作医疗的信任；在实施层面上尽可能简化与农民相关的制度安排，提供既方便农民又便于监管的审核和报销办法，使农民能够比较容易地明白自己在需要时如何获得收益，解除农民对合作医疗的顾虑。通过不懈的努力，逐步在我国建立起符合中国国情，适应农村经济发展水平和农民医疗卫生需求的新型农村合作医疗制度。

2. 采取各种相应措施，提高合作医疗对农民抵御疾病风险的能力。实现以追求效率为主，兼顾公平的发展观向以人为中心的可持续发展观的转变。在分析、总结合作医疗制度和基金运行的基础上，认真测算，科学制定和调整农民医疗费用补偿方案。探索建立符合实际的农村医疗服务项目规范和医药价格标准。在当前较低筹资的状况下，不同地区可以根据当地农民的特点，在经费允许的条件下，对补偿比例进行适宜调整，以增强对所关注重点服务的抗经济风险能力。例如建立专项针对高额医疗费用的补偿安排，或通过扩大当前对贫困人口的 补助措施，使相关措施能够惠及更多的农民。

3. 在建立合作医疗的同时加强对医疗服务提供者行为与费用的监管，降低农民医疗服务的经济负担，增加合作医疗资金的使用效率。

在一些非完全按项目付费地区医疗服务费用明显低于完全按项目付费地区，从而提示，在条件的地区开展非完全按项目付费的支付方式，以在一定程度上控制医疗服务费用。在实行门诊统筹模式地区，由于对门诊和住院服务费用普遍施行监管，该模式地区参合农民医疗费用相对较低，合作医疗对农民产生的效果最明显。

4．关注贫困人口和低收入人口的入保的及其医疗服务的可负担能力，进一步解决好贫困农民的看病就医问题。试点地区低收入人口参合比例相对较低，而且参合的低收入人口通过合作医疗的补偿，其对医疗服务的经济可负担性仍很低。因此，应从农民的角度上认真考虑当前合作医疗与贫困医疗救助制度的有效衔接，使各类资金的投入能够协调使用。

5．目前新型农村合作医疗制度和规定还停留在政策层面，依靠行政手段解决执行中的问题。因此应当加紧立法，以增强广大农民对新型农村合作医疗制度建设的信心。

卫生部信息统计中心

九、小型农田水利建设与水利扶贫

建国以来，经过各地长期不懈地努力，全国兴建了2000多万处小型农田水利工程，这些工程与农民的生产、生活密切相关，在改善农民生产生活条件、实现粮食区域自给、促进农民脱贫致富方面发挥了重要作用。但是，由于当时建设标准低、配套差，后续投入不足，工程严重失修，已成为提高农业综合生产能力的主要制约因素，难以担当为全面建设小康社会和建设社会主义新农村提供基础保障的重任。按照2005年中央一号文件要求，中央财政设立小型农田水利工程建设补助专项资金，采取“民办公助”的形式，对农民、用水户协会、农民专业合作经济组织、村组等兴修小型农田水利工程进行补贴试点。2005年的试点经验表明，财政资金的引导有效调动了了农民参与小型农田水利工程建设和管理的积极性，取得了很好的效果。可以预见，随着专项资金规模的扩大，农田水利建设的新机制会逐步建立，小型农田水利工程的面貌将会发生巨大变化，将为农业增产、农民增收做出新的贡献。

（一）小型农田水利工程现状和存在的主要问题

1．农田水利设施的整体状况令人担忧。2004年全国有耕地18.4亿亩，其中灌溉面积仅8.38亿亩，占耕地总面积的45%。已建成的8.38亿亩灌溉面积中，2／3的灌溉面积还在沿用传统落后的灌溉方法，全国灌溉水平均利用率只有45%，400多处大型灌区骨干建筑物损坏率近40%；全国有6000多万亩易涝耕地、3000多万亩盐碱地和近1亿亩渍害低产田，大部分地区排涝标准偏低，只有3~5年一遇，加之配套不完善、设备老化失修、投入无保障，已成为防洪减灾体系中的薄弱环节；全国农田平均每年受旱面积达3亿亩以上，灌区中等干旱年缺水300亿立方米，因旱减产粮食数百亿公斤。

2．小型农田水利设施的服务功能严重退化。全国现有小型农田水利设施控制的灌溉面积4.6亿亩，占总灌溉面积的55%，生产的粮食占全国的35%以上。但是大部分工程建于上世纪五六十年代，主要靠农民投劳，就地取材，标准不高，长期带病运行而又无力系统维护，导致骨干工程严重老化，末级渠系更是功能衰竭，效益急剧下降；由于工程病险、淤积等原因，小型水源工程蓄水能力大幅度下降，受益面积减少，灌溉保证率下降。黑龙江全省已建成小型农村水利工程26704处，工程配套率只有70%左右，完好率只有60%左右，设计灌溉面积653.3万亩，实际灌溉面积199.7万亩，仅为设计能力的30%；湖南省小水库（塘坝）的蓄水能力不足设计的

60%。此外，工程维护投入不足，影响工程功能发挥。

3．小型农田水利设施建设严重滞后。一方面现有小型农田水利设施老化失修、功能衰退，另一方面农业的发展要求大量标准高的农田水利设施为之服务，总体上看，小型农田水利设施建设滞后问题已成为全面建设农村小康社会、建设社会主义新农村的严重制约因素。主要表现在丘陵山区农田水利工程严重匮乏，农民群众的基本生产生活条件缺乏保障，收入仅在温饱线附近，一次较大自然灾害后刚刚解决温饱的农民往往重新返贫。四川全省还有旱山村、严重缺水村1.4万个，有望天田1100多万亩，广西现有旱地1710万亩，有效解决旱地灌溉仅为245万亩，占旱地总面积的14%；农田水利设施远远落后于农业发展的要求。现代农业的发展，不仅需要较高的灌溉保证率，而且在灌溉制度、灌溉方式上也提出了新的要求。目前，全国多数灌区的灌溉设计保证率为50%~75%、除涝设计保证率为3~5年一遇3日暴雨5日排除；采用了先进的喷灌、微灌技术的面积仅占灌溉面积的3.5%。造成这种状况的主要因素是小型农田水利设施设计标准低、工程量不足，直接影响优良品种和经济作物的种植以及农产品品质，难以满足增加农民收入对农田水利设施的要求。

造成小型农田水利设施建设管理滞后的主要原因：

一是管理体制不顺，管理责任不落实。农村实行家庭联产承包责任制后，农村集体经济组织逐渐退出小型农田水利工程建设和管理的主体地位，小型农田水利工程的归属不明确，管理责任不落实，农民的分散经营和农田水利设施集体受益之间的矛盾日渐加剧。农民习惯用“大锅水”，只用不管；水管单位只负责斗渠口门以上，斗渠以下的小型农田水利工程整体上处于吃老本状况，老化失修严重，甚至丧失功能。近十年来，尽管各地开展了小型农田水利设施管理体制改革，但已改制的工程仅占工程总数的35%左右，大量以公益性、准公益性为主的小型灌溉排水渠道，由于本身经济效益低下，农民缺乏参与建设和管理的积极性，运行管理和维护责任难以落实，老化失修的趋势没有得到遏制。

二是有效机制未形成，投入严重不足。长期以来，小型农田水利工程建设与维护除靠少量的财政资金补助外，主要靠受益区农民投工投劳。据水利部门统计，1993~2003年平均每年用于农田水利基本建设的农民投工为74亿个，最高年份达102亿个，其中一半以上用于小型农田水利设施建设和维护。当前，小型农田水利投入形势非常严峻。**首先**，实行农村税费改革，到2006年全国将完全取消“两工”，农田水利建设的农民投入部分将急剧减少，同时，实行减免农业税试点，原来主要用于村内农田水利设施建设的村提留也不复存在，加剧了小型农田水利设施建设投入的供需矛盾，这也是各地反映最强烈的问题。**第二**，实行家庭联产承包责任制，农民普遍存在“公家的水、自家的地”的心理，加上农业比较效益低和农村青壮年劳力外出打工等因素，农民的投工投劳受到很大影响。**第三**，小型农田水利设施的财政资金主要是1980年中央财政包干下放的23亿元小型农田水利工程建设补助费（小农水补助费），截止到2002年7月，只增长到约28.8亿元，而且有相当一部分用于基层水利管理单位事业费补贴、水土保持和重点农村水利工程建设配套，真正用于小型农田水利工程建设的资金微乎其微。

（二）当前推动小型农田水利建设的难点分析

取消“两工”、取消村提留以及实行减免农业税试点，对农田水利基本建设带来了很大影响。从实际情况看，无论在组织形式和投入结构上，还是在基层干部、农民的观念和心理方面，都发生了明显变化，开展小型农田水利设施建设遇到了新的难点。

1．“一事一议”操作难度大。“一事一议”是农村税费改革后开展村内公益性事业建设的一项重要措施。但从实施的情况来看，“一事一议”操作难度大，实际效果差。有项目带动的、有财政补助的一般能议成，且能取得较好的效果，但绝大部分项目因缺乏引导资金，事难议、议难决、决难成，效果不理想。主要原因有：**第一**，“一事一议”缺乏规范的操作性程序和管理办法。村内公益事业涉及教育、水利、道路、绿化等领域，要议的事多，但筹资的上限仅15元，一年解决一件事都不够。黑龙江从2003年实行对村内工程开展“一事一议”限额内(12元)筹资省级财政补一半，由于限额太低，难以议成，2003年财政仅补助了1000万元，2004年补助约7000万元，仅占计划补助的2/3。**第二**,“一事一议”缺乏表决和强制执行的约束机制，少数人不同意就造成事情办不成，即使议成的事部分农民不出资投劳也没有办法。**第三**，青壮年劳力外出打工，留守在家的妇女、老人缺乏参与意识和决策能力，造成村内议事的会难以开成功。**第四**，灌溉排水工程受益范围一般涉及多个村组，如果不能同步议成，工程不能建成并发挥效益。**第五**，有些农田灌溉排水工程投资大、收益低，超出农民的承受能力，往往议不成功。安徽省是最早进行农村税费改革试点的省份，尽管100%的县、90%的乡、60%的村通过“一事一议”开展农田水利建设工作，但能够议成的事与需要干的事比例为1：5左右(工程数)、1:10左右(投资数)。

2．管理体制和产权改革难度大。从近年来改革的实践看，受益范围明确并且受益对象少的农田水利工程如机井、水窖、蓄水池，有一定直接经济收益的工程，一般可以通过承包、租赁、拍卖、股份合作等形式进行产权或管理体制改革。但以公益性为主的灌溉排水渠道、渠首建筑物、有防汛任务的塘坝等一般无人承包经营。即使改制了，也存在经营短期化，不投入维修养护等问题。辽宁省有小型农田水利工程54.66万项，已经进行管理体制改革的有47.41万项，但已改制的工程中受益主体最明确的机井占43.06万项，其他工程仅有4.35万项。这种状况造成有些农田水利工程的所有权、管理权还是属于农村集体，而集体管理主体地位虚置。绝大多数农民认为，农业生产的直接投入是自己的事，而水利工程的建设管理是国家的事，即便田间地头的工程也应该是水管单位的事，管理责任难以落实。少数地方成立了用水户协会，但因无力进行工程改造，又无明确的扶持政策，举步维艰，无异于形同虚设。

3．吸引社会资本投入难度大。小型农田水利设施吸收社会资本能力低，主要有三方面原因：**第一**，现行水价低于供水成本，水费征收困难，绝大部分小型农田水利设施自身的经济效益微弱；**第二**，服务的主要对象是农业，不仅比较效益差，而且风险高，投资回报少；**第三**，很多灌溉排水工程受益范围大、受益主体多，投资规模大，建设用地协调难。湖北省水利近五年来共吸收社会资本6.2亿元，社会资本投入的对象、投入的份额呈现“三多两少”，即投资规模较小的村组内的水源工程(蓄水池、机井)投入多、能进行经营并得到一定收益的工程投入多、政策优惠的工程(小水电)投入多，垮村组或跨流域的纯公益性工程(防洪、灌排)投入少、投资规模较大的工程投入少。

4.解决资金供需矛盾难度大。实行农村税费改革取消“两工”、取消农业税和乡村提留，以及水利投入的结构性缺陷，造成解决农田水利设施建设的资金矛盾突出。**第一**，引导农民投入异常艰难。据18个省的测算，全部取消“两工”后，要改造和维护好现有的小型农田水利工程，每个省年均的资金缺口在3亿元以上，最多的达5亿元，短期内难以增加这么大的资金。过去主要靠基层政府用行政手段组织动员，现在民主议事的办法还不健全，动员农民投资投劳非常困难。**第二**，地方财力拮据。粮食生产大县，也是财政穷县；粮食生产大省，也是经济欠发达省份，这种格局使得地方无力投入农田水利设施建设。江西、福建、四川等地绝大部分县市人均可支配财力仅有1.2~1.5万元。**第三**，水价短期内难以到位。农民对水费承受能力低等因素，造成水管单位要保证工程日常维护、正常运行有较大困难。因此，在现行管理体制和地方财力状况下，完全靠地方解决农田水利设施的建设和管理投入问题难度大。

（三）加强小型农田水利设施建设管理的建议

1．进一步加强小型农田水利工程的管理与改革。建立工程良性的管理体制和运行机制是保证工程发挥效益的关键。**第一**，在重视工程建设的同时，要总结近年来管理和改革的经验，切实抓好现有工程的管理改革，进一步明晰工程的所有权，落实管理责任，搞好工程的运行维护。农户自用为主的小微型工程，产权应归个人所有，由乡镇人民政府核发产权证；对受益户较多的工程，可组建用水合作组织管理，国家补助形成的资产划归用水合作组织；对经营性的工程，积极引入市场机制，吸引社会资本进入，组建法人实体，实行企业化运作，国家补助形成的资产可由乡镇委托水管站等组织持股经营，也可拍卖给个人经营。以合同为纽带，通过用水合作组织管理、承包、租赁、股份合作、拍卖等形式，把小型农村水利工程管理体制纳入法制化轨道。工程改制所回收的资金，归工程所有者，并专项用于发展当地的农村水利事业。**第二**，要抓紧贯彻落实国务院办公厅《水利工程管理体制改革实施意见》，加快灌区管理单位的改革，减员增效，降低运行成本，提高管理水平。**第三**，新建的农田水利工程实行新的机制，按照“谁投资、谁所有、谁受益、谁负担”，明晰工程所有权，落实工程建设和管护责任，确保建成一处工程，发挥一处效益。

2．建立有效的农业用水收费制度。农业水价直接关系到农民水费负担、农业生产效益和节水的积极性。由于历史和体制等方面的原因，一方面我国农业水价低于供水成本，灌区管理单位亏损严重，农业用水效率不高，农民节水意识淡薄；另一方面农业供水中间环节乱加价、乱收费较为严重，农民实际水费负担加重。因此，必须建立有利于促进节约用水、维持工程良性运行和农民合理负担的水价形成机制。要在充分考虑农民承受能力的前提下，加快水价改革，加强用水计量和水费征收，保证工程的正常运转。要总结、完善和推广一些地方试行的“超定额累进加价”、“丰枯季节水价”、“两部制水价”等合理的计价制度，充分发挥价格杠杆对水供求关系的调节作用，有效地节约水资源。推广陕西、新疆等地实行的“供水到户、定价到户、收费到户”终端水价制，在确定终端水价的基础上，实行“水价、水量、水费”的公示制度，有效地减少水费收取的中间环节，遏制中间环节乱加价、乱收费和水费的截留、挪用现象，减轻农民不合理的水费负担。同时，要充分发挥农民用水合作组织在工程管理、水费征收中的作用，减少因水费不再随农业税由乡镇代收造成的征收困难。要按公正、公开、公平的原则严格规范水费的使用管理，确保用于工程设施的更新、改造、配套和维修；管理单位要加强内部管理，杜绝不合理开支，降低运行成本。另外，目前部分经济发达地区实行由财政直接对水管单位补贴灌溉水费，降低农业生产成本，从长远看也是一种有益的探索。

3．将小型农田水利设施建设纳入公共财政支出范围。**第一**，小型农田水利设施是以公益性为主导的基础性设施，属于公共财政支持的范畴。小型农田水利设施受益范围涉及千家万户，但农民一家一户办不了，且经济效益低，社会效益明显，具有公共性、公益性的特征。**第二**，小型农田水利设施的主要服务对象是农业、农村和农民，是弱势产业和弱势群体，是公共财政重点扶持的对象。国家财政直接对农业生产环节进行补贴，本身也符合WTO的“绿箱”政策，加上对主要粮食品种实行最低收购价和对农民种粮直补、良种补贴等政策，可以构成财政支农的完整体系，将进一步促进农业增产和农民增收。**第三**，我国整体到了以工补农、以城带乡的发展阶段，应该加大对农业基础设施建设的扶持。小型农田水利设施是农业基础设施的重要组成部分，长期以来主要依靠农民投工投劳自主建设，历史欠账过多，标准低，配套差，发展滞后。近几年中央财政推行让公共财政的阳光普照农村的政策，实施的小型农村水利公益项目和雨水集蓄利用项目起到了很好的效果。要从统筹城乡发展、巩固国家粮食安全基础和维护农村稳定的高度，加大财政对农田水利设施建设的扶持力度。将小型农村水利设施纳入公共财政支持的范围，真正做到“民办公助”，有利于鼓励和引导农民参与小型水利工程的建设和管理。

4．合理划分中央、地方和农民小型农田水利设施建设的事权财权。2005年中央一号文件要求，中央和省级财政要设立小型农田水利设施建设补助专项资金，对农户投工投劳开展小型农田水利设施建设予以支持。2006年中央一号文件进一步要求，实行中央和地方共同负责，逐步扩大中央和省级小型农田水利补助专项资金规模，切实抓好以小型灌区节水改造、雨水集蓄利用为重点的小型农田水利工程建设和管理。这也是充分考虑到小型农田水利建设的实际，对事权、财权的重新调整。1994年中央、地方“分灶吃饭”时，由于对相关事权未作调整，形成包括小型农田水利设施建设在内的一些公益事业上的事权和财权不对等的现实。当前，中央财政加大了对小型农田水利的投入，不但正视了地方财政困难的实际，而且将有力地保证国家粮食安全，促进农民增收。同时，省级财政应切实按照中央文件精神，设立省级小型农田水利工程建设补助资金，并逐步扩大规模，市、县也要不断加大财政投入力度。农民继续发扬主人翁精神，采取“一事一议”、民主议事形式，对直接受益的工程投工投劳，逐步建立以规划为依托、财政资金为引导、农民积极投劳的农田水利新机制，加快改变小型农田水利工程的面貌。

5. 整合资金加大小型农田水利设施建设投入。目前涉农资金渠道分散，工程建设各管一段现象十分普遍，加上层层要求配套，造成部分项目建了水源没钱建渠道，或者建好了田间工程缺水源工程；有的灌溉渠道建好了，但排水渠道、排涝泵站无钱兴建，难以发挥整体效益；有些项目缺乏技术论证，难以发挥效益，造成资金使用效果不理想。建议采取有效措施，统筹安排各种渠道的支农资金，形成合力，保证投资效果。近年来，山西、陕西、河南、山东等地尝试以县为单位编制农田水利建设规划，充分发挥了政府的协调作用，按照“渠道不乱，用途不变，各记其功”的原则，把农口和综合部门的涉农资金按规划集中使用，确保“治理一处，受益一处，建设一处，巩固一处”，不但农民得到了实惠，调动了积极性，而且资金运行安全有效。这种做法可在兼顾部门利益的基础上进一步完善、推广，建议进一步明确各分管部门的职能和分工，对能够归并的支出事项由一个职能部门牵头负责，确保财政资金的有效配置，切实提高财政资金使用效益。

水利部农水司

十、2005年农村灾情及救灾工作

自然灾害是造成农村长期贫困和临时贫困的重要原因。快速有效的救灾体系是防止贫困的重要手段。

（一）2005 年灾情

2005 年全国自然灾害比较严重，洪涝、台风、旱灾、风雹、地震、雪灾、低温冷冻、山体滑坡和泥石流等灾害都有不同程度发生。与往年相比，2005 年我国没有出现大范围、持续时间长的严重干旱，但局部旱情严重；在汛期，我国珠江流域、福建闽江、淮河干流、辽河流域的浑河、太子河等江河发生了较大洪水和大洪水，其中珠江流域西江中下游发生了超过百年一遇的特大洪水，华西秋雨明显，长江支流汉江、黄河支流渭河和下游山东境内发生较为严重的秋汛；台风灾害明显重于常年；山体滑坡、泥石流等地质灾害点多面广，造成严重人员伤亡；雪灾和低温冷冻灾害较常年偏重；2005 年我国大陆地区地震频次低、强度弱。

经核定，2005 年全国各类自然灾害共造成 40653.7 万人（次）受灾，2475 人死亡，紧急转移安置 1570.3 万人；农作物受灾面积 38818.2 千公顷，其中绝收面积 4597.4 千公顷；倒塌房屋 226.4 万间，因灾直接经济损失 2042.1 亿元。受灾较为严重的省份有：浙江、安徽、福建、江西、河南、湖北、湖南、广东、广西、云南、四川等。

2005 年我国自然灾害主要呈现出以下九大特点：一是灾害来势猛，持续时间长，发生范围广，自第一季度新疆出现大暴雪至十月初福建的台风和渭河与汉江的洪涝，各类灾害连绵不断。二是台风登陆个数在 76 天中多达 8 个，并多集中在福建和浙江两省，强度普遍偏大，18 号台风“达维”为 1974 年以来我国华南地区遭遇的最强台风。三是极端气候事件频繁发生，黑龙江宁安市沙兰镇、新疆阿勒泰、广西西江和安徽大别山等部分地区出现百年或几十年不遇的灾害。四是因灾紧急转移安置人口多达 1570.3 万人，仅次于大灾之年的 1998 年，其中浙江为 424.4 万，居全国第一，依次是福建 371.3 万，广西 124.1 万，江西 93.1 万，广东 69.5 万，湖南 65.1 万，安徽56.8万。五是因灾死亡人口2475人，主要集中在华东、西南、中南和东北等地区，尤以四川、云南、福建、湖北、湖南、贵州、广西和黑龙江较多。六是洪涝灾害造成四川达州、新疆阿勒泰、江西九江和福建福州等城市大面积进水，城市灾害凸现。七是部分省份遭灾较重，损失较大。受洪涝和台风等灾害影响，浙江、福建、安徽、海南、四川5省损失均过百亿元。八是西部地区灾害呈现复杂局面，大面积干旱与局部洪涝与地震灾害并存。在持续干旱的同时，由于气候变暖以及极端气候现象增加，2005年在西藏那曲、甘肃定西、青海海东地区及新疆、内蒙古等地都出现了小范围的洪涝灾害，导致农民房屋被毁。8月，云南的曲靖与文山，新疆的阿克苏与和田地区均发生了5级以上地震。贫困地区灾害的复杂性，加大了救灾工作的难度。九是全国因灾直接经济损失2042.1亿元，为5年来同期最高，海南全省、东北等部分地区受灾程度深，灾民生活面临困难。

（二）救灾工作情况

按照“一切为了灾民，为了灾民的一切”的要求，2005年，民政部全面落实《国家自然灾害救助应急预案》，先后针对18个省份的灾情启动救灾应急响应30次；向灾区派出救灾工作组62个，先后向各地灾区紧急调拨救灾帐篷6.698万顶；协调有关部门向灾区下拨中央抗灾救灾资金89亿元，其中民政部、财政部安排特大自然灾害救济补助费42.48亿元。春荒期间共发放灾民救济卡1556万张，救济灾民4574万人。灾区倒房恢复重建168.2万间，占规划总数的85.39%。

1. 积极有效应对突发自然灾害。按照《国家自然灾害救助应急预案》，2005年民政部先后针对18个省份的灾害情况启动救灾应急响应30次，其中三级响应6次、四级响应24次，应急时间长达103天，仅针对福建的台风、洪涝灾害，就启动了8次应急响应。2005年的应急响应次数远远超过2004年的12次和2003年的16次。共先后向灾区派出救灾工作组62个，先后向各地灾区紧急调拨救灾帐篷6.698万顶，基本保证了灾害发生后24小时内，受灾群众得到初步安置。

2. 及时规范开展春荒冬令受灾群众生活救助工作。2005年全国春荒需救济人数8029.7万人、冬令需救济人数7253.2万人。按照《春荒、冬令灾民生活救助工作规程》，民政部先后向重灾省份派出22个工作组，对受灾群众生活困难状况全面评估，确定248个重点监控县（其中春荒93个、冬令155个），民政部、财政部先后下拨春荒灾民生活救济资金11亿元，冬令灾民生活救济资金12亿元，春荒期间共发放灾民救济卡1556万张，救济灾民4574万人。

3. 大力推进灾区恢复重建工作。2005年因灾倒塌房屋数量较大。按照《民政部灾区民房恢复重建管理工作规程》，本着统筹规划，科学指导，协调发展的原则，对灾区恢复重建实施项目管理，大力推进灾区恢复重建工作。截至12月31日，全国共规划建房197万间，已经竣工168.2万间，占规划总数的85.39%。项目规划资金总投入为475499.5万元，其中中央财政资金41610.0万元，占资金总投入的8.75%，地方投入73491.9万元，占资金总投入的15.45%，社会捐赠资金26730.2万元，占资金总投入的5.6%，受灾家庭自筹资金333667.3万元，占资金总投入的70.2%。

4. 救灾资金、物资的拨发。2005年，中央直接用于受灾群众生活安排的特大自然灾害救济补助费总量为40.48亿元，其中冬令救灾资金12.6亿元，春荒救灾资金11亿元，救灾应急资金3.83亿元，恢复重建资金9.8752亿元，旱灾救济资金8740万元，采购救灾物资和储备管理费1.3亿元。

（三）灾害管理规范化建设情况

1. 国务院办公厅正式颁布《国家自然灾害救助预案》。2005年5月14日，国务院正式批准《国家自然灾害救助应急预案》，并向全国各省、自治区、直辖市人民政府，国务院各部委、各直属机构印发。《预案》的颁布实施，标志着我国自然灾害救助工作进入了一个新的重要发展阶段，是进一步建立健全社会应急机制，提高政府对突发性自然灾害的应对能力，将我国自然灾害应急管理工作纳入经常化、制度化、法制化轨道的重要一步。按照国务院统一部署，民政部继续大力推进全国救灾应急预案制订工作。截至2005年底，全国31个省（直辖市、自治区）、310个地市（全国共333个地市）、2347个县市（全国共2861个县市）都已制定了救灾应急预案，初步建立了全国救灾应急预案体系。

2．国家保密局、民政部对我国自然灾害死亡人数正式解密。根据形势发展和救灾工作需要，民政部和国家保密局联合发文，决定自2005年8月起，对全国及省、自治区、直辖市因自然灾害导致死亡人员的总数及相关资料解密。原《民政工作中国家秘密及其密级具体范围的规定》中的相关内容予以废止。2005年9月12日，国家保密局、民政部在北京联合举行新闻发布会，宣布了这一消息，这也是国家保密局首次举行新闻发布会。自然灾害导致死亡人员的总数及相关资料的公开，有利于做好救灾工作，有利于引起社会各界对自然灾害的关注，提高全民的减灾意识，有利于推进政府部门政务公开，有利于充分保障人民群众享有知情权、参与国家和社会事务管理，也有利于在减灾和救援领域开展国际交流与合作。

3．加强以《昨日灾情》为龙头的24小时灾情监测机制。为了提高对国内外重大灾害信息的跟踪能力，拓宽信息收集渠道，提高信息时效性，2005年，民政部国家减灾中心继续加强以《昨日灾情》为龙头的24小时灾情监测机制，积极有效地应对历次重大灾害，全年共组织编发《昨日灾情》365期，对于救灾决策部门快速、准确、全面地掌握灾情，提高应对突发重大灾害事件的应急反应能力起到了重要作用。

4．灾情会商机制进一步完善。2005年，民政部救灾救济司和国家减灾中心继续稳定由国家减灾委各成员单位组成的灾情会商机制，定期召开月度会商会，发布《灾情会商简报》。在2004年的工作基础上，建立了稳定的月度会商制度，从交流内容、交流方式、技术保障等方面不断改进会商交流机制。2005年全年共召开“月度灾情会商会”9次，“年度灾情会商会”1次，“年度重大灾害趋势预测会商会”1次，编发《灾情会商简报》10期。稳定的会商制度在各专业灾害管理部门之间建立起了有机联系，在减灾救灾工作中发挥了重要作用。

5．新版“民政灾情统计软件”在全国稳步推广。经过软件设计、开发、测试、试运行等近一年的工作，“民政灾情统计软件”于2005年4月开发完成。该系统是一个基于民政系统的灾情上报业务流程，由民政部灾害管理信息系统、省级民政灾害管理信息系统、地级民政灾害管理信息系统、县级民政灾害管理信息系统等四个子系统所组成的信息系统。从功能设计上来看，系统提供灾情填报、上报、灾情查询、灾情统计等主要功能模块，可以全面的处理和应用灾情信息。经过系统全国培训和推广使用，2005年下半年系统开始在全国使用，到2005年底已有20余个省（自治区、直辖市）开始使用系统报灾。

（四）国家综合减灾能力明显提高

2005年1月份，国务院决定将“中国国际减灾委员会”更名为“国家减灾委员会”，减灾救灾领导体制进一步健全，成立了由18名院士及著名专家组成的专家委员会；24小时灾情监测机制初步建立，中央各涉灾部门的月度灾情会商机制不断完善。采购价值1.25亿元的救灾帐篷，中央救灾物资储备得到全面加强；环境与灾害监测预报小卫星星座地面系统建设项目得到国务院的批准，正式进入实施阶段；启动“社区减灾平安行”活动，广泛开展社区减灾宣传活动，全民减灾意识明显提高；《上海合作组织政府间救灾互助协定》正式签署，积极参加世界减灾大会，成功举办了第一届部长级亚洲减灾大会，完成了对11个海啸受灾国31名官员的减灾救灾培训，组织了我国对印度洋地震海啸灾害和巴基斯坦地震的政府间和民间的救灾援助，国际减灾合作领域不断扩大。

（五）社会捐助活动成效显著

除成功组织了针对印度洋海啸灾区的民间援助外，国内社会捐助活动蓬勃发展。一是认真组织十月“捐助月”活动和跨省对口支援工作，北京、天津、上海、江苏、浙江、山东、广东、大连、深圳、青岛等10省（直辖市、单列市）对口支援河北、内蒙古、江西、安徽、广西、四川、云南、贵州、陕西、甘肃、宁夏、新疆等12省（自治区）捐款1160万元，各类衣物1864万件。二是响应胡锦涛总书记亲自倡导的中央部门和单位共产党员送温暖、献爱心活动，各地开展了 “冬衣暖人心”为主题的形式多样的捐助活动。截至12月29日17时，中央各部门、各单位共捐款4005万元，棉衣被52万件。

2005年各级民政部门接收捐款21亿元，接收各类衣物5350多万件，为帮助城乡困难群众和受灾群众渡过难关，重建家园发挥了重要作用。

民政部救济救灾司

十一、努力开展农村社会救助工作

2005年，民政部认填做好社会救助体系建设，积极推进单项社会救助工作，深入开展调查研究，狠抓各项制度建设，努力争取资金投入，加强规范管理和监督检查，取得了显著成效。

（一）农村五保供养

2005年，各地根据国务院领导关于“完善农村‘五保户’生活保障制度，确保供养资金”的指示精神，采取有效措施，落实供养经费，加强敬老院建设与管理，与前几年比，农村五保供养人数有所增加，供养水平有所提高，较好地保障了五保供养对象的基本生活。截至目前，全国农村已供养五保对象328.5万人，集中供养63.2万人，年人均供养水平989.7元。采取的主要工作措施有：

1．抓《农村五保供养工作条例》修订，创新农村五保供养制度。针对农村税费改革五保供养工作出现的一些新情况、新问题，民政部联合国务院法制办加快了《农村五保供养工作条例》修订步伐。先后组织了财政部、农业部等6个中央有关部门对10个省（自治区、直辖市）进行7次联合调研，召开了8次由中央有关部门和专家学者参加的研讨（论证）会，征求了3次中央有关部门和各省（自治区、直辖市）法制、民政部门的修订意见，在此基础上，形成了《农村五保供养工作条例（修订稿）》，并已上报国务院常委会议审议，有望在近期公布施行。条例施行后，将推动农村五保供养实现从以集体供养为主到以政府财政供养为主、集体和社会积极参与的重大制度转变，从制度安排上根本解决农村五保供养面临的困难和问题。

2．抓资金落实，切实保障农村五保供养对象生活。进一步督促落实民政部、财政部、发展改革委《关于进一步做好农村五保供养工作的通知》（民发[2004]）精神，引导地方建立以财政投入为主的供养机制。各地根据当地实际分别采取了不同的措施办法，并确保资金足额到位。浙江、北京、福建、辽宁、陕西等已经实施农村最低生活保障制度的省份，将五保供养对象列为农村最低生活保障的重点对象，发放全额最低生活保障金并适当提高救助水平，五保供养经费并入农村最低生活保障金，列入地方各级财政预算，实行专项管理、专款专用；上海、江苏、广东、安徽、湖南、黑龙江、吉林、江西、湖北等省份，或将五保供养经费单列纳入了地方各级财政预算，或在农村税费改革转移支付中明确了五保供养经费的数额。这些做法都有力地保障了供养经费及时足额到位。

3．抓农村敬老院建设，提高五保供养机构管理服务水平。在硬件建设方面，对2004年部本级彩票公益金资助的全国440个敬老院改（扩）建项目，进行了监督检查，引导地方进一步加大了敬老院建设资金投入。如重庆、浙江、山东、江苏等省份2005年投入的敬老院建设资金超过了5000万元。在软件管理方面，针对一些地方农村敬老院内部管理薄弱的问题，下发了《关于加强农村敬老院管理的紧急通知》(民电发[2005]69号),组织开展了全国农村敬老院管理专项工作督查,查找问题,及时纠正和整改,以改善和提高五保供养服务水平。进一步总结宣传了湖北"福星工程"、广西"五保村"建设、吉林"农村福利中心"建设的成功经验和做法。

(二)农村最低生活保障和特困户生活救助

2005年,全国实施农村最低生活保障制度的地区逐步拓展,救助人数大幅增加。在2004年底北京、上海、天津、江苏、浙江、福建、辽宁、广东等8个省份实施农村低保制度的基础上,2005年,河北、海南、陕西、吉林和四川先后下发文件,部署在全省范围内逐步建立农村低保制度,黑龙江、山东、新疆、内蒙古则组织开展农村低保的试点工作。同时,江西、安徽、贵州、河南、重庆、甘肃、青海、宁夏、西藏、山西、湖北、湖南等12个省份进一步完善了农村特困户生活救助制度,为逐步建立规范的农村低保制度奠定了基础。截至2005年底,全国农村低保对象达776.5万人,特困户生活救助对象达1024.3万人。2005年,采取的主要工作措施有:

1.抓调查研究,提出全国农村特困群众生活救助的政策建议。一是联合财政部对山西、河北农村特困群众生活救助工作情况进行了深入调研,了解两省在农村困难群众生活救助方面的经验做法、存在问题和面临困难,提出了建立农村特殊困难群众最低生活保障制度的政策建议。二是组织专家学者,分5个调研组对全国已经和尚未建立农村低保制度的10个省份,进行全面调研,摸清各地工作的实际情况,研究论证建立农村特殊困难群众最低生活保障制度的必要性与可行性。目前,调研工作正在进行,待调研结束后,计划起草关于农村最低生活保障情况的报告,向国务院及有关部门提出有针对性的政策建议。

2.抓工作部署,统一思想认识。为落实党的十六届五中全会提出的"有条件的地区要积极探索建立农村最低生活保障制度"的要求,李学举部长在全国城乡特殊困难群众社会救助工作经验交流会上,对建立农村低保制度提出了明确要求,进一步统一了全国民政系统的思想认识,有力地推动了工作进程。目前,黑龙江、内蒙古、山东等省份都在积极筹备在全省范围内建立农村低保制度。在尚不具备建立农村低保制度条件的地方,也正在完善特殊困难群众的定期定量生活救助制度,切实保障困难群众的基本生活,积极做好向农村低保制度过渡准备。

3.抓经验交流,发挥典型示范、带动作用。组织召开了全国农村特殊困难群众生活救助工作研讨会,由上海、浙江、贵州、陕西、辽宁、重庆、福建等8个农村最低生活保障或特困户生活救助工作成效突出的省份,介绍各自的成功经验和做法,邀请中国社会科学院、北京师范大学的专家学者讲授了国内外农村社会救助工作的基础理论和操作技术。组织编写了全国县、市农村最低生活保障和农村特困生活救助工作的经验交流材料。充分利用最低生活保障司社会救助简报和民政部网站农村救助栏目,及时发布各地工作的新进展、新成效,宣传报道典型经验。通过多种形式的经验交流,典型示范,带动和引导了全国面上工作的开展。

(三)农村医疗救助

2005年,农村医疗救助工作全面推开,全国所有有农业人口的县(市、区)都初步建立了农村医疗救助制度。据初步统计,截至2005年底,全国累计救助贫困农民1112万多人,发放医疗救助金9亿多元。这一制度的实施,在一定程度上缓解了农村贫困人口因病致贫、因病返贫的问题,也有力地推动了新型农村合作医疗试点工作的开展。2005年,采取的主要工作措施有:

1.抓工作推进,初步实现全面建制工作目标。与财政部、卫生部联合下发《关于加快推进农村医疗救助工作的通知》(民发[2005]121号),督促各地加快工作步伐,明确要求"2005年底以前,各省、自治区、直辖市所辖有农业人口的县(市、区)的农村医疗救助工作方案务必全部出台;不能按时完成工作目标的,由省级民政部门会同卫生、财政部门上报有关情况,说明原因"。通知下发后,各地进一步加大工作推进力度,四川等一些省份还将农村医疗救助列为省政府督办事项,全面建制工作目标已初步实现。

2.抓规范管理,提高救助工作水平。一是组织编写了《农村医疗救助知识手册》,对农村医疗救助的理论知识、救助模式、操作程序、监督管理等内容进行了全面介绍。该书的出版发行，有力地指导了各地农村医疗救助工作的开展。河北、内蒙古等大多数省份都组织开展了农村医疗救助的经验交流或业务培训，提高了社会救助系统医疗救助管理水平。二是推广了辽宁大连、云南会泽、浙江桐庐、吉林东风、湖南华荣、山东临邑、陕西洛川等地规范和创新医疗救助管理的成功经验，在民发[2005]121号文件中，提出了“借鉴一些地方采取的预先垫付医药费、医疗服务机构减免医药费、降低或取消农村医疗救助起付线等办法，使特困群众得到更多的实惠”的指导意见，引导各地不断完善救助制度。三是加强了与新型农村合作医疗制度的衔接。重申在开展新型农村合作医疗制度试点工作的地区，要资助符合条件的农村五保户、贫困户家庭成员和其他贫困农民参加当地新型农村合作医疗以享受相应的医药费报销待遇，同时针对农村困难群众家庭收入低、生活困难的实际，要求各地在新型农村合作医疗试点工作中，给予农村医疗救助对象更多的政策优惠，并加强对定点医疗机构的监管。通过采取综合措施，最大程度地缓解农村困难群众就医难的问题。

3. **抓资金筹集，逐步扩大基金总量。**一是积极争取了中央财政的支持。民发[2005]121号文件提出:“中央财政将根据各地农村医疗救助工作情况加大资金投入，以支持中西部农村医疗救助工作的开展”。目前，财政部已明确2006年中央财政将大幅增加投入。二是督促、指导地方在摸清救助底数、合理确定救助标准的基础上，加强与当地财政部门的沟通协调，落实农村医疗救助资金。为确保地方投入足额到位，民发[2005]121号文件提出:“各地医疗救助工作成效将作为民政部、财政部分配中央财政农村医疗救助补助资金的重要因素”。2005年，各地投入大幅增加，江西、浙江、广东、辽宁、江苏、湖南等省份的各级财政对农村医疗救助的投入均在5000万元以上，浙江则超过了1亿元。

民政部低保司

十二、切实帮助贫困妇女脱贫致富

帮助贫困地区妇女儿童解决温饱问题，促进贫困地区妇女儿童事业的发展，是各级妇联组织的一项重要任务。“十五”期间，各级妇联不断深化“双学双比”和“巾帼建功”活动，大力实施“巾帼扶贫行动”、“巾帼科技致富工程”、“巾帼社区服务工程”等，通过智力帮扶、项目推动、组织协作、就业帮扶、区域合作等形式，帮助贫困地区妇女摆脱贫困，增加收入，取得了很好的效果。2005年11月，全国妇联与国务院扶贫办联合召开全国妇女扶贫开发工作推进会议，总结交流各地帮助贫困妇女脱贫致富的主要做法和基本经验，研究新阶段妇女扶贫开发工作面临的新情况，安排部署今后一个时期妇女扶贫开发工作。

（一）妇女扶贫开发工作新实践和新发展

1. **依靠智力扶贫，提高妇女脱贫能力。**知识改变命运，贫困的根源在很大程度上是由于人的技能和素质不能满足经济社会发展的要求。只有开展智力扶贫，通过培训提高贫困妇女文化科技素质，推广实用技术提高扶贫开发的科技含量，才能防止出现“年年扶贫年年贫”的现象，实现长效脱贫。各地妇联坚持把智力帮扶作为帮助妇女脱贫的基础，按照“培训一人，就业一人，脱贫一户”的目标，本着“实用、实际、实效”的原则，通过实施“千万农家女•百项新技术”培训计划，创办12万所农村妇女学校，每年对500万农村妇女特别是中西部贫困地区妇女进行培训，增强她们的反贫困能力；通过创建22万个各级各类集生产、示范、培训、就业、创收于一体的农林科技示范基地，带动贫困妇女脱贫致富；通过运用互联网技术、实施

"巾帼信息桥"项目等信息手段，拓宽贫困妇女的视野，拓展她们的脱贫渠道。五年来，有近亿人次的农村妇女接受了实用技术培训；70万名妇女获农业技术员职称，75万名妇女获绿色证书，她们已经成为农村经济建设和社会发展的一支重要的骨干力量。

2．**依托项目带动，加快妇女脱贫步伐。**利用项目和贫困地区的资源，实现优势互补，变"输血"为"造血"，促使资金、技术等资源流向贫困地区，不仅能够促进贫困地区经济发展，而且能够稳定增加农民收入，是实现妇女脱贫的有效途径。基层普遍反映，农村妇女想致富，苦于没有项目；有了项目，缺乏启动资金；有了资金，实施项目的技能又跟不上，项目、资金、技能三者不能有机结合，成了制约贫困妇女脱贫的瓶颈。根据这一情况，各级妇联组织采取"扶持一个项目，传播一门技术，兴起一项产业，致富妇女群众"的办法，积极争取政府扶持，多方筹措国内外资金，通过建立工作机制、配套管理资金、规范项目运作等，不断创新扶贫模式，走出了一条可持续扶贫的新路子。如多年，陕西省各级妇联争取国内外项目资金近1.77亿元，覆盖全省92%的县市区，受益妇女儿童570余万人。

小额信贷作为一种扶贫资金直接到户的扶贫方式，对消除农村和城市低收入阶层的贫困具有重要的作用。目前，全国已有28个省区市妇联实施规模不等的小额信贷项目，越来越多的贫困妇女成为小额信贷项目的直接参与者和受益者。各级妇联广泛争取国内外资金，注重制度建设，明确操作原则，严格规范申贷、审批、放贷、收贷四个环节，为借贷妇女提供培训、信息、营销等方面的服务，帮助贫困妇女发展生产、增加收入、摆脱贫困。河南省各级妇联自1997年以来，使用国家扶贫贴息贷款9160万元开展小额信贷，帮助5万多户脱贫，在此基础上，创建"巾帼扶贫示范村"110个，实现扶贫覆盖由户到村、整村连片推进的效果。实践证明，小额信贷是帮助贫困妇女脱贫的有效方式。

3．**提高组织化程度，提升妇女脱贫质量。**发展农村专业合作经济组织，大力提升农民的组织化程度，是把高度分散的农户与千变万化大市场结合起来，从更高层次、更大范围进入市场的有效途径。各地妇联以帮助贫困妇女脱贫为目的，依托2万多个农村妇女科技指导中心和农村种、养、加、流通大户组建的5万多个农村妇女专业技术协会以及近万个农村妇女专业合作社，通过专业协会的带动和女能手的示范作用，一方面把乡村妇女干部培养成女能人；另一方面把热心妇女事业，有文化、有技术、有发展潜能的女能人推选进妇联、妇代会班子，形成良性循环的长效机制，探索出一种"妇联+协会"的农村妇女工作新模式。福建省南平市流通协会副会长陈金妹领办稻米专业合作社，与闽北农户签订粮食订单12.5万亩，通过合作社辐射江西等地农民发展粮食生产，并承诺保护价收购，提供产、供、销一条龙服务，现在，她已经被聘为村妇代会副主任。"妇联+协会"将妇联的群众工作优势和专业合作组织的经济优势结合起来，通过扶优带动扶贫，推出了一大批脱贫致富带头人，有效地提升了妇女的脱贫质量。

4．**推进转移就业，加大妇女脱贫力度。**农民增收缓慢的原因之一是农村人口基数大。推动农村富余劳动力在城乡之间双向就业和创业，是增加农民收入和推进城镇化的重要途径，也是推进城乡经济社会协调发展的重大举措。各地妇联按照"城市农村统筹、外输内转结合、创业就业并举、培训服务齐抓"的工作思路，着力提高劳动力转移的组织化程度，加强培训、就业、维权一体化的全程服务，搭建农村妇女劳务输出输入的服务平台。2004年，全国妇联与国务院扶贫办联合召开了全国农村妇女转移就业现场培训会，加大了各地妇女劳动力有序转移的工作力度。2005年，全国妇联与农业部联合下发了《关于加强农村妇女富余劳动力转移培训工作的意见》，要求各级农业部门吸纳妇联为"阳光工程"领导小组成员单位，把对农村妇女富余劳动力转移培训工作列入"阳光工程"培训计划，统筹部署、同享资源、共同评估，力争妇女参加培训的比例达40%以上。目前，湖北、湖南、福建、山东、安徽、吉林等14省的农村妇女培训已纳入省"阳光工程"培训计划。例如，安徽省已有16个妇女劳务输出培训基地被认定为"阳光工程"劳动力转移培训基地，并争取到免费培训近3000人。配合"阳光工程"的实施，全国妇联搭建了"中国妇女劳动力转移就业网"，进一步畅通了服务务工妇女的信息渠道。各地积极打造品牌，创出了山东“大姐”、四川“川妹子”、湖北“木兰花”、黑龙江“嫂子队伍”、浙江“衢州保姆”等家政品牌，北京“京都巧娘”、江苏“绣娘”、陕西“关中缝纫工”、新疆民族刺绣等等深受用户欢迎的品牌。针对农村现有劳动力中“女性化、老龄化”的现象，各级妇联还积极发展庭院经济，增强了贫困妇女就地致富的能力。

5．加强区域合作，拓宽妇女扶贫领域。任何一个地区，在自然环境、人力资源等方面都有自身的优势和劣势，这种优势和劣势的相对性，决定了地区之间的相互依赖性，因此需要开展区域合作，以克服行政划分造成的障碍，形成东中西互补、良性互动的区域协调发展机制，最终实现共同富裕和共同发展。围绕国家实施西部大开发，振兴东北地区等老工业基地，促进中部地区崛起，鼓励东部地区率先发展等区域协调发展总体战略，全国妇联推动各地本着互利共赢的原则，先后开展了省际妇联区域合作、对口帮扶、拉手结对、定点扶贫等活动。在帮扶过程中，各级妇联创新合作模式，如长三角、泛珠三角区域妇女发展合作，津陇妇女互助，闽宁妇联对口支援，上海、济南劳动力对接等。各省内部也着力推进南北对接、城乡对接，女企业家、女能人与贫困妇女拉手结对等。无论是省际之间还是本省内部，都注重贫困地区和用工单位妇女劳动力资源共享，输出地“菜单”培训和输入地跟踪服务的有机结合。

6．动员社会力量，关爱贫困地区妇女儿童。以扶贫济困为主要内容的社会公益事业是中华民族的传统美德，能够促进良好社会风尚与和谐人际关系的形成，也是文明社会健康、协调运行的体现。全国妇联连续多年开展了以扶贫济困为特色的社会公益项目，为改善贫困地区妇女儿童的基本生存环境发挥了积极的作用。“母亲水窖”项目，五年间筹集专项资金1.5亿元，在以中西部为主的23个省区市、342个县、715个乡、1000个村的30万农户，捐建母亲水窖9万多眼，小型集中供水工程1100多处，帮助了110多万妇女群众解决饮水困难；2003年以来，全国妇联向西部为主的贫困地区发出“母亲健康快车”255辆，为贫困妇女开展各种形式的健康服务，近400万人受益；“春蕾计划”实施25年来，共募集资金近7亿元，重点资助了西部贫困地区以及少数民族地区的贫困儿童和遭受雪灾、地震、洪灾和火灾等自然灾害侵害的孩子，累计救助贫困失学女童160万人次，培训妇女和大龄女童41.6万人次。全国妇联积极开展与国外妇女机构和组织的交流活动，拓展渠道，引进项目，争取资金，为农村妇女儿童服务，仅2005年就引进、执行国际项目30个，项目资金达2400多万元。一些地方妇联也积极组建妇女儿童发展基金会，开展“贫困母亲救助行动”等公益活动，这些社会公益项目对改善贫困地区妇女生存条件，促进贫困地区经济发展发挥了很好的作用。

近年来，妇女扶贫开发工作取得了显著成效，广大贫困妇女真正得到了实惠。但是，新时期、新阶段，妇女扶贫工作面临许多新的情况和问题。据有关调查显示，一是贫困程度深、压力大。妇女人口的贫困发生率比男性高0.4个百分点，在农村，妇女承担着生产和家庭双重负担，还有外出务工后带来的留守老人和留守儿童问题，引发精神和心理的双重压力。二是文化程度低、就业层次低、收入低。妇女整体受教育水平和男性相比差距较大，文盲半文盲的比例高于男性，接受过各种职业技术培训的比例不到男劳动力的一半；再就业妇女和务工妇女大多集中在服务业，平均月薪比男劳动力低16.1%。三是健康状况较差。妇女健康人口比男性低1.7个百分点，而且很难获得体检的机会，因病返贫现象值得关注。四是社会参与程度低。妇女担任社会职务比男性低4.6个百分点，妇女参加村民大会和村民小组会议的比重低，对政策、信息和项目的了解程度低。这些情况表明，妇女在占有经济、教育、健康资源和发展机会方面，与男性相比还存在明显差距。新阶段妇女扶贫开发工作任重道远。

（二）围绕国家扶贫开发总体部署，大力推进新阶段妇女扶贫开发工作

扶贫工作是政府主导、全社会参与的一项工作，动员全社会关心、支持、参与扶贫开发，是我国扶贫开发事业的有效形式，也是我国扶贫开发工作的一大特色和优势。妇联组织是党和政府联系妇女群众的桥梁和纽带，是妇女群众的“娘家”。帮助贫困妇女脱贫致富，是各级妇

联干部的历史责任，也是广大贫困妇女的热切期盼。“十一五”期间，全国各级妇联将把帮助农村妇女脱贫致富作为妇联工作的重中之重，围绕国家扶贫开发的总体部署，结合各地实际，按照“生产发展、生活宽裕、乡风文明、村容整洁、管理民主”的要求，在扶持龙头大户、开展劳动力转移培训、加快整村推进等方面，花更大力气、做更多工作，提高妇女扶贫开发工作的水平和效益，促进农村妇女脱贫致富。

1．**进一步加大教育培训力度。**坚持以人为本，结合新农村建设的目标要求，深化“双学双比”活动，以文化教育、实用技术、绿色证书、法律和健康知识等为主要内容，强化农村妇女教育培训工作，培养数以亿计的有文化、懂技术、会经营的新型女农民。一要提高教育培训的针对性和实效性。按照分级分类的原则，一级抓一级，层层抓培训。面向广大女农民，大力开展文化教育和实用技术培训，帮助她们增强适应工业化、城镇化、农业现代化的本领。面向女能人、女经纪人、龙头企业带头人等妇女骨干，大力开展农业新技术、法律政策、经营管理等培训，发挥好她们的示范带动作用。面向农村妇女富余劳动力，大力开展职业技能、家政服务、法律知识等培训，促进她们创业就业。二要拓宽教育培训渠道。发挥“联”字优势，充分用好政策，结合政府实施《全民科学素质行动计划》和“阳光工程”等有关培训计划，切实把对农村妇女的培训纳入到政府的整体规划。不断创新培训形式，发挥农村妇女学校、妇女活动阵地、科技示范基地、龙头企业和专业合作经济组织等的作用，利用远程教育网络，承接培训项目，推广订单培训，把普及性培训与特色化、个性化培训结合起来，逐步形成培训科学化、队伍网络化、管理制度化的农村妇女教育培训工作格局。三要健全教育培训机制。推动建立政府主导、妇联发动、面向市场、多元办学的社会化农村妇女教育培训机制，使农村妇女培训与城市教育资源对接。要加强对农村妇女教育培训的全程服务，培训前要准确把握培训需求，培训中要保证受训质量，培训后要强化跟踪服务，提高培训效果，把巨大的妇女人力资源转化为新农村建设的强大人才优势。

2．**引导妇女挖掘农业内部增收潜力。**组织农村妇女积极参与农业产业结构调整优化，提高发展粮食生产的积极性，在促进农业稳产高产中增加收入。要着眼农村市场的拓展、农业信息化的发展和农村产业的升级，在农村妇女中加快推广农业先进技术，加强为农村妇女发展服务的信息网络化建设，促进妇女在开展科技含量高、品质精良、种类繁多的农副产品生产和加工中增加收入。要帮助农村妇女从事生态农业、畜牧业、循环农业和庭院经济，在发展特色农业中增加收入。

3．**积极开展“科技牵手、项目牵手和资金扶持”活动。**开展“科技牵手”，就是要深化“巾帼科技致富工程”，组织广大科技工作者、巾帼志愿者与女能人牵手，发挥女能人的示范带动作用，帮助妇女依靠科技发展生产、脱贫致富。开展“项目牵手”，就是要强化双边和多边交流，争取国际国内项目，发展牵动力强、辐射面广、投资少见效快的增收致富项目，做到发展一批项目、辐射一片妇女、致富一方群众。加强“资金扶持”，就是要积极为贫困妇女争取更为优惠和便捷的金融政策，协调农村信用社等部门，筹集更多的小额贷款资金，探索推广“妇联考察项目、联社发放贷款、政府提供担保、财政监督执行”等小额信贷模式，支持妇女的发展。

4．**有效地提高妇女的组织化程度。**重点培育和扶持一批规模大、起点高、竞争力强的“妇”字号龙头企业、巾帼科技示范基地，大力发展妇女专业合作经济组织，鼓励和支持创建“龙头企业+基地+农户”等农村合作经济形式，通过妇联抓协会、能人办协会、协会带农户，在传播技术、沟通信息、联结农户、开拓市场、组织营销等方面形成规模效应。

5．**加快促进农村妇女富余劳动力的转移就业。**坚持就地转移与外出务工相结合，及时了解农村妇女转移就业的需求，完善妇女劳动力转移就业的培训、信息、安置、维权等城乡一体化的工作机制。要加强中国妇女劳动力转移就业网的建设，发展妇女劳动力输出和接收基地，建立省、市、县、乡四级联动的妇女劳动力转移就业服务系统。要做大、做优城镇社区“妇”字号家政服务品牌，打造和发展农村妇女富余劳动力转移就业品牌，为农村妇女转移就业提供优质服务。要广开渠道，多方转移，引导进城务工妇女把手中的资本和智力优势与家乡的资源优势相结合，踊跃地返乡创业，带领更多的农村妇女就地就近转移，创业就业致富。

新阶段的妇女扶贫工作时间紧迫，任务繁重，责任重大。全国各级妇联将进一步增强做好妇女扶贫开发工作的紧迫感和自觉性，把目标明确到帮助贫困妇女增加收入、全面发展上来，把行动落实到为贫困妇女脱贫致富提供服务上来，振奋精神、扎实工作、锐意进取、开拓创新，为实现"十一五"规划，为全面建设小康社会、构建社会主义和谐社会作出新的、更大的贡献！

全国妇联妇女发展部

十三、残疾人扶贫开发工作回顾

"十五"期间，残疾人扶贫开发工作在各级党委、政府的领导下，通过有关部门、社会各界以及贫困残疾人的共同努力，围绕贯彻实施《农村残疾人扶贫开发计划（2001~2010年）》和完成《"十五"残疾人扶贫计划纲要》，以尽快解决贫困残疾人的温饱问题，继续巩固已有的扶贫成果，提高贫困残疾人的生活质量，缩小贫富差距，为实现共同富裕创造条件为目标，加大残疾人扶贫工作政策和资金投入力度，拓展工作新思路、新领域，使"十五"残疾人扶贫开发工作取得显著成效。

（一）残疾人扶贫工作基本情况

"十五"期间，我国通过各种方式及措施共计扶持1171万农村贫困残疾人，贫困残疾人生活水平和生存环境整体上得到有效改善。五年间，中央安排40亿元康复扶贫贷款专门用于残疾人扶贫，直接扶持贫困残疾人124.5万人。各地政府积极筹措资金投入残疾人扶贫开发，五年间，全国用于扶持贫困残疾人的其他扶贫资金累计7.2167亿元，优惠政策减免及帮扶物资折款等3.15亿元，从2001年至今，各省已争取财政扶贫资金达50282万元。五年间，使821万贫困残疾人接受了农业实用生产技术培训，掌握了一技之长，他们中的大多数通过辛勤劳动在较短时间内解决了温饱。通过国家彩票公益金7500万元的资助，使全国51803户贫困残疾人实施了危房改造，受益残疾人63957人，带动地方投入危房改造资金共计5.7883亿元，使部分贫困残疾人的住房条件从根本上得到改善。农村残疾人服务体系逐步完善，全国农村县级建立了残疾人服务社1887个，乡镇建立残疾人服务分社18979个，残疾人服务社（分社）的工作人员达到28601人，为贫困残疾人提供各项服务，成为残疾人扶贫工作重要的组织保证。

（二）残疾人扶贫工作纳入各级政府扶贫规划

1.坚持政府主导，将残疾人扶贫纳入经济社会发展大局，统筹安排，同步推进。国家制定并实施了《农村残疾人扶贫开发计划（2001~2010年）》，先后推广甘肃省纳入政府扶贫的经验，四川、辽宁省争取财政资金投入的经验，浙江省城乡统筹，同步发展，推进助残扶贫的经验以及山东省残疾人扶贫基地建设经验、广西、吉林农村贫困残疾人危房改造项目经验等，起到了典型引路的作用。

2.政策扶持力度加大。各省将残疾人扶贫开发工作纳入各级政府扶贫工作范围，实行目标责任制管理。各地继续加大对贫困残疾人的政策扶持力度，结合农村税费改革、建立农村社会保障体系、合作医疗救助体系等一系列改革举措，及时将贫困残疾人纳入工作领域，出台一系列扶助贫困残疾人的措施，全面改善残疾人生产、生活状况。

3.逐步形成了"多元化"的扶贫资金投入机制。在争取财政扶贫资金、以工代赈资金、信贷资金的同时，加大了以项目带动全社会各方投入资金的支持力度，发动社会开展捐助、捐赠活动，有效拓展残疾人扶贫资金的来源渠道。如四川省争取省级大扶贫资金600万元用于残疾人危房改造；浙江省省财政安排扶贫贴息资金从300万元提高到600万元，政府还设立专项资金，落实扶助政策，实现扶贫救助社会化；天津市残联争取市农行1000万元和农村合作银行扶贫信贷资金2000万元用于扶贫项目和扶贫基地建设，由市财政贴息。各省对各类扶贫资金加大了使用和监督检查力度，强化财务管理知识培训，确保有限的资金用在残疾人扶贫上。截止到2005年底，社会捐助等其他扶贫资金62312万元。

4. 加强对国家扶贫开发工作重点县残疾人扶贫工作的领导。围绕扶贫开发的新举措，调动残联的积极性，及时调整工作思路，转变工作方式，关注这些地区贫困残疾人的生产、生活状况，督促县级残联积极与政府有关部门沟通，及时将贫困残疾人切实纳入到整体扶贫开发扶持范围，确保中央和地方的各项优惠政策、扶贫资金能统筹优先落实到残疾人身上。

5. 抓住国家总体扶贫开发整村推进、扶贫到户贷款贴息方式改革的有利时机，及时与国务院扶贫办沟通协调，并对河北、重庆市的试点县进行专题调研，组织11个省残联开展″整村推进″扶贫方式和″扶贫到户贷款贴息方式改革″试点工作调研，召开专题研讨会，探讨残疾人扶贫工作的切入点。2005年，还转发了辽宁省残联《关于在2005年扶贫开发“整村推进”中做好残疾人扶贫工作的通知》，供各省学习借鉴，研究制定切实可行的政策和措施。

（三）强化中央康复扶贫贴息贷款的管理力度

“十五”期间，引导地方积极寻找适合当地产业化发展的“种加养”项目和带动力强、扶持贫困残疾人面大的项目，支持具有一定生命力、可持续发展的农产品加工企业、市场流通企业扶持带动残疾人，围绕项目规范化、数据化管理，落实贷款到项目、落实帮扶任务到户到人，初步形成了项目自下而上申报、贷款按项目落实、残疾人安置、扶持并举的运行模式，有效促进了康复扶贫贷款的放贷工作和扶贫成效。加大与农业银行的沟通协调力度和对康复扶贫贷款的落实力度，配合农行对项目进行论证、筛选，重点解决落实难的问题，例如重庆市、安徽省、甘肃省、浙江省残联和农行相互理解，相互尊重，相互信任，达成共识，互守信约，使康复扶贫贷款得到很好落实。

（四）各级残联扶贫服务职能进一步完善

1. 农村残疾人扶贫服务职能进一步完善，各地残联与农村社会化服务体系和各级各类行业协会密切配合，为贫困残疾人参加生产劳动提供及时有效服务；各地加大对各级扶贫干部的培训，中国残联组织了全国范围省级扶贫干部管理知识培训班，强化扶贫干部的服务意识，提高服务手段。

2. 各省将农村贫困残疾人培训纳入区域化管理，依托社会各类培训机构，组织有不同技术需求的残疾人，开展以农村实用技术为主的多层次、多形式的各类培训，提高贫困残疾人参加生产劳动的能力和经营管理技能。有的与劳动力转移培训相结合，与当地产业特点相结合，有的依托高校、中专、技校、技术推广站等科研技术人才开展培训，使不同层次的残疾人获得“种养加”等实用技术和经营本领。

3. 各省因地制宜，把残疾人扶贫项目纳入产业结构调整、生态环境改造和发展科技教育等工作中，创造性的运用“公司加农户”、“基地加农户”模式，建立集安置就业、辐射带动、示范培训、提供信息、连接为一体的扶贫基地，加大对残疾人扶贫基地的投入和管理，促使残疾人尽快脱贫。如北京、山东、广东、福建、广西等省建立各级残疾人扶贫培训基地，探索残疾人扶贫的有效方式，浙江省的扶贫基地经过几年的发展和各项政策措施的扶持，已经形成一批较有规模的基地扶贫模式，他们还积极探索以规模基地为依托，以农业公司为龙头，贫困残疾人持有一定的股份入股企业，参与企业生产经营并取得一定股权的扶贫形式。山东省下大力气抓基地建设，制定了《关于加强农村残疾人从业扶贫开发基地建设的意见》，依托对贫困残疾人脱贫有带动扶持作用的农业产业化企业建立基地，以安排残疾人就业和带动残疾人脱贫为目的，将扶贫基地建设纳入本地政府扶贫工作大局，强化扶贫基地的资质和功能，实行年度申报、考评认定挂牌监督管理。中国残联引导地方残疾人扶贫基地健康持续发展，组织各省参观学习浙江省扶贫基地管理运行模式，交流经验，开拓思路，因地制宜，相互借鉴，探索建立扶贫基地的运行机制和管理模式。

4．继续推行政府目标责任制和社会各界与贫困残疾人结对子、“帮包带扶”等多种方式开展扶贫工作。各地开展“万人结对，扶贫帮困”和“万户种养，共奔小康”活动，通过发动社会，给一点资金、给一件实物、授一技之长、给一个项目、给一次就业等等，扶持贫困残疾人创业。各地进一步加大了“帮包带扶”工作力度，广泛动员社会力量，挖掘社会资源，引领脱贫致富的带头人帮助贫困残疾人共同致富。截止到2005年底，全国结对帮扶单位1804132个，结对个人7210794个，帮扶资金达到129132万元。

（五）实施农村贫困残疾人危房改造项目

“十五”后两年，中国残联将改善农村贫困残疾人住房条件纳入新时期扶贫工作的一项重要内容，给予重点解决。在国家彩票公益金的资助下，启动实施了农村贫困残疾人危房改造项目，使部分贫困残疾人的住房困难从根本上得到解决，进一步增强了贫困残疾人脱贫致富的信心。

各级政府将农村贫困残疾人危改项目作为各级政府的一项重要工作来抓，纳入同级政府为民办实事工程，统筹规划，动员各方力量，精心部署，抓出实效。各省残联积极协调，政府部门相互配合，鼎力支持危改，自主增加危改任务，河北、山西、吉林、四川、云南、陕西、重庆、广西等省以及中央不安排危改资金的浙江、广东、天津等省、市在完成中央下达任务的基础上，积极筹集危改资金，大幅度增加本省危改任务。

在政府主导下，各省积极贯彻以财政资金为主体、社会捐助为辅助、残疾人亲属为补充、残疾人家庭根据实际可能合理负担的原则，多渠道筹集危改资金。各级政府通过制定优惠办法，对危改工作给予税费减免，有力的降低了建房成本；通过广泛宣传，动员机关、团体、企事业单位、村组和个人，采取包户、捐款、捐物、出义务工等形式，多渠道筹措危改资金和物质，弥补了危房改造资金的不足。

引导各省坚持危房改造与扶贫开发工作紧密结合，把危房改造与解决贫困残疾人的生产生活问题统筹考虑，有的省危改房屋建在方便残疾人出行的位置，有的省将危改与打井修建供水系统解决吃水困难相结合；有的与移民搬迁和灾后重建将结合；有的不但住上了新房，还解决了亲属照顾、供养和婚姻问题，危房改造项目使残疾人精神面貌发生了很大变化，成为带动残疾人自强自立、摆脱贫困的动力。

以危房改造项目数据库为依据，规范管理，提高了项目运作的公信力，初步显示出项目数据库规范、科学管理的优势。按照项目库管理工作的要求，各项目省坚持规定的工作标准和原则，加强对各省及项目县危房改造工作的组织管理、经费管理、质量管理等方面的检查和重点抽查，做到开工之前抓公示，建设之中抓质量，完工之后抓验收，对每一户进入项目库的危房改造户资料认真审核、把关，项目管理更加规范化、制度化，实现了各省任务绩效量化、实施绩效考核的目的。为了便于政府部门、社会各界和群众监督，体现了公开、公正、公平的原则，增加危改工作的透明度，中国残联建立贫困残疾人危房改造项目数据库，将实施危房改造的贫困残疾人信息，包括危房改造前后的房屋改造照片、工程费用等一并输入计算机，还可以通过互联网对项目实施的信息进行监督、检查。同时，数据库的有效运行也大大提高了基层残联组织项目管理的规范意识和项目实施的执行能力。

加大对危房改造项目的考核验收工作。中国残联委托绩效考评机构，采取现场和非现场考评相结合的方式，对2004年危改项目的25个省的绩效考评报告进行了评审，对抽取的吉林、新疆、广西等 6 个省进行了现场考评，以项目省年度绩效报告中的相关内容、中国残联数据库中的有关资料和现场考评的情况作为考评依据，汇总形成对全国危房改造项目整体考评意见，项目绩效级别等级优秀。

各级残联充分利用了广播、电视、报刊等新闻媒体，宣传危改工作的意义和成效，做好舆论导向，动员社会，弘扬中华民族扶贫济困的传统美德，形成全社会扶残助残的良好氛围，鼓励各界人士献爱心，引导各种社会资源服务于危改工作。

优化服务，增强了基层残联的感召力和残疾人的向心力。各级残联把残疾人的危房改造工作作为残疾人扶贫开发的有效方式，在危改工作的实践中，基层残联巩固工作中成功经验，改进工作中存在的问题，多方协调政府及有关部门，落实各级配套资金和其他各项准备工作，充分发挥了代表、服务职能，通过危改项目，把党和政府的温暖化成了实实在在的利益，使残疾人倍加相信残联，赢得了残疾人的信赖和拥护，赢得了群众赞誉和支持。

全国残疾人联合会

第六部分："十一五"期间扶贫规划

6

一、"十一五"扶贫工作的总体要求和主要措施

"十一五"扶贫工作的总体要求是：以邓小平理论和"三个代表"重要思想为指导，认真贯彻十六届五中全会精神，全面落实科学发展观，紧紧瞄准贫困人口，以整村推进扶贫开发、劳动力转移培训和产业化扶贫为工作重点，不断加大扶贫工作力度和投入力度，大力推进贫困地区新农村建设，努力改善贫困地区的生产生活条件，提高贫困人口的素质，培育增收的产业，为全面建设小康社会、构建社会主义和谐社会奠定基础。

"十一五"扶贫工作的目标是：基本解决农村贫困人口的温饱问题，并逐步增加他们的收入；按照建设社会主义新农村的要求，基本完成14.81万个贫困村的整村推进扶贫规划，即实现人均南方有0.5亩以上、北方1~2亩的基本农田；每户有1个以上劳动力接受劳务输出技能或农业实用技术培训，并有一项稳定的增收项目；基本实现行政村通广播电视，自然村通电，具备条件的建制村通公路；继续解决人畜饮水困难，努力提高饮水安全水平；基本实现行政村有卫生室；全面普及九年义务教育。

为了实现上述目标，"十一五"扶贫工作要坚持以下基本原则：必须坚持开发式扶贫的基本方针。必须明确扶贫工作首先要帮助没有解决温饱人口，同时又要涵盖没有稳定解决温饱的低收入贫困人口。必须坚持紧紧瞄准贫困群体，以减少贫困人口为主要任务。必须坚持自然资源开发和人力资源开发并重，高度重视贫困人口素质的提高和生态环境的保护。必须坚持贫困地区经济社会的全面发展。必须坚持政府主导、社会参与和群众自力更生相结合。必须尊重贫困群体的参与权和受益权，重视对妇女、残疾人和少数民族中贫困群体的扶助。

"十一五"期间，扶贫工作将采取以下主要措施。

（一）紧紧瞄准贫困群体，采取更有针对性的帮扶措施。一是要逐户摸底，建档立卡。做到村有卡、乡有册、县有簿。二是要因户制宜，逐户明确帮扶措施。对丧失劳动能力的贫困人口，给予必要的救济、救助。对大部分具有劳动能力的贫困人口，通过多种形式的开发扶贫措施，提高自我发展能力。财政扶贫资金支持的项目，重点向贫困户倾斜，不能搞平均主义。三是要落实工作责任。采取领导联系、干部挂钩、党员帮扶、户与户结对等多种形式，把帮助贫困农户脱贫的责任落实到人。

（二）因地制宜实施整村推进扶贫开发。《中国农村扶贫开发纲要（2001~2010年）》实施之初，全国确定了14.81万个贫困村作为扶贫工作的重点，占全国行政村总数的21%，覆盖了80%的贫困人口。到2005年底，全国已有4.51万个贫困村初步完成建设任务。贫困地区是新农村建

设的最大难点，消除贫困是新农村建设的最繁重任务，整村推进的扶贫开发方式同样是贫困地区新农村建设的好形式、好抓手、好平台。

按照十六届五中全会关于新农村建设五个方面的要求，村级扶贫规划要重点加强六个方面的建设，即改善生产生活条件的基础设施建设，提高人口素质的社会事业建设，增加农民收入的产业建设，改变村容村貌的文明新风建设，规范有序的民主政治建设和以村党支部建设为核心的村级组织建设。已经完成和正在实施规划的贫困村，要按照新农村建设的标准，抓巩固提高。还没有启动的贫困村，要进一步完善整村推进规划内容。在实施整村推进的过程中，要把握好七个方面：一是要集中力量，突出重点。中央财政扶贫资金集中用于重点县内贫困村规划的实施。二是坚持群众受益、群众参与。最困难的村要先安排规划的实施。先解决群众最迫切需要解决的问题。三是实事求是，因地制宜，量力而行，防止搞形式主义。四是充分调动各部门的积极性，根据“统一规划，集中使用，渠道不乱，用途不变，各负其责，各记其功”的原则，整合不同渠道的资源。五是既要国家扶持，更要发动农民自力更生。六是要配备好村级班子，特别是要选一个公道正派、为民办事的支部书记。七是对缺乏生存条件地区的贫困人口，按照“群众自愿，统一规划，因地制宜，多种形式，量力而行，逐步推进”的原则，积极稳妥地实行易地扶贫。如果再经过5年的努力，占全国行政村总数21%的贫困村基本脱贫了，就解决了新农村建设中最困难的问题，全国新农村建设就迈出了非常重要的一步。

（三）加大培训力度，努力提高劳动者素质。目前全国贫困地区农村有剩余劳动力约2037万人，已经转移出去715万人，还有1300万左右需要培训转移。另外，从事农业生产的劳动力也需要通过培训提高务农的水平。2004年，贫困户和低收入户中接受过各类培训的劳动力分别只占总数的13.5%和10.5%。我们要求将财政扶贫资金的10%用于劳动力培训，同时，努力形成企业支持、个人负担、社会捐助和利用信贷资金的多元投入机制。进一步与有关部门及群众团体加强合作，根据劳动力市场的需要，不断提高培训质量，并为接受培训的贫困劳动力提供就业服务和维权服务。

（四）大力支持扶贫龙头企业，带动贫困人口增收。我们已与中国农业银行共同认定了260家国家扶贫龙头企业，其中种养业及农副产品加工业企业占到90%以上，覆盖了300万贫困农户，带动了1200万贫困人口增加收入。我们计划“十一五”期间每个重点县培育1~2家带动力强的扶贫骨干龙头企业。贫困地区要制定产业化扶贫规划，为龙头企业提供良好、宽松的发展环境。龙头企业要与农户建立互惠互利的利益机制，为贫困农户提供技术、信息、农产品收购等方面的服务。

（五）加强扶贫资金管理，提高使用效益。一是进一步修订、完善《国家扶贫资金管理办法》，健全、规范资金管理制度。二是按照扶贫工作责任、任务、资金和权力“四个到省”原则，各省区市扶贫开发领导小组要加强协调职能，集中力量，整合资金，确保重点。三是继续大力推行公告、公示制度，进一步完善报账制。推广黑龙江、四川、甘肃等省的做法，将扶贫资金和项目的安排通过媒体向社会公布，加强社会和舆论监督。四是各级审计部门要加强对扶贫资金使用情况的审计，坚决杜绝挤占和挪用扶贫资金的现象。五是开展绩效考评、建立激励机制，改革和完善扶贫资金分配方式。六是深化改革，充分发挥信贷资金在扶贫开发中的作用。继续进行扶贫贷款贴息方式改革的试点，探索建立扶贫贷款担保机制的试点。

（六）进一步动员社会各界参与扶贫开发。要进一步营造扶贫济困的社会氛围。一是加大东部地区对中西部贫困地区对口帮扶的力度。二是继续坚持并不断完善机关定点扶贫。同时，探索部队、国家重点高等学校、科研院所参与扶贫开发的有效方式。加大对贫困地区人才支持力度。三是鼓励和支持中介组织、民间组织参与扶贫项目的实施和扶贫资金的管理。四是探索建立公共信息平台，向社会提供贫困地区特别是贫困村的需求信息，促进双方直接建立帮扶关系。五是制定和完善有关政策，动员社会力量参与扶贫开发。

（七）切实加强对扶贫开发的领导。扶助贫困群体是人民政府的重要责任和重要职能。一是把扶贫开发纳入国民经济和社会发展的总体规划中。中央各有关部门在制定"十一五"规划时，要向贫困地区倾斜。在制定有关重要政策时，要对该项政策对贫困地区、贫困人口可能产生的影响进行评估。贫困地区的各级党委和政府要以扶贫开发、建设社会主义新农村统揽全局，将扶贫开发纳入各级政府的"十一五"规划中。二是继续落实扶贫工作责任制。进一步明确扶贫工作"责任到省、任务到省、资金到省、权力到省"的责任制，并细化落到实处，贫困地区要把扶贫开发工作的效果作为干部考核的重要内容。三是进一步完善、充实和加强各级扶贫工作机构，使之与扶贫工作的长期性、艰巨性和重要性相适应。四是加强对扶贫开发的宣传。让国内外进一步了解我国扶贫开发的巨大成就、基本方针和政策措施，动员社会各界积极参与扶贫开发。

专栏 2　"降消项目"继续实施

由卫生部、财政部和国务院妇女儿童工作委员会共同组织实施的降低孕产妇死亡率和消除新生儿破伤风项目（简称"降消项目"），旨在解决危害妇女儿童健康的突出问题，配合西部大开发、促进项目地区经济与社会全面、协调和可持续发展。该项目已经实施五年，2000~2001 年为第一周期，在西部 12 个省、自治区、直辖市的 378 个贫困县开展，2002~2003 年为总结经验、巩固成果阶段，在原有 12 省基础上又扩展了 4 个省、自治区和新疆生产建设兵团，项目县达 440 个，受益人口总计 1.5 亿。该项目的实施有效地提高了贫困地区孕产妇住院分娩率，降低了孕产妇死亡率。2004 年 440 个项目孕产妇死亡率在 2001 年的下降的基础上平均又下降了 3.9%；新生儿破伤风发病率，除新疆生产建设兵团为 1.9‰外，其他 16 个省、自治区、直辖市均在 1‰以下；住院分娩率 2001 年的基础上提高 13.2%。住院分娩率超过 70% 的有内蒙、吉林、江西、湖南、广西、陕西和新疆生产建设兵团。其中青海较 2001 年提高了 58.1%、新疆提高了 33.0%、湖北提高了 28.6%、广西提高了 25.1%、宁夏提高了 20.9%。"降消项目"不仅加快了西部地区妇幼卫生条件的改善，而且，探索了改善贫困地区卫生保健状况的经验。在国务院领导的重视和关怀下，2005 年"降消项目"扩展至包括黑龙江、山西、河北、河南、海南、安徽省等 22 个省、自治区、直辖市和新疆生产建设兵团，共 1000 个县，覆盖人口 3 亿多。2005 年着重抓了以下几个方面的工作：1. 与财政部联合下拨项目经费，要求各地尽快制订本省的经费使用计划。2. 下发"项目实施"方案，并要求各地制定实施计划。3. 加强县、乡产科服务能力建设，保证孕产妇住院分娩和生命安全。4. 有重点地进行县、乡业务人员理论培训。5. 继续实行贫困孕产妇住院分娩救助政策，保证贫困孕产妇能住院分娩。6. 加强产科规范化管理，对提供产科服务的机构和人员严格审批，持证上岗。7. 深入开展健康教育，普及孕产期保健、安全分娩等知识，破除危害妇女健康的生育观念和陈规陋习。8. 加强"降消项目"的监督指导，及时发现和解决问题，并做好"降消项目"信息的收集、统计和分析。

二、"十一五"规划中农村社保的主要指标

（一）农村最低生活保障。"十一五"期间将全面建立农村低保制度，农村低保对象将达到 3000 万人，月人均救助金额达到 40 元，每年需各级财政投入 144 亿。若中央财政负担 1/2，年需投入 72 亿元。

（二）农村五保供养。"十一五"期间，全国纳入五保供养的人数在 600 万人左右。2004 年农村人均生活消费支出 2185 元。如按此标准和目前掌握的 570 万人计算，年需五保资金 125 亿元，

随着农民人均消费水平的提高，五保资金还会适当增多。如中央负担1/2，年需63亿元左右。

（三）农村医疗救助。首先要保证农村五保户、特困户参加合作医疗。到2010年，新型农村合作医疗制度将在全国普遍建立，届时，需要政府资助参加新型合作医疗的近600万农村五保对象和3000万特困人口，年需资金3.6亿元（按每人10元计算）。据卫生部资料，农村五保对象和绝对贫困人口中因病致贫、因病返贫的占32.2%，约有1160万人需要大病医疗救助。2004年农民住院人均费用2236元，新型合作医疗可补偿医药费的25.31%，政府医疗救助每人每年至少需1000元。按此计算，全国年需医疗救助资金116亿元，加上资助参加新型合作医疗的资金，共需120亿左右。如中央承担1/2，每年为60亿元。

专栏3　　我国地方病防治状况

地方病是指在一定地区内发生的生物地球化学性疾病、自然疫源性疾病和与不利于人们健康的生产生活方式密切相关疾病的总称。我国是地方病流行较为严重的国家，全国31个省、自治区、直辖市都不同程度地存在地方病的流行，主要有碘缺乏病、地方性氟中毒、地方性砷中毒、大骨节病、克山病等。其中，重病区大多集中在西部偏远、贫困地区。地方病的流行不仅严重危害病区广大群众的身体健康，而且严重制约病区经济发展和社会进步。据统计，全国592个国家扶贫工作重点县中，有576个是地方病流行的重病区。

经过几十年的艰苦努力，我国地方病防治工作取得了显著成绩。截至2003年底，全国累计对48.41%的饮水型地方性氟中毒病区人口和81.29%的饮水型地方性砷中毒病区人口进行了改水，23.21%的生活燃煤污染型地方性氟中毒病区人口和24.56%的生活燃煤污染型地方性砷中毒病区人口进行了改炉改灶；通过实施以食盐加碘为主的综合防治措施，有24个省、自治区、直辖市实现或基本实现消除碘缺乏病目标。

截至2003年底，全国有氟斑牙患者3877万人、氟骨症患者284万人、地方性砷中毒患者9686人、大骨节病患者81万人（其中12岁以下患者5.59万人）、潜在型克山病患者2.99万人、慢型克山病患者1.09万人；有4194万饮水型地方性氟中毒病区人口和115万饮水型地方性砷中毒病区人口需要改水，有2597万生活燃煤污染型地方性氟中毒病区人口和2.55万生活燃煤污染型地方性砷中毒病区人口需要改炉改灶；有7个省、自治区、直辖市尚未实现消除碘缺乏病的目标。

三、“十五”规划中扶持人口较少民族发展规划

在我国55个少数民族中，有22个少数民族的人口在10万人以下，总人口63万人(2000年第五次全国人口普查数)，统称人口较少民族。新中国成立以来，这些民族政治上得到翻身，经济社会持续发展，人民生活得到明显改善。但是，由于历史、自然条件等方面的原因，这些民族的经济和社会发展总体水平还比较落后，贫困问题仍较突出。根据党中央、国务院的要求，制定扶持人口较少民族发展规划，采取特殊政策措施，集中力量帮助这些民族加快发展步伐，走上共同富裕道路，对于贯彻落实科学发展观，进一步增强民族团结，维护边疆稳定，实现全面建设小康社会的奋斗目标，构建社会主义和谐社会，具有十分重要的意义。

本规划的范围包括内蒙古、黑龙江、福建、广西、贵州、云南、西藏、甘肃、青海、新疆等10省(区)中的86个县、238个乡镇、640个行政村的人口较少民族聚居区。这22个人口较少民族分别是：毛南族、撒拉族、布朗族、塔吉克族、阿昌族、普米族、鄂温克族、怒族、京族、基诺族、德昂族、保安族、俄罗斯族、裕固族、乌孜别克族、门巴族、鄂伦春族、独龙族、塔塔

尔族、赫哲族、高山族、珞巴族。

本规划的期限为2005~2010年。

（一）发展现状和主要问题

1. 发展现状。

22个人口较少民族聚居的640个村，总人口95.6万人，其中人口较少民族38.4万人，占总人口比重40.2%，占人口较少民族总人口的61%。耕地面积196.1万亩，其中有效灌溉面积56万亩、梯田面积19.7万亩、25度以上需退耕还林还草坡耕地面积33.5万亩。由于历史、自然等因素，经济发展滞后，514个村没有村级集体经济实体，产业结构单一。2003年底，农民人均纯收入884元，农民人均有粮308公斤。

2. 主要问题。

由于人口较少民族主要聚居在西部偏远山区、边境一线，社会发育程度低，生产力水平低，经济和社会发展面临诸多困难。

1）生产生活条件差。人口较少民族聚居村中，不通公路的村145个，不通电的村90个，不通电话的村279个，不通邮的村274个，不能接收电视节目的村215个，没有有线广播的村498个，没有安全饮用水的村368个，46346户群众居住在漏雨透风不安全的茅草房或危房中，有11645户48472人居住在缺乏基本生存条件的恶劣环境中。

2）贫困问题突出。人口较少民族聚居村中有345个贫困村，占53.9%；绝对贫困人口19万人，占总人口比重19.8%；低收入人口20.4万人，占总人口比重21.3%。缺粮需要救济的户数27821户，占总户数比重14.0%。

3）社会事业发展滞后。教育落后，适龄儿童入学率普遍较低，平均文盲率为42.3%，有9个民族文盲率超过50%；医疗卫生条件差，355个村没有卫生室，地方病、传染病仍较严重；农村文化、体育基础设施薄弱，农民群众精神文化生活贫乏。

（二）指导思想、发展目标和主要任务

1. 指导思想。

以邓小平理论和“三个代表”重要思想为指导，坚持科学发展观，围绕全面建设小康社会的宏伟目标，牢牢把握共同团结奋斗、共同繁荣发展的主题，充分利用国家实施西部大开发和新阶段扶贫开发的机遇，结合有关地区经济社会发展总体规划和有关专项规划，以人口较少民族群众为基本对象，以改善人口较少民族聚居村基本生产生活条件和增加农牧民收入为重点，通过国家和地方的共同努力，采取特殊的政策措施，加大工作力度和资金投入，因地制宜，分类指导，充分调动干部群众的积极性，发扬自力更生、艰苦奋斗精神，积极推进经济和社会事业的发展，为全面建设小康社会打好基础。

2. 发展目标。

通过5年左右的努力，使人口较少民族聚居的行政村基础设施得到明显改善，群众生产生活存在的突出问题得到有效解决，基本解决现有贫困人口的温饱问题，经济社会发展基本达到当地中等或以上水平。再经过一段时间的努力，使人口较少民族达到全面建设小康社会的要求。

3. 主要任务。

——**加强基础设施建设，改善生产生活条件。**重点建设包括：

1）人畜饮水项目。以饮用水缺乏和饮用水安全存在问题的村为对象，科学规划，采取措施，使农牧户能用上安全卫生的饮用水。

2）交通项目。以不通公路的村为对象，修建乡村公路，解决村民行路难的问题。

3）通电项目。以不通电的村为对象，结合农村电网改造，辅之以小水电、沼气、风能、太阳能等，解决生产生活用电问题。

4）广播电视、电话项目。以建设卫星地面接收站为主、多种技术手段并用，实现村村通

广播电视。因地制宜，采用有线、无线或卫星通信技术手段，解决通电话难问题。

5）安居项目。采取政府补助、社会资助和个人自筹的办法，将现有的茅草房（危旧房）基本改造成砖混结构或砖木结构的住房。

6）基本农田（草场）建设项目。使农牧户有能稳定解决温饱的基本农田地或草场，解决农牧民基本口粮需要，保障农牧民稳定增收。

7）对缺乏生存条件的农牧户进行生态移民，易地搬迁，重建家园；对缺乏生存条件，但为守边固土而不能实施移民搬迁的边民，探索建立最低生活保障制度。

——**调整经济结构，发展特色产业，促进群众增收。**以市场为导向，立足发挥当地资源优势，引导农牧民发展增收项目。主要包括：

1）种养业项目。因地制宜发展种养业，依靠科技进步，着力优化品种、提高质量、增加效益。通过示范引导，按照农牧户自愿的原则，选准产品和项目，搞好信息、技术、销售服务，促进增产增收。

2）特色农产品项目。以发展特色农副产品为重点，推进农业产业化经营。积极发展无公害农产品、绿色食品和有机食品。重点扶持一批立足当地优势、市场开拓能力强、科技含量高的龙头企业，带动农户发展商品生产，促进农副产品销售和转化增值。

3）第三产业项目。建设和完善农村集贸市场和批发市场，发展集市贸易和商品流通。支持兴办各类农副产品储藏、保鲜、运销企业。大力发展非公有制经济。增加农牧民收入。

4）发展特色旅游业。利用当地的自然风光、民俗、文化、历史等条件发展特色旅游。

——**发展科技、教育、卫生、文化等社会事业，促进社会进步。**实现基本普及九年义务教育，基本扫除青壮年文盲的目标。加强人口较少民族行政村医疗卫生和文化体育基础设施建设，解决各族群众看病难、文化活动场所少等问题。加强农村牧区适用技术推广。保护和尊重人口较少民族的语言文字、风俗习惯和宗教信仰自由，抢救和保护人口较少民族的濒危文化遗产，发展少数民族文化。鼓励人口较少民族优生优育，做好计划生育工作。

——**加强培训，提高人口素质。**对人口较少民族所在行政村的干部和劳动力进行有针对性的培训，鼓励和组织人口较少民族青壮年到外地务工经商。改进人口较少民族的生产生活方式，加强科普工作，逐步提高群众科学文化素质和健康素质。

（三）政策措施

1．加大对基础设施建设的扶持力度。国务院各有关部门根据职能将人口较少民族条件成熟的基础设施建设项目，分别纳入本部门的“十一五”专项规划和年度计划，支持有关省、自治区认真组织实施。人口较少民族所在省、自治区要积极配合国家有关部门编制相关规划，搞好项目资金的衔接，并负责组织实施好人口较少民族基础设施建设项目。到2010年，对人口较少民族聚居的行政村，在通电、通路、通电话、通广播电视，人畜饮水、群众住房等方面，选择当地群众最紧迫的困难问题，加大投入，予以解决。力争再用5~10年的努力，根本解决人口较少民族聚居地区的基础设施和生产生活条件问题。

2．加大财政资金的扶持力度。中央财政逐步增加资金投入，重点用于人口较少民族生产生活设施改善、劳动力职业技能培训、农村适用科技推广、群众增收项目补助、贷款贴息等。国家各项财政扶贫资金要向人口较少民族聚居地区适当倾斜。人口较少民族所在省、自治区的各级财政要对人口较少民族发展给予重点支持。

3．加大信贷资金的扶持力度。积极鼓励、引导和支持金融机构对人口较少民族地区有市场、有效益、符合信贷条件的项目加大信贷支持力度。对人口较少民族聚居村促进群众增收的种植、养殖、特色农产品及其加工项目，国家安排贴息资金，适当增加扶贫贷款额度，延长还款期限，对民族贸易和民族特需用品生产贷款继续实行利率优惠政策。进一步改善投资环境，完善金融服务，增强民族地区对信贷资金的吸引力。

4．加大对社会事业的扶持力度。国家实施西部地区“两基”攻坚计划时，优先将人口较少民族“两基”攻坚计划纳入有关专项规划和年度计划，给予重点支持。将人口较少民族所在乡镇寄宿制学校的新建和改扩建工程项目，优先纳入国家“西部地区农村寄宿制学校建设工程”，重点安排。免除国家扶贫开发工作重点县中人口较少民族聚居地区义务教育阶段农村贫困家庭学生的书本费、杂费，并逐步补助寄宿学生生活费，到2007年在农村义务教育阶段普遍实行“两免一补”政策。国家支持人口较少民族行政村发展文化卫生事业，将行政村建立文化室、医疗卫生室纳入国家和地方有关专项规划和年度计划，优先安排项目。卫生防疫部门继续加强对人口较少民族聚居地区传染病和地方病的防治。

5．加大人才培训力度。加强对人口较少民族所在县、乡干部的培训，组织他们到发达地区参观学习，转变观念、提高素质。以人口较少民族行政村为重点，加强村党支部为核心的基层组织建设。举办农民夜校、扫盲班、科普宣传讲座，开展劳动力技术技能培训，提高劳动者素质，鼓励致富能人带领群众脱贫致富。

6．加大对口帮扶力度。国家组织沿海发达地区和大中城市，采取人员培训、捐资助学、经贸合作、援助基础设施建设等方式，支援人口较少民族经济社会发展。鼓励和支持民营企业参与扶持人口较少民族的发展项目。各有关省、自治区要选派优秀干部到人口较少民族行政村蹲点帮扶，对在帮扶工作中表现突出的要给予表彰，并给予重点培养。

以上政策措施要与各部门各行业、各地区“十一五”规划和专项规划相衔接，和国家对民族地区经济社会发展的已有支持政策相衔接。充分利用现有各种规划、工程等，整合资源，避免重复建设。

（四）加强领导和监督检查

加强组织领导，落实工作责任制。坚持“国家扶持，省负总责，县抓落实，整村推进”的方针。国务院各有关部门要高度重视扶持人口较少民族发展工作，根据本规划的总体要求，结合各自的职责范围，制定具体扶持措施，把扶持人口较少民族发展的各项政策措施和项目，落到实处。

有关省、自治区各级党委政府要加强领导，落实好有关配套资金，制定有关配套政策措施，切实做好扶持人口较少民族发展的组织实施工作。人口较少民族所在县（旗）的县（旗）长是第一责任人，必须负责把扶持人口较少民族发展的政策措施真正落实到村、落实到户。

各有关省、自治区的民族工作部门要认真调查研究，结合当地实际，会同有关部门制定切实可行的具体规划和政策措施，在党委、政府的领导下，牵头协调有关部门认真组织实施，并抓好督促检查工作。国家民委负责对此项工作的综合协调，督促检查本规划的实施和进展情况，定期向国务院报告。

加强对扶持人口较少民族的统计监测工作，及时了解和全面掌握发展动态，发现和研究解决新问题。有关部门和省、自治区要认真做好相关信息的采集、整理和发布，为科学决策提供必要的依据。

加强对扶持人口较少民族工作的宣传力度。充分利用各种媒体手段，广泛宣传人口较少民族的基本情况，宣传党的民族政策，宣传扶持发展的典型经验，形成全社会广泛关注的氛围。

扶持人口较少民族发展工作意义重大，时间紧、任务重，各有关地区和部门要转变作风，以高度的责任感和使命感，齐心协力，狠抓落实，确保这项工作顺利完成。

由国家民委、国家发展改革委、财政部、中国人民银行、国务院扶贫办等有关部门会同有关省区根据本规划制定各相关专项规划并组织实施。

专栏4	兴边富民行动6年投入4.85亿元

我国陆地边境线长2.2万公里，共有135个边境县（旗、市、市辖区），其中107个是民族自治地方。边境地区人口2200多万，其中少数民族人口约占47%。2000年2月，由国家民委倡议发起的兴边富民行动正式启动。其目的是动员各方面的力量，加大对边境地区的投入，加大帮扶力度，使沿边一线的各族群众靠边脱贫，靠边致富，在发展中进一步增强爱国主义感情和边疆地区各民族大团结。

几年来，国家民委和财政部按照“试点先行、重点突破、总结经验、逐步推进”的原则，在少数民族发展资金中设立了兴边富民行动资金，先后支持46个边境县开展兴边富民行动。从2000年到2006年，中央财政扶持兴边富民行动资金累计达4.85亿元，吸引和带动大量其他各类资金投向边境地区，兴建了2万多个项目，涉及基础设施、农业生产、生态建设、文化教育等经济社会发展的各个领域，有限的资金发挥了较好的经济效益和社会效益。

在兴边富民行动开展过程中，边疆各省区党委、政府以卓有成效的形式推进兴边富民行动。广西壮族自治区开展边境建设大会战，用2年多的时间，集中资金21.6亿元，改善边境地区军民的生产生活条件；西藏自治区投资1亿多元，解决群众饮水、行路、就医、上学等方面的困难，“十一五”期间还将整合3亿元资金，帮助2.5万户农牧民改造住房；吉林、辽宁两省实施“省级政府部门合力推动”，省直相关单位对边境地区在政策上给予重点倾斜，在项目安排、资金投入上给予重点支持；内蒙古自治区在边境地区发展各具特色的县域经济，使边境地区面貌发生深刻的变化；黑龙江省把兴边富民行动和扶持人口较少民族结合起来，为边境地区人口较少民族办实事；云南省在边境扶贫、教育、科技、文化等“四大工程”的示范工程取得了明显成效。

“十一五”时期兴边富民行动进入全面推进的新阶段。坚持以“富民、兴边、强国、睦邻”为根本宗旨，促进边境地区加快全面建设小康社会和社会主义新农村建设步伐，为民族团结、边防巩固、社会和谐做出贡献。

国家民委　国家发展改革委　财政部
中国人民银行　国务院扶贫办

四、中国残疾人事业“十一五”发展纲要

——残疾人扶贫部分

做好农村残疾人扶贫工作，扶助农村残疾人摆脱贫困、解决温饱，是全面建设小康社会的重要任务。

任务指标

——扶持1000万农村贫困残疾人基本解决温饱；初步解决温饱的扶助其稳定提高经济收入。

——帮助中西部地区100万名农村适合参加生产劳动的贫困残疾人接受实用技术培训。

——扶持中西部地区25万户农村贫困残疾人家庭进行危房改造，完成32万户农村贫困残疾人家庭危房改造任务。

主要措施

1. 地方各级政府和有关部门要继续将扶持农村贫困残疾人列入扶贫工作规划，统筹安排，同步实施。要针对残疾人特点采取有效措施，加大扶持力度。

2．国家扶贫开发工作重点县要将残疾人扶贫开发工作纳入整体规划，在撜□逋平鵗扶贫过程中，选择适合残疾人脱贫的项目，帮助有劳动能力的贫困残疾人参加生产劳动，保证各项扶持措施真正落实到残疾人户。经济较发达的地区要将残疾人扶贫开发工作纳入当地经济社会发展规划，重点解决低收入残疾人及其家庭的相对贫困问题，稳定提高经济收入。其他地区要采取措施，保证中央扶贫贷款落实到位，扶助残疾人摆脱贫困。

3．帮助中西部地区农村贫困残疾人接受实用技术培训，掌握脱贫致富的技能。

4．加强康复扶贫贷款项目管理，规范运行，量化绩效考核，最大程度地保障残疾人受益。开展农村残疾人扶贫到户贷款贴息方式改革试点，有条件的地方可将中央康复扶贫贷款贴息直接核补给贫困残疾人贷款户。

5．继续开展农村贫困残疾人危房改造工作，努力解决城镇贫困残疾人住房困难问题。对中西部地区贫困残疾人危房改造给予补助；东部地区要对贫困残疾人住房状况进行摸底调查，安排资金帮助贫困残疾人改善住房条件。

第七部分：国家扶贫开发工作重点县统计资料

7

资料使用说明

一、资料来源

（一）《中国统计年鉴》：指国家统计局出版的历年《中国统计年鉴》，其具体数据来源请参阅该年鉴的有关说明。

（二）《县（市）社会经济统计年鉴》指国家统计局农村社会经济调查总队出版的历年《县（市）社会经济统计年鉴》，该年鉴以农调总队的分县社会经济统计为基础。

（三）全国农村住户抽样调查：是指国家统计局农调总队在全国31个省开展的全国农村住户抽样调查，样本包括864个县的6.8万农户，调查结果对国家和省一级有代表性。

（四）全国农村贫困监测调查：是指国家统计局农调总队进行的国家农村贫困监测抽样调查，该调查在1997年至2001年期间在592个国家贫困县中开展，2002年起在592个国家扶贫开发工作重点县开展。调查样本包括5400个村、5.4万农户的资料，调查结果对所有国家和分省扶贫开发工作重点县（贫困县）有代表性。

（五）林业和卫生资料来源于部门统计，其中林业资料为内部出版资料，卫生资料为卫生部公开出版的《2005年中国卫生统计年鉴》。

二、其他技术性说明

（一）本书中的全国数据未包括香港、澳门特别行政区和台湾省。

（二）本书所列指标的计量单位均采用公制

（三）空栏为没有收集到数据或数据太小，“--”为有关年份或有关调查中没有设置该指标。

（四）由于机器汇总造成的部分分项数与汇总数之间的尾数差异，本书中未作调整。

1.综合资料

1-1 贫困状况与区域发展

1-1-1 历年农村贫困人口及贫困发生率

年 份	贫困人口（万人）		贫困发生率（%）	
	全国[a]	重点县[b]	全国[a]	重点县[b]
1978	25000	—	30.7	—
1985	12500	—	14.8	—
1990	8500	—	9.4	—
1991	9400	—	10.4	—
1992	8000	—	8.8	—
1994	7000	—	7.7	—
1995	6500	—	7.1	—
1997	4962	2600	5.4	13.4
1998	4210	2200	4.6	11.1
1999	3412	1800	3.7	9.2
2000	3209	1700	3.4	8.9
2001	2927	1812	3.2	9.1
2002	2820	1752	3.0	8.8
2003	2900	1763	3.1	8.9
2004	2610	1613	2.8	8.1
2005	2365	1433	2.5	7.1

数据来源：
(a)全国农村住户抽样调查
(b)全国农村贫困监测调查

1-1-2 历年农村低收入人口及占乡村人口比重

年 份	低收入人口（万人）		占乡村人口比重（%）	
	全国[a]	重点县[b]	全国[a]	重点县[b]
2000	6213	—	6.7	—
2001	6103	—	6.6	—
2002	5825	3076.1	6.2	15.5
2003	5617	2946.1	6.0	14.8
2004	4977	2580.0	5.3	12.9
2005	4067	2179.0	4.3	10.8

数据来源：
(a)全国农村住户抽样调查
(b)全国农村贫困监测调查

1－1－3 2005年全国及国家扶贫开发工作重点县基本情况

指 标	单位	全国[a]	重点县[b]
1. 县（县级市、区）个数	个	2862	592
2. 行政区域土地面积	万平方公里	960.0	243.0
3. 乡（镇）个数	个	35473.0	9994.0
4. 村民委员会个数	个	629079.0	147876.0
5. 年末总户数	万户	——	6261.0
其中：乡村户数	万户	25223.0	5022.2
6. 年末总人口	万人	130756.0	23067.7
其中：乡村人口	万人	94907.0	20196.2
7. 年末单位从业人员数	万人	75825.0	955.6
8. 乡村从业人员数	万人	50387.0	10784.9
其中：农林牧渔业	万人	29976.0	7411.7
9. 农业机械总动力	万千瓦特	68398.0	10173.4
10. 有效灌溉面积	千公顷	5502.9	8865.2
11. 境内公路里程	万公里	193.1	62.3
12. 农村用电量	亿千瓦时	4375.7	208.8
13. 本地电话年末用户	万户	35043.0	2329.6
14. 移动电话年末用户数	万户	39343.0	2446.8
15. 民用汽车拥有量	万辆	3159.7	142.8
其中：私人汽车拥有量	万辆	1851.9	89.3
16. 城镇在岗职工平均工资	元	18405.0	11928.0
17. 农村居民人均纯收入	元	3254.9	1725.6

数据来源：
(a)中国统计年鉴
(b)县（市）社会经济统计年鉴

1–1–4 2005年全国及国家扶贫开发工作重点县综合经济情况

指 标	单位	全国[a]	重点县[b]
1.地方生产总值	亿元	182321	11056.2
（1）第一产业增加值	亿元	22718.4	3282.2
其中：农业	亿元	12758.5	1803.5
林业	亿元	975.5	217.8
牧业	亿元	6506.9	1074.1
渔业	亿元	2327.2	112.9
农林牧渔服务业	亿元		74.1
（2）第二产业增加值	亿元	86207.6	4143.8
其中：工业	亿元	76189.6	3273.4
（3）第三产业增加值	亿元	73394.6	3635.8
2.财政总收入	亿元	31628.0	936.4
其中：地方财政预算内收入	亿元	15092.0	411.0
3.财政支出	亿元	33708.0	1794.2
其中：支农支出	亿元	1776.3	104.7
科学三项支出	亿元	287.3	6.6
教育事业费支出	亿元	3730.0	431.5
4.年末金融机构各项存款余额	亿元	287170.0	9164.4
其中：城乡居民储蓄存款余额	亿元	147054.0	6729.3
5.年末金融机构各项贷款余额	亿元	194690.0	5428.0
其中：农业贷款	亿元	11529.9	1491.3
6.出口总额	亿美元	7619.5	25.9
7.当年实际使用外资金额	亿美元	638.1	14.2

数据来源：
(a)中国统计年鉴
(b)县（市）社会经济统计年鉴

1－1－5　2005年全国及国家扶贫开发工作重点县农业、工业、基本建设投资及社会发展

指　标	单位	全国[a]	重点县[b]
1. 农作物总播种面积	千公顷	155490.0	34926.5
其中：粮食作物播种面积	千公顷	104280.0	24431.6
2. 粮食产量	万吨	48402.0	9482.2
3. 棉花产量	万吨	571.4	64.5
4. 油料产量	万吨	3077.1	566.9
5. 肉类总产量	万吨	7743.1	1460.5
6. 水果产量	万吨	16120.1	1276.8
7. 蔬菜产量	万吨	56451.5	5940.5
8. 国有企业及规模以上工业企业数	个	266090.0	10886
9. 国有企业及规模以上工业企业总产值（现价）	亿元	251619.5	5200.5
10. 国有企业及规模以上工业企业从业人员年均数	万人	6784.7	221.5
11. 国有企业及规模以上工业企业产品销售收入	亿元	244593.4	5031.2
12. 国有企业及规模以上工业企业产品销售利润	亿元	14362.0	474.2
13. 社会消费品零售总额	亿元	67176.6	3305.0
14. 普通中学数	万个	7.8	1.5
15. 小学数	万个	36.6	11.3
16. 每万人口中中学生人数	人	785.1	638.1
17. 每万人口中小学生人数	万人	835.8	1016.4
18. 医院、卫生院床位数	万床	313.5	31.8
19. 医院、卫生院技术人员数	万人	446.0	40.6
20. 社会福利院数	万个	4.1	0.8
21. 社会福利院床位数	万床	163.0	19.4
22. 参加养老保险的人数	万人	17487.0	509.5
23. 参加医疗保险的人数	万人	13783.0	742.9

数据来源：
(a)中国统计年鉴
(b)县（市）社会经济统计年鉴

1-1-6 历年国家扶贫开发工作重点县扶贫资金使用情况

单位：万元

指　标	2002年	2003年	2004年	2005年
扶贫投资总额	2508636.3	2770000.0	2920036.1	2664050.3
（一）按资金来源分：				
1.中央扶贫贴息贷款累计发放额	1025220.5	874685.4	792469.5	596522.1
2.中央财政扶贫资金	357609.5	395722.8	458778.7	483228.6
3.以工代振	398573.6	417670.8	475284.1	432802.4
4.中央专项退耕还林还草工程补助	226190.2	374150.0	452008.4	441357.8
5.省级财政安排的扶贫资金	98636.4	104449.0	116124.1	98563.9
6.利用外资（实际投资额）	175985.6	315039.7	345095.7	290065.4
7.其他资金	220075.9	294219.2	280276.7	323287.0
（二）按资金投向分：				
1.种植业	251505.4	222226.9	261768.6	238457.6
2.林　业	269723.7	373822.6	458931.4	463485.2
3.养殖业	229487.8	246893.0	254971.2	241491.9
4.农产品加工	155612.2	172526.2	153010.3	101599.6
5.其他生产行业	220204.7	222630.4	190372.0	218568.8
6.基本农田建设	153050.9	168059.7	167675.7	155857.9
7.人畜饮水工程	122302.6	121180.7	110702.3	103226.9
8.道路修建及改扩建	494771.8	361117.7	345579.4	354672.1
9.电力设施	145337.9	370394.5	269180.5	165925.2
10.电视接收设施	15819.1	17176.8	14164.9	11358.8
11.学校及设备	62553.4	55714.9	55968.0	64145.1
12.卫生室及设施	34864.0	36659.4	39297.0	29037.4
13.技术培训／技术推广	19642.7	20518.9	27397.2	35457.7
14.资助儿童入学／扫盲	17929.1	19553.4	23050.5	23764.2
15.其　他	308341.1	358147.4	535488.9	451902.5

数据来源：
全国农村贫困监测调查

1-2 社区发展与农户经济状况

1-2-1 2005年全国及国家扶贫开发工作重点县农村基础设施、人口及资源情况

指　　标	单位	全国[a]	重点县[b]	重点村
一、基础设施				
1.通公路的自然村占全部自然村的比重	%	97.2	79.0	74.9
2.通电的自然村占全部自然村的比重	%	99.2	95.9	93.9
3.通电话的自然村占全部自然村的比重	%	97.1	74.0	66.9
4.能接收电视节目的自然村占自然村比重	%	98.4	87.8	84.8
5.有幼儿园／学前班的村占调查村的比重	%		55.0	47.1
6.有卫生室的村占调查村的比重	%		73.5	69.3
7.有合格乡村医生／卫生员的村占调查村的比重	%		74.8	70.6
8.有合格接生员的村占调查村的比重	%		71.5	67.4
二、人口状况				
1.平均每个村农户数	户	530.3	417.2	373.3
2.平均每个村人口数	人	2040.2	1716.8	1556.5
3.平均每个村总劳动力	人	1129.2	914.8	820.2
4.平均每个村外出打工半年以上劳动力人数	人		159.3	136.6
5.平均每个村当年举家外迁的户数	户		4.4	4.2
6.平均每个村当年举家迁回的户数	户		1.4	1.2
三、资源情况				
1.人均耕地面积	亩	2.1	1.7	1.8
# 水田、水浇地比重	%		0.6	0.5
# 梯田面积比重	%		0.2	0.2
#25度以上坡耕地面积比重	%		0.3	0.4
2.人均桑园、茶园、果园面积	亩		0.1	0.1
3.人均林地面积	亩		1.6	1.8
4.人均牧草地面积	亩	3.7	3.7	7.0
5.人均荒山荒坡面积	亩		0.7	0.9

数据来源：
(a)全国农村住户抽样调查
(b)全国农村贫困监测调查

1—2—2 2005年国家扶贫开发工作重点县村级经济情况

指　标	单位	重点县	重点村
1.人均粮食作物播种面积	亩	1.6	1.7
2.人均粮食总产量	公斤	396.4	386.0
3.平均每个村乡镇企业个数	个	0.9	0.6
4.平均每个村乡镇企业从业人数	人	13.3	7.9
5.平均每个村乡镇企业销售总收入	万元	35.7	13.9
6.使用节水栽培技术的村的比重	%	6.4	7.2
7.有塑料大棚／温室的村的比重	%	14.1	12.9
8.是农牧业新技术示范户的村的比重	%	26.1	26.0
9.举办过专业技术培训的村的比重	%	37.6	38.3

数据来源：
全国农村贫困监测调查

1—2—3 2005年国家扶贫开发工作重点县农村当年受灾情况

指　标	单位	重点县	重点村
1.当年遭遇严重自然灾害的村的比重	%	53.4	54.1
2.自然灾害的类型比例	%	100.0	100.0
(1)旱灾	%	60.5	62.8
(2)水灾	%	19.1	17.9
(3)病虫害	%	9.0	8.0
(4)冷冻灾害	%	3.4	3.1
(5)干热风灾	%	3.4	3.6
(6)其他灾害	%	4.6	4.6
3.灾害程度	%	100.0	100.0
(1)减产3—5成的比重	%	85.1	83.5
(2)减产5—8成的比重	%	11.7	12.8
(3)减产8成以上的比重	%	3.2	3.7
4.缺粮需要救济的农户比重	%	7.4	8.8
5.当年收到过救济救灾款物的农户比例	%	2.9	3.5
6.当年收到过救济救灾款物的农户平均每户收到款	元	131.3	130.7

数据来源：
全国农村贫困监测调查

1-2-4 2005年全国及国家扶贫开发工作重点县农户人均生产支出及构成

指 标	单位	全国[a]	重点县[b]	
				重点村
一、家庭经营支出总额	元	1189.7	662.1	618.9
1.种植业支出	元	540.93	341.8	319.1
2.林业支出	元	7.16	9.7	7.2
3.牧业支出	元	476.92	249.8	243.5
4.渔业支出	元	33.27	3.3	0.9
5.工业纯收入	元	40.12	13.8	12.8
6.建筑业纯收入	元	7.58	6.0	4.5
7.第三产业经营支出	元	83.62	37.8	31.0
二、家庭经营支出构成	%	100.0	100.0	100.0
1.种植业支出	%	45.5	51.6	51.6
2.林业支出	%	0.6	1.5	1.2
3.牧业支出	%	40.1	37.7	39.3
4.渔业支出	%	2.8	0.5	0.2
5.工业纯收入	%	3.4	2.1	2.1
6.建筑业纯收入	%	0.6	0.9	0.7
7.第三产业经营支出	%	7.0	5.7	5.0

数据来源：
(a)全国农村住户抽样调查
(b)全国农村贫困监测调查

1-2-5 2005年全国及国家扶贫开发工作重点县农户土地及生产性固定资产

指 标	单位	全国[a]	重点县[b]	
				重点村
一、户均土地使用情况				
1.耕地面积	亩		9.2	9.8
其中：水田、水浇地面积	亩		2.7	2.6
梯田面积	亩		0.8	1.0
2.林地面积	亩		2.2	2.3
3．桑园．茶园．果园面积	亩		0.3	0.3
4.牧草地面积	亩		18.6	32.2
5.荒山／荒坡面积	亩		1.0	1.2
6.粮食播种面积	亩		8.5	8.8
二、每百户拥有生产性固定资产				
1.生产用房及建筑物面积	平方米	2547.0	2311.7	2358.1
2.汽车	辆	1.8	1.0	1.0
3.大中型拖拉机	台	2.1	2.4	2.2
4.手扶拖拉机／三轮车	台	20.2	14.8	14.5
5.胶轮大车	辆	9.9	11.6	13.1
三、户均年末生产性固定资产原值	元	7155.6	4533.6	4494.6
其中：年末生产用房原值	元	2067.4	1330.9	1310.5
四、当年人均粮食产量	公斤	732.5	494.6	466.0
当年人均棉花产量	公斤	23.6	7.9	9.1
当年人均油料产量	公斤	33.6	21.6	20.8
当年人均肉类产量	公斤	56.3	38.7	38.6
五、人均期末存粮	公斤	535.0	390.5	372.3

数据来源：
(a)全国农村住户抽样调查
(b)全国农村贫困监测调查

1-2-6 2005年全国及国家扶贫开发工作重点县农民人均纯收入及构成

指 标	单位	全国[a]	重点县[b]	重点村
一、全年纯收入	元	3254.9	1725.6	1632.9
(一)工资性收入	元	1174.5	560.8	502.7
其中：外出务工收入	元	458.8	300.9	279.5
(二)家庭经营纯收入	元	1844.5	1042.6	1009.5
1.第一产业纯收入	元	1469.6	918.3	894.8
(1)种植业纯收入	元	1097.7	645.8	606.4
(2)林业纯收入	元	45.8	218.6	229.8
(3)牧业纯收入	元	283.6	50.4	55.1
(4)渔业纯收入	元	42.5	3.5	3.6
2.第二产业纯收入	元	108.3	28.9	26.3
(1)工业纯收入	元	61.1	14.5	14.3
(2)建筑业纯收入	元	47.1	14.4	12.0
3.第三产业纯收入	元	266.7	96.3	89.4
(三)财产性收入	元	88.5	28.1	24.3
(四)转移性收入	元	147.4	94.1	96.3
二、收入构成	%	100.0	100.0	100.0
(一)工资性收入	%	36.1	32.5	30.8
其中：外出务工收入	%	14.1	17.4	17.1
(二)家庭经营纯收入	%	56.7	60.4	61.8
1.第一产业纯收入	%	45.1	53.2	54.8
(1)种植业纯收入	%	33.7	37.4	37.1
(2)林业纯收入	%	1.4	12.7	14.1
(3)牧业纯收入	%	8.7	2.9	3.4
(4)渔业纯收入	%	1.3	0.2	0.2
2.第二产业纯收入	%	3.3	1.7	1.6
(1)工业纯收入	%	1.9	0.8	0.9
(2)建筑业纯收入	%	1.4	0.8	0.7
3.第三产业纯收入	%	8.2	5.6	5.5
(三)财产性收入	%	2.7	1.6	1.5
(四)转移性收入	%	4.5	5.5	5.9

数据来源：
(a)全国农村住户抽样调查
(b)全国农村贫困监测调查

1-2-7 2005年全国及国家扶贫开发工作重点县农民人均消费支出及构成

指 标	单位	全国[a]	重点县[b]	重点村
一、生活消费支出总额	元	2555.4	1528.5	1454.1
1.食品消费支出	元	1162.2	793.2	763.5
其中：在外饮食支出	元	135.0	57.2	51.3
2.衣着消费支出	元	148.6	86.3	85.4
3.居住消费支出	元	370.2	192.5	183.2
其中：住房消费	元	——	104.2	100.6
生活用燃料	元	81.8	54.8	52.5
4.家庭设备用品及服务消费	元	111.4	55.8	51.6
5.医疗保健支出	元	168.1	86.9	81.4
6.交通通讯支出	元	245.0	105.6	99.1
7.文化教育、娱乐用品及服务	元	295.5	182.2	165.5
8.其他商品及服务支出	元	54.5	25.9	24.3
二、生活消费支出构成	%	100.0	100.0	100.0
1.食品消费支出	%	45.5	51.9	52.5
其中：在外饮食占食品支出	%	5.3	3.7	3.5
2.衣着消费支出	%	5.8	5.6	5.9
3.居住消费支出	%	14.5	12.6	12.6
其中：住房消费占居住支出	%	0.0	6.8	6.9
生活用燃料占居住支出	%	3.2	3.6	3.6
4.家庭设备用品及服务消费	%	4.4	3.7	3.5
5.医疗保健支出	%	6.6	5.7	5.6
6.交通通讯支出	%	9.6	6.9	6.8
7.文化教育、娱乐用品及服务	%	11.6	11.9	11.4
8.其他商品及服务支出	%	2.1	1.7	1.7

数据来源：
(a)全国农村住户抽样调查
(b)全国农村贫困监测调查

1-2-8 2005年全国及国家扶贫开发工作重点县农民人均食物消费量

单位：公斤／人

指　标	全国[a]	重点县[b]	重点村
1. 谷物及制品消费	203.9	195.8	196.0
2. 薯类及制品消费	3.0	7.0	7.8
3. 豆类及制品消费	3.3	4.0	4.0
4. 食用油消费	6.0	5.2	5.1
5. 蔬菜及制品消费	102.3	86.9	80.9
6. 肉类、家禽消费	22.4	19.6	19.1
7. 蛋类消费	4.7	1.8	1.5
8. 水产品消费	4.9	1.3	1.1
9. 奶类及奶制品消费	2.9	1.6	2.3
10. 水果消费	12.0	7.4	7.1

数据来源：
(a)全国农村住户抽样调查
(b)全国农村贫困监测调查

1－3 就业、教育、卫生及扶贫项目村、户参与情况

1－3－1 2005年全国及国家扶贫开发工作重点县农村人口、劳动力就业情况

指　标	单位	全国[a]	重点县[b]	重点村
一、户均人口	人	4.1	4.3	4.4
二、户均劳动力	人	2.8	2.9	2.9
三、人口的年龄组构成				
1．0—6岁人口比重	%	5.6	6.1	6.4
2．7—15岁人口比重	%	13.5	14.5	15.3
3．16岁以上人口比重	%	80.9	79.4	78.4
四、劳动力负担系数		1.4	1.5	1.5
五、劳动力行业构成				
1．农业	%	62.4	76.9	77.8
2．林业	%	0.3	0.3	0.4
3．牧业	%	2.5	2.5	3.5
4．渔业	%	0.4	0.1	0.1
5．采矿业	%	0.8	0.9	0.9
6．制造业	%	11.2	5.7	5.1
7．电、煤及水的生产和供应业	%	0.3	0.2	0.2
8．建筑业	%	4.5	3.5	3.1
9．交通运输仓储和邮政业	%	2.0	1.0	0.9
10．批发和零售业	%	2.6	0.9	0.7
11．住宿和餐饮业	%	1.6	1.2	1.2
12．居民服务和其他服务业	%	3.8	1.9	1.6
13．教育	%	0.9	0.5	0.5
14．卫生社会保障和社会福利业	%	0.5	0.3	0.3
15．文化体育和娱乐业	%	0.2	0.1	0.1
16．其他	%	6.0	3.4	3.0
六、当地乡镇企业职工人数占劳动力比重	%	——	0.8	0.7

数据来源：
(a)全国农村住户抽样调查
(b)全国农村贫困监测调查

1–3–2 2005年全国及国家扶贫开发工作重点县农村劳动力文化程度及培训情况

单位：%

指　标	全国[a]	重点县[b]	重点村
1.劳动力文化程度构成	100	100	100
（1）文盲、半文盲	6.9	12.7	15.4
（2）小学	27.2	35.1	37.1
（3）初中	52.2	43.4	39.6
（4）高中	10.3	6.7	6.0
（5）中专	2.4	1.5	1.4
（6）大专及以上	1.1	0.5	0.5
2.曾受过技能培训劳动力比重	20.2	12.8	13.6
3.少数民族中会汉语的人口比例	——	72.9	67.2

数据来源：
(a)全国农村住户抽样调查
(b)全国农村贫困监测调查

1—3—3 2005年全国及国家扶贫开发工作重点县农村劳动力流动情况

指　标	单位	全国[a]	重点县[b]	重点村
一、流动方式				
1.政府或单位组织	%	8.1	4.0	4.2
2.亲戚朋友介绍	%	57.6	38.9	37.2
3.自发	%	34.3	57.1	58.5
二、流出地区				
1.县内乡外	%	14.3	10.9	11.3
2.省内县外	%	30.0	19.7	21.4
3.省外	%	55.7	69.5	67.2
三、在外时间				
1.0—6个月	%	19.6	32.0	35.7
2.6个月以上	%	80.4	68.0	64.3
四、在外收入				
1.总收入	元		4830.6	4636.6
2.自己生活消费支出	元		1774.3	1689.1
3.寄回或带回的现金及实物	元		1786.7	1750.0
五、外出比重				
1.当年外出打工人数占劳动力比重	%	20.2	17.8	17.2
2.未外出劳动力中曾经外出过的劳动力比重	%		3.2	3.8
六、返回的主要原因				
1.找不到工作	%		13.0	11.1
2.要不到工资	%		4.3	4.3
3.缺乏安全感	%		2.0	1.7
4.生活不习惯	%		4.5	4.0
5.疾病、伤残	%		2.9	3.0
6.回家结婚、生育	%		8.8	8.2
7.家中缺乏劳动力	%		35.3	35.8
8.其他	%		29.1	31.9
七、开始外出时间				
1.1年前开始打工	%		64.8	62.8
2.今年第1年打工	%		35.2	37.2
八、在外持续时间				
1.0—2年	%		48.3	51.2
2.2年以上	%		51.7	48.8
九、自己感受到的打工收入变化				
1.变化不大	%		26.6	25.8
2.时多时少	%		24.1	23.6
3.逐年增多	%		12.6	11.9
4.逐年变少	%		1.6	1.5

数据来源：
(a)全国农村住户抽样调查
(b)全国农村贫困监测调查

1-3-4 历年全国及国家扶贫开发工作重点县学校数

单位：个

年 份	普通中学学校数		小学校数	
	全国[a]	重点县[b]	全国[a]	重点县[b]
1993	82795	13015	696681	182418
1994	82358	14795	682588	192348
1995	81020	14481	668685	190372
1996	79967	14362	645983	188042
1997	78642	14154	628840	179749
1998	77888	14905	609626	171849
1999	77213	13606	582291	167539
2000	77268	13914	553622	162493
2001	80432	14578	491273	146328
2002	80067	14904	456903	139083
2003	79490	14750	425846	131118
2004	79058	14834	394183	124910
2005	77977	14834	366213	112950

数据来源：
(a)中国统计年鉴
(b)县（市）社会经济统计年鉴

1-3-5 历年全国及国家扶贫开发工作重点县专职教师数

单位：万人

年 份	普通中学教师数		小学教师数	
	全国[a]	重点县[b]	全国[a]	重点县[b]
1994	323.4	46.4	561.1	113.0
1995	333.4	46.4	566.4	114.7
1996	346.5	46.4	573.6	113.2
1997	358.7	51.2	579.4	110.6
1998	369.7	53.7	581.9	110.1
1999	384.1	55.7	586.1	110.2
2000	400.5	59.4	586.0	113.3
2001	418.8	62.7	579.8	113.3
2002	437.6	67.1	577.9	116.9
2003	453.7	69.5	570.3	113.5
2004	446.8	72.6	562.9	111.1
2005	447.1	75.6	559.2	110.5

数据来源：
(a)中国统计年鉴
(b)县（市）社会经济统计年鉴

1-3-6 历年全国及国家扶贫开发工作重点县每万人口在校学生人数

单位：人

年 份	中学生人数		小学生人数	
	全国[a]	重点县[b]	全国[a]	重点县[b]
1993	454	242	1048	1036
1994	476	326	1070	1202
1995	511	350	1089	1202
1996	542	371	1112	1229
1997	566	366	1132	1201
1998	588	428	1118	1263
1999	621	460	1076	1231
2000	660	507	1028	1202
2001	697	538	983	1173
2002	733	587	946	1155
2003	763	619	910	1110
2004	776	639	870	1060
2005	785	638	836	1016

数据来源：
(a)中国统计年鉴
(b)县（市）社会经济统计年鉴

1-3-7 2005年国家扶贫开发工作重点县农村儿童入学情况

指　标	单位	重点县	重点村
一、学生结构	%	100.0	100.0
1.小学	%	50.6	53.1
2.初中	%	31.4	30.9
3.高中及以上	%	17.9	16.0
二、儿童入学率			
1.7~12岁	%	96.9	95.9
2.13~15岁人口	%	91.7	90.7
三、平均每个学生教育费用	元	1003.5	885.4
其中：学杂费和书本费	元	484.8	434.2
四、年内受到社会捐助的学生比重	%	8.0	9.3
五、小学生上学所需时间	%	100.0	100.0
1.<0.5小时	%	68.4	66.5
2.0.5~1小时	%	18.9	20.2
3.1~2小时	%	3.3	4.1
4.2小时以上	%	2.0	1.8
5.住校	%	7.4	7.5
六、中学上学所需时间	%	100.0	100.0
1.<0.5小时	%	21.8	20.5
2.0.5~1小时	%	16.7	16.5
3.1~2小时	%	4.5	5.0
4.2小时以上	%	1.2	1.2
5.住校	%	46.3	47.8

数据来源：
全国农村贫困监测调查

1-3-8 2005年国家扶贫开发工作重点县农村儿童失学情况

单位：%

指　标	重点县	重点村
一、儿童失学率		
1.7—12岁	3.1	4.1
2.13—15岁人口	8.3	9.3
二、7—15岁儿童失学的主要原因	100.0	100.0
1.经济困难	37.4	40.0
2.自己不愿意	32.5	28.0
3.家中缺少劳动力	4.1	5.1
4.没考上高一级学校	3.9	3.0
5.没老师、没校舍、离校太人	3.4	4.2
6.其他	18.7	19.8
三、曾完成的最高学历	100.0	100.0
1.从未念过书	36.5	42.2
2.读过1—3年级	16.0	16.5
3.小学未毕业	14.4	15.1
4.小学毕业	14.1	13.8
5.初中未毕业	19.0	12.5
四、本人是否有继续读书的愿望	100.0	100.0
1.是	50.8	53.4
2.否	49.2	46.6

数据来源：
全国农村贫困监测调查

1-3-9 历年全国及国家扶贫开发工作重点县医院、卫生院床位和人员数

年 份	医院、卫生院床位数（万床）		医院、卫生院技术人员数（万人）	
	全国[a]	重点县[b]	全国[a]	重点县[b]
1994	280.2	28.9	419.9	——
1995	280.6	28.6	425.7	——
1996	283.4	29.7	431.2	——
1997	286.9	30.7	439.8	39.3
1998	287.8	30.6	442.4	40.1
1999	289	30.8	445.9	40.6
2000	290.8	30.8	449.1	42.6
2001	293.5	31.1	450.8	42.0
2002	290.7	31.7	427.0	42.0
2003	295.5	31.2	430.6	40.7
2004	304.7	31.4	439.0	40.5
2005	313.5	31.8	446.0	40.6

数据来源：
(a)中国统计年鉴
(b)县（市）社会经济统计年鉴

1-3-10 2005年国家扶贫开发工作重点县农民健康状况

单位：%

指　标	重点县	重点村
一、身体健康状况	100.0	100.0
1.残疾人数占人口的比重	1.0	1.0
2.患有大病人数占人口的比重	0.4	0.4
3.长期慢性病人数占人口的比重	1.6	1.5
4.体弱多病人数占人口的比重	3.7	3.8
5.健康人数占人口的比重	93.3	93.2
二、有病是否能及时就医	100.0	100.0
1.是	86.1	82.6
2.否	13.9	17.4
三、不能及时就医的主要原因	100.0	100.0
1.经济困难	61.9	63.9
2.医院太远	26.4	25.5
3.没有时间	0.6	0.8
4.本人不重视	2.2	2.3
5.小病不用医	4.6	3.9

数据来源：全国农村贫困监测调查

1-3-11 历年全国卫生总费用

年份	卫生总费用（亿元）	其中：政府预算卫生支出	社会卫生支出	个人卫生支出	卫生总费用构成（%）政府卫生支出	社会卫生支出	个人卫生支出	卫生总费用占GDP%	人均卫生总费用（元）	城市	农村
1980	143.2	51.9	61.0	30.3	36.2	42.6	21.2	3.17	14.5	…	…
1990	747.4	187.3	293.1	267.0	25.1	39.2	35.7	4.03	65.4	158.8	38.8
1995	2155.1	387.3	767.8	1000.0	18.0	35.6	46.4	3.69	177.9	401.3	112.9
2000	4586.6	709.5	1171.9	2705.2	15.5	25.5	59.0	5.13	361.9	828.6	209.4
2002	5790.0	908.5	1539.4	3342.1	15.7	26.6	57.7	5.51	450.7	987.1	259.3
2003	6584.1	1116.9	1788.5	3678.7	17.0	27.2	55.8	5.62	509.5	1108.9	274.7
2004	7590.3	1293.6	2225.4	4071.4	17.1	29.3	53.6	5.55	583.9	1261.9	301.6

注：①卫生总费用为测算数；②本表按当年价格计算。

1—3—12 历年监测地区5岁以下儿童死亡率

单位：‰

指 标	1991年	1995年	1997年	2000年	2003年	2004年
总计						
新生儿死亡率	33.1	27.3	…	22.8	18.0	15.4
婴儿死亡率	50.2	36.4	33.1	32.2	25.5	21.5
5岁以下儿童死亡率	61.0	44.5	42.3	39.7	29.9	25.0
城市						
新生儿死亡率	12.5	10.6	…	9.5	8.9	8.4
婴儿死亡率	17.3	14.2	13.1	11.8	11.3	10.1
5岁以下儿童死亡率	20.9	16.4	15.5	13.8	14.8	12.0
农村						
新生儿死亡率	37.9	31.1	…	25.8	20.1	17.3
婴儿死亡率	58.0	41.6	37.7	37.0	28.7	24.5
5岁以下儿童死亡率	71.1	51.1	48.5	45.7	33.4	28.5

数据来源：
2005年中国卫生统计年鉴

1—3—13 历年监测地区孕产妇死亡率

单位：1/10万

年 份	总计	城市	农村
1990	88.9	45.9	112.5
1995	61.9	39.2	76.0
2000	53.0	28.9	69.6
2001	50.2	33.1	61.9
2002	43.2	22.3	58.2
2003	51.3	27.6	65.4
2004	48.3	26.1	63.0

补充资料：
解放前孕产妇死亡率为150/万
数据来源：
2005年中国卫生统计年鉴

1－3－14 "十五"期间乡镇卫生院及床位、人员数

年份	机构数（个）	床位数（张）	人员数（人）	每千农业人口		乡镇数（个）
				床位	人员	
2000	49229	734807	1169826	0.80	1.28	43735
2001	48090	740060	1168932	0.81	1.28	
2002	44992	671295	1065276	0.74	1.18	39054
2003	44279	672741	1057463	0.76	1.19	
2004	41626	668863	1026099	0.77	1.18	37334
2005	40907	678240	1012006	0.78	1.16	36952

数据来源：
2005年中国卫生统计年鉴

1－3－15 "十五"期间克山病、大骨节病、碘缺乏病防治情况

指标		2001年	2002年	2003年	2004年	2005年
克山病	病区县（个）	326	325	325	326	326
	病区人数（万人）	12209.5	12560.9	12834.4	12958.9	13033.5
	现症病人数（万人）	4.25	4.15	4.08	4.03	4.02
	控制／消除县数（累计）	256	256	256	256	256
大骨节病	病区县（个）	352	353	354	354	354
	病区人数（万人）	10734.0	10119.4	10162.9	10225.8	10255.8
	现症病人数（万人）	80.87	81.97	81.18	79.52	80.87
	控制／消除县数（累计）	187	186	186	196	206
碘缺乏病	病区县（个）	2702	2963	2808	2812	2811
	病区人数（万人）	117302.0	122015.6	123416.1	124407.7	124460.9
	现症病人数（万人）	870.54	789.43	727.53	61.08	55.13
	控制／消除县数（累计）	1826	2514	2319	2329	2468

注：1.克山病现症病人数为潜在型、慢型、亚急型及急型克山病现症病人之和；
2.碘缺乏病病区县数和人口数系开展碘缺乏病防治监测工作的县数与人口数；
3.碘缺乏病现症病人数为甲状腺肿可汀病之和。

数据来源：
2005年中国卫生统计年鉴

1－3－16 “十五”期间乡镇卫生院医疗服务及病床使用情况

年 份	诊疗人次（亿 次）	入院人数（万 人）	病床周转次数（次）	病床使用率（％ ）	平均住院日（ 日 ）
2000	8.24	1708	24.8	33.2	4.6
2001	8.24	1700	23.7	31.3	4.6
2002	7.10	1625	28.0	34.7	4.0
2003	6.91	1608	28.1	36.2	4.2
2004	6.81	1599	27.0	37.1	4.4
2005	6.79	1622	25.8	37.7	4.6

数据来源：
2005 年中国卫生
统计年鉴

1－3－17 “十五”期间村卫生室及人员数

年 份	总村数（ 个 ）	设卫生室的村数（个）	村卫生室数（ 个 ）	执业（助理）医师（个）	乡医和卫生员（个）	平均每村乡医卫生员数	每千农业人口乡医卫生员数
2000	734715	652923	709458		1319357	1.81	1.44
2001	709257	637084	698966		1290595	1.82	1.41
2002	694515						
2003	678589	514920	514920		867778	1.25	0.98
2004	644166	519818	551600	93075	883075	1.37	1.00
2005	652718	583209	583209	103863	916532	1.40	1.05

数据来源：
2005 年中国卫生
统计年鉴

1－3－18 居民医疗保障方式

单位：％

指 标	合计		城市		农村	
	2003 年	1998 年	2003 年	1998 年	2003 年	1998 年
基本医保	8.9	–	30.4	–	1.5	–
公费医疗	1.2	4.9	4.0	16.0	0.2	1.2
劳保医疗	1.3	6.2	4.6	22.9	0.1	0.5
合作医疗	8.8	5.6	6.6	2.7	9.5	6.6
其他社保	1.4	5.0	2.2	10.9	1.2	3.0
纯商保	7.6	1.9	5.6	3.3	8.3	1.4
自费	70.3	76.4	44.8	44.1	79.0	87.3

数据来源：
1998、2003 年国
家卫生服务调查

1-3-19 历年国家扶贫开发工作重点县村级扶贫活动参与情况

指 标	单位	重点县				其中：重点村			
		2002年	2003年	2004年	2005年	2002年	2003年	2004年	2005年
一、重点村占总村数的比重	%	51.4	49.9	48.7	47.5	100.0	100.0	100.0	100.0
二、当年参加项目的村占总村数比重	%	29.8	33.1	39.9	37.2	40.2	44.5	52.2	49.1
三、参加的扶贫活动形式分的村比重	%	48.6	55.5	64.5	57.8	66.2	75.0	84.6	78.8
1.现金扶持的村占总村数的比重	%	20.0	21.6	28.8	29.1	26.9	29.5	37.2	37.2
2.实物扶持的村占总村数的比重	%	18.6	22.1	22.8	18.5	25.6	29.3	29.7	26.8
3.技术援助的村占总村数的比重	%	10.0	11.8	12.9	10.2	13.8	16.2	17.7	14.7
四、平均每村当年到位扶贫资金总额	万元	3.6	5.9	6.2	6.8	5.2	8.7	8.4	9.6
五、当年使用的扶贫资金总额	万元	3.4	4.7	5.7	6.7	5.0	6.5	7.8	9.4
六、平均每村扶贫项目成果									
1.种植业	户	5.9	5.8	5.9	6.9	7.9	8.5	8.0	8.7
2.林业	户	2.1	2.0	1.8	1.1	3.2	3.2	2.6	1.3
3.养殖业	户	2.9	4.4	4.4	4.3	4.1	7.2	6.4	6.5
4.农产品加工业	户	0.2	0.1	0.1	0.1	0.0	0.2	0.2	0.0
5.其他生产行业	户	0.4	0.4	0.2	0.5	0.3	0.6	0.3	0.6
6.修建基本农田	亩	7.3	11.1	5.4	8.5	9.3	17.1	7.1	13.2
7.人畜饮水工程	户	7.6	7.8	6.8	6.9	10.0	10.8	8.8	8.7
8.修建及改建公路	公里	0.4	1.0	0.6	0.6	0.6	1.0	1.0	0.7
9.电力设施	公里	0.2	0.3	0.2	0.3	0.2	0.2	0.2	0.3
10.电视接收设施	个	0.0	0.1	0.0	0.1	0.0	0.1	0.0	0.2
11.学校及学校设施	个	0.0	0.0	0.1	0.0	0.0	0.0	0.1	0.1
12.卫生室及设施	个	0.0	0.0	0.1	0.0	0.0	0.0	0.2	0.0
13.技术培训	人次	4.8	7.0	4.9	5.1	5.1	8.3	6.1	6.2
14.扫盲、资助儿童入学	人次	0.6	1.3	0.8	1.1	0.8	1.7	0.8	1.0
15.退耕还林还草	亩	37.7	58.2	89.8	97.9	48.8	72.9	104.6	136.4
七、希望某种扶持项目分的村数比重									
1.种植业	%	44.1	47.9	48.5	46.0	43.1	47.5	50.0	47.9
2.林业	%	6.6	7.4	8.2	7.2	6.3	7.5	9.0	7.3
3.养殖业	%	42.8	45.1	43.7	42.4	43.9	47.2	45.2	45.0
4.农产品加工业	%	7.8	8.5	8.7	10.3	6.5	7.2	6.8	8.2
5.其他生产行业	%	1.0	2.5	2.5	3.0	0.8	2.0	2.3	3.0
6.修建基本农田	%	9.4	10.1	11.3	12.4	7.9	9.1	9.3	10.5
7.人畜饮水工程	%	16.3	15.7	14.8	16.5	17.3	16.5	15.2	17.2
8.修建及改建公路	%	20.3	21.9	23.2	24.3	21.6	22.2	23.8	23.1
9.电力设施	%	4.1	4.4	4.4	4.1	4.0	4.4	4.2	4.2
10.电视接收设施	%	2.8	2.4	2.7	2.3	2.9	2.4	2.5	2.4
11.学校及学校设施	%	5.7	5.9	5.4	5.4	5.6	6.1	5.6	5.8
12.卫生室及设施	%	1.2	2.6	3.2	3.7	1.2	2.4	3.2	3.9
13.技术培训	%	7.5	10.0	11.9	11.3	5.8	9.0	10.2	9.6
14.扫盲、资助儿童入学	%	1.1	1.1	1.2	1.0	1.3	1.2	1.4	0.9
15.退耕还林还草	%	11.2	10.7	7.1	7.1	12.0	11.7	7.6	7.5
16.其他	%	2.6	3.7	3.2	3.2	2.9	3.5	3.7	3.2

数据来源：
全国农村贫困监测调查

1-3-20 历年国家扶贫开发工作重点县农户参与扶贫活动情况

单位：%

指 标	重点县				其中：重点村			
	2002年	2003年	2004年	2005年	2002年	2003年	2004年	2005年
一、对村级扶贫情况的了解和参与								
1.农户知道村里落实了新项目的比重	77.0	67.7	76.8	75.9	78.4	70.6	75.4	80.1
2.农户知道的途径								
(1)到本次调查才知道	10.2	6.1	11.2	7.6	9.6	6.1	10.6	6.4
(2)通过村民会议、村委会的公示户	63.0	70.5	67.5	70.2	63.8	71.0	68.4	71.1
(3)作为村干部接到上级的通知	8.1	7.3	6.0	5.4	7.4	6.7	6.4	5.4
(4)通过村干部的个别通知	11.1	8.5	8.4	6.5	11.6	8.5	8.1	6.3
(5)通过亲朋好友	4.0	3.2	2.7	4.0	3.5	2.9	2.4	4.5
(6)其他途径	3.8	4.4	4.1	6.2	4.2	4.6	4.1	6.3
3.项目确定前有机会参与意见农户比重	42.1	50.6	50.7	52.6	57.2	52.9	51.8	52.3
二、农户参与的扶贫活动情况								
1.参加或完成某项扶贫的农户比重	43.2	52.8	60.6	53.0	45.6	55.5	59.0	54.3
2.参加／当年完成的扶贫项目主要是	100.0	100.0	100.0	100.0	100.0	100.0	100.0	100.0
(1)种植业	14.8	10.6	10.4	10.0	14.2	10.3	11.7	11.9
(2)林业	4.7	4.3	1.6	1.4	4.9	4.6	2.3	1.6
(3)养殖业	9.2	10.9	8.4	7.3	9.2	12.4	9.4	8.9
(4)农产品加工	0.4	0.1	0.0	0.0	0.1	0.1	0.0	0.0
(5)其他生产行业	0.5	0.1	0.0	0.1	0.3	0.1	0.0	0.1
(6)基本农业建设	5.9	4.1	1.2	1.4	6.3	3.3	1.3	1.5
(7)人畜饮水	14.5	11.3	5.6	6.6	16.2	12.1	6.5	7.3
(8)修建及改扩建道路	15.5	13.7	11.4	11.9	16.5	15.5	14.4	13.4
(9)电力设施、技术培训	4.7	4.8	1.6	0.6	4.6	5.2	1.6	0.8
(10)电视接收设施	0.4	0.5	0.3	0.3	0.4	0.2	0.2	0.5
(11)学校及设备	3.3	2.0	1.4	1.9	3.9	2.5	1.9	2.4
(12)卫生及设备	1.0	1.0	0.7	1.0	1.2	0.6	0.6	1.0
(13)技术培训	0.4	0.3	0.2	0.3	0.1	0.4	0.2	0.3
(14)儿童入学和扫盲	0.6	0.5	0.0	0.6	0.9	0.7	0.1	0.5
(15)退耕还林	18.2	27.8	53.1	49.2	15.3	24.6	45.1	41.5
(16)其他	5.9	8.0	3.9	7.3	5.9	7.4	4.5	8.3
3.得到扶贫项目资助的农户比重	61.1	71.2	77.2	66.6	59.4	68.3	75.4	67.3
4.得到项目内容是自选的农户比重	38.1	42.8	36.1	37.3	37.4	41.1	37.9	38.3

数据来源：
全国农村贫困监测调查

2.分地区资料

2－1 生产、收入与消费

2－1－1 2005年各地区农机总动力和农村用电量

地区	农机总动力（万千瓦）		农村用电量（亿千瓦时）	
	全国[a]	重点县[b]	全国[a]	重点县[b]
全国	68397.8	10173.4	4375.7	208.8
河北	8487.2	1145.9	337.1	31.8
山西	2288.7	332.1	66.9	6.9
内蒙古	1922.0	674.5	29.3	11.4
吉林	1471.3	192.0	28.0	3.0
黑龙江	2234.0	315.0	36.3	5.6
安徽	3983.8	930.8	64.0	15.1
江西	1781.3	316.0	45.1	8.1
河南	7934.2	1831.8	172.1	24.7
湖北	2057.4	310.9	70.1	12.4
湖南	3189.9	377.9	65.2	6.1
广西	1909.7	365.5	34.3	6.0
海南	268.2	26.1	3.8	0.3
重庆	776.0	319.3	42.9	10.5
四川	2181.7	329.0	112.9	9.4
贵州	1011.5	526.1	30.2	8.7
云南	1666.1	665.3	41.7	14.9
陕西	1406.3	485.7	88.2	14.8
甘肃	1406.9	483.0	33.9	13.0
青海	327.3	185.2	3.0	1.5
宁夏	555.1	181.4	9.3	2.2
新疆	1116.3	179.9	36.5	2.5

数据来源：
(a)中国统计年鉴
(b)县（市）社会经济统计年鉴

2-1-2 2005年各地区化肥使用量和有效灌溉面积

地区	化肥使用量（万吨）		有效灌溉面积（千公顷）	
	全国[a]	重点县[b]	全国[a]	重点县[b]
全　国	4766.2	766.3	55029.3	8692.1
河　北	303.4	43.2	4547.8	833.5
山　西	95.7	18.6	1088.6	125.7
内蒙古	116.7	42.8	2702.2	757.6
吉　林	138.1	10.7	1613.7	279.0
黑龙江	150.9	21.7	2394.1	361.8
安　徽	285.7	73.3	3330.9	901.7
江　西	129.4	31.9	1831.4	426.4
河　南	518.1	127.8	4864.1	1160.0
湖　北	285.8	52.5	2064.6	259.5
湖　南	209.9	26.0	2690.4	346.5
广　西	201.3	22.5	1519.8	238.1
海　南	37.3	4.3	168.3	22.2
重　庆	79.1	30.7	618.1	183.7
四　川	220.9	38.1	2508.3	351.9
贵　州	77.4	41.6	711.6	327.8
云　南	142.7	68.0	1485.4	759.3
陕　西	147.3	50.6	1298.8	306.0
甘　肃	75.9	31.4	1030.4	313.2
青　海	7.0	3.9	176.5	64.3
宁　夏	29.9	7.2	423.5	83.3
新　疆	107.8	19.5	3204.3	590.6

数据来源：
(a)中国统计年鉴
(b)县（市）社会经济统计年鉴

2-1-3 2005年各地区粮、棉、油播种面积

单位：千公顷

地区	农作物总播种面积		粮食播种面积	
	全国[a]	重点县[b]	全国[a]	重点县[b]
全国	155487.7	34926.5	104278.4	24431.6
河北	8785.5	1993.3	6240.2	1426.3
山西	3795.4	989.3	3033.6	794.0
内蒙古	6215.7	2416.7	4373.6	1730.2
吉林	4954.1	511.5	4294.5	364.8
黑龙江	10083.7	1807.8	8650.8	1534.5
安徽	9172.5	2349.9	6410.9	1648.7
江西	5251.4	1261.7	3441.5	915.8
河南	13922.7	3695.1	9153.4	2367.4
湖北	7279.4	1804.4	3926.8	1111.0
湖南	7977.6	1252.7	4838.6	780.9
广西	6489.2	1256.9	3496.2	769.9
海南	778.1	109.6	423.8	57.7
重庆	3444.7	1565.1	2501.3	1137.9
四川	9480.2	1909.9	6564.8	1343.6
贵州	4804.1	2762.6	3073.7	1828.2
云南	6053.8	3227.4	4253.9	2304.7
陕西	4201.8	2054.9	3263.9	1604.9
甘肃	3726.0	2230.9	2587.2	1655.3
青海	476.7	250.3	245.6	138.5
宁夏	1099.3	643.2	775.9	432.4
新疆	3731.2	833.3	1492.8	485.0

数据来源：
(a)中国统计年鉴
(b)县（市）社会经济统计年鉴

2-1-3 续表

单位：千公顷

地区	棉花播种面积		油料播种面积	
	全国[a]	重点县[b]	全国[a]	重点县[b]
全国	5061.8	570.2	14317.7	3405.1
河北	573.5	112.9	559.0	147.2
山西	97.5	1.0	273.4	125.8
内蒙古	1.6		694.7	228.5
吉林	1.0	1.0	288.5	88.6
黑龙江			410.3	119.6
安徽	375.7	94.3	1303.1	357.7
江西	63.9	1.7	577.0	120.5
河南	781.6	183.5	1605.8	512.9
湖北	390.3	10.7	1460.2	266.9
湖南	150.9	2.3	898.3	147.0
广西	1.7	1.0	314.1	38.8
海南			44.7	3.8
重庆	0.2	0.2	252.4	136.8
四川	27.8	4.2	1093.6	222.8
贵州	1.4	1.4	555.8	253.5
云南	0.6	0.4	225.3	117.8
陕西	70.2	16.6	276.9	154.1
甘肃	64.0	0.2	328.9	193.0
青海			161.9	82.1
宁夏			96.9	72.2
新疆	1160.5	138.8	185.5	16.0

数据来源：
(a)中国统计年鉴
(b)县（市）社会经济统计年鉴

2-1-4 2005年各地区粮、棉、油、肉产量

地区	粮食产量（万吨）		棉花产量（吨）	
	全国[a]	重点县[b]	全国[a]	重点县[b]
全国	48402.2	9482.2	5714179	644506
河北	2598.6	557.3	577000	113107
山西	978.0	180.3	102907	395
内蒙古	1662.2	568.4	1765	2
吉林	2581.2	168.7	1715	1627
黑龙江	3092.0	547.4		
安徽	2605.3	794.3	324634	106737
江西	1757.0	462.1	87196	4716
河南	4582.0	1206.3	677000	167466
湖北	2177.4	492.3	374960	13260
湖南	2678.6	382.7	197511	2164
广西	1487.3	256.8	890	410
海南	153.0	19.4		
重庆	1168.2	444.2	167	159
四川	3211.1	634.0	24713	2933
贵州	1152.1	723.7	568	531
云南	1514.9	737.8	220	167
陕西	1043.0	452.6	77766	13136
甘肃	836.9	418.9	110516	137
青海	93.3	49.2		
宁夏	299.8	86.8	5	
新疆	876.6	298.8	1874000	217559

数据来源：
(a)中国统计年鉴
(b)县（市）社会经济统计年鉴

2-1-4 续表

地 区	油料产量（万吨）		肉类总产量（万吨）	
	全国[a]	重点县[b]	全国[a]	重点县[b]
全 国	3077.1	566.9	7743.1	1460.5
河 北	152.7	28.4	571.9	105.0
山 西	21.3	8.4	68.2	19.5
内蒙古	122.2	26.1	229.5	86.5
吉 林	54.4	10.0	260.2	19.5
黑龙江	60.6	18.7	173.5	34.4
安 徽	270.7	61.7	340.1	109.2
江 西	76.1	15.6	237.1	56.5
河 南	449.6	135.3	685.9	156.3
湖 北	293.9	45.9	327.3	77.3
湖 南	141.0	21.6	523.5	66.8
广 西	63.2	4.0	242.9	63.7
海 南	8.5	0.8	58.2	5.2
重 庆	42.7	20.0	178.0	75.1
四 川	232.3	46.4	653.6	163.5
贵 州	84.9	33.4	167.5	116.9
云 南	36.2	15.7	298.6	150.6
陕 西	45.4	22.2	102.8	57.2
甘 肃	50.3	24.9	82.1	41.2
青 海	31.9	16.2	25.8	15.5
宁 夏	12.2	8.0	26.2	7.8
新 疆	38.9	3.6	143.3	32.6

数据来源：
(a)中国统计年鉴
(b)县（市）社会经济统计年鉴

2-1-5 2005年各地区农民年末拥有主要生产性固定资产原值和数量

地 区	固定资产原值(元/户)		房屋及建筑物面积(平米/户)		汽车(辆/百户)	
	全国[a]	重点县[b]	全国[a]	重点县[b]	全国[a]	重点县[b]
全 国	7155.6	4533.7	25.5	23.1	1.8	1.0
河 北	9335.5	5173.6	19.7	12.8	3.3	1.6
山 西	4329.3	3369.5	11.1	12.0	3.0	2.1
内蒙古	13603.2	9096.6	57.8	36.2	1.7	1.1
吉 林	11322.8	6106.7	30.2	18.6	1.3	0.9
黑龙江	10358.8	8163.1	23.3	18.1	1.5	0.1
安 徽	5857.1	3156.7	16.7	12.5	1.0	1.3
江 西	4613.5	2255.9	30.8	22.1	1.0	0.4
河 南	6547.3	4793.0	12.1	8.8	1.4	0.9
湖 北	4121.2	1994.0	23.3	22.9	1.0	0.5
湖 南	3718.3	2118.6	25.1	18.4	0.8	0.1
广 西	4483.3	3518.2	23.5	17.2	0.7	0.6
海 南	7492.2	5043.3	10.6	4.8	0.5	0.6
重 庆	3103.7	3183.7	36.8	30.6	0.4	1.1
四 川	5119.0	5287.7	38.0	40.5	1.2	1.4
贵 州	4175.4	3836.1	26.4	26.4	1.4	0.7
云 南	6605.7	4999.7	32.4	30.0	1.8	0.7
陕 西	5664.8	3289.4	13.0	14.7	1.5	0.9
甘 肃	7025.9	4570.0	29.5	20.7	0.8	1.0
青 海	9440.8	9111.0	43.7	42.1	3.8	3.2
宁 夏	14811.2	7942.9	55.2	44.0	2.5	2.1
新 疆	11978.3	5241.1	31.8	33.9	1.5	1.9

数据来源：
(a)全国农村住户抽样调查
(b)全国农村贫困监测调查

2-1-6 2005年各地区农民家庭经营费用支出

单位：元／人

地 区	家庭经营支出		其中：种植业户		林业	
	全国[a]	重点县[b]	全国[a]	重点县[b]	全国[a]	重点县[b]
全 国	1189.7	662.1	540.9	341.8	7.2	9.7
河 北	1242.8	604.0	578.2	360.3	3.5	5.3
山 西	626.8	335.4	321.2	199.1	2.6	3.7
内蒙古	2084.8	1209.6	1030.8	667.4	7.0	4.6
吉 林	1591.8	1205.6	1096.6	916.6	5.9	22.8
黑龙江	2591.2	1771.8	1848.2	1474.2	3.5	2.2
安 徽	861.6	586.9	516.3	323.0	6.1	12.0
江 西	931.7	531.7	443.2	284.3	4.5	7.8
河 南	944.7	686.7	470.4	406.3	3.9	8.6
湖 北	1038.1	609.5	490.5	276.6	6.9	5.2
湖 南	1106.0	526.9	394.6	228.9	13.0	8.7
广 西	1125.8	819.4	464.6	287.4	4.1	19.0
海 南	984.9	551.6	373.3	190.3	24.6	28.2
重 庆	839.0	735.9	228.5	263.6	6.7	3.5
四 川	1188.2	714.2	325.9	263.0	5.8	7.9
贵 州	675.7	569.2	223.0	209.9	1.3	2.6
云 南	1015.4	703.3	459.0	349.3	10.8	24.4
陕 西	858.5	498.4	440.2	273.2	3.3	4.2
甘 肃	790.7	398.3	490.0	225.2	13.1	9.1
青 海	643.2	399.4	296.8	174.6	1.2	0.7
宁 夏	1418.4	708.7	637.0	356.4	0.7	0.8
新 疆	1928.6	791.9	1383.9	479.7	8.0	7.1

数据来源：
(a)全国农村住户抽样调查
(b)全国农村贫困监测调查

2–1–6 续表

单位：元／人

地 区	牧业		渔业		二、三产业	
	全国[a]	重点县[b]	全国[a]	重点县[b]	全国[a]	重点县[b]
全 国	476.9	249.8	33.3	3.3	131.4	57.6
河 北	454.6	136.2	0.0	0.7	206.5	101.5
山 西	180.0	87.8	0	0.0	123.0	44.8
内蒙古	1009.0	499.1	0.1	0.0	38.0	38.4
吉 林	450.2	241.0	0.8	1.8	38.3	23.5
黑龙江	697.5	284.8	2.4	3.3	39.6	7.4
安 徽	231.5	146.0	29.5	3.9	78.3	102.0
江 西	365.8	170.6	16.4	10.3	101.8	58.7
河 南	357.1	193.3	10.5	2.0	102.9	76.5
湖 北	362.1	272.7	67	1.6	111.6	53.4
湖 南	498.3	242.4	27.4	1.7	172.8	45.2
广 西	561.9	381.3	31.8	4.5	63.4	127.3
海 南	296.2	104.1	226.3	213.5	64.5	15.6
重 庆	535.8	428.1	17.5	3.4	50.5	37.3
四 川	744.3	377.2	19.0	1.0	93.3	65.1
贵 州	382.6	323.5	0.1	0.4	68.6	32.8
云 南	476.8	291.1	3	1.3	65.9	37.3
陕 西	306.9	157.5	2.9	2.6	105.3	60.9
甘 肃	184.0	109.8	0.1	0.0	103.6	54.2
青 海	225.8	144.9	0.5	0.0	118.8	79.2
宁 夏	607.3	302.8	32.7	0.0	140.7	48.6
新 疆	414.7	271.2	0.0	0.0	122.1	33.9

数据来源：
(a)全国农村住户抽样调查
(b)全国农村贫困监测调查

2-1-7 2005年各地区农民人均纯收入

单位：元／人

地区	人均纯收入		其中：工资性收入		家庭经营收入	
	全国[a]	重点县[b]	全国[a]	重点县[b]	全国[a]	重点县[b]
全　国	3254.9	1725.6	1174.5	560.8	1844.5	1042.6
河　北	3481.6	2387.3	1293.5	976.4	1988.6	1273.5
山　西	2890.7	1561.5	1177.9	669.3	1563.5	779.7
内蒙古	2988.9	1757.8	504.5	390.5	2223.3	1102.4
吉　林	3264.0	1531.9	511.0	250.3	2395.5	929.6
黑龙江	3221.3	1333.4	464.3	127.9	2363.9	981.1
安　徽	2641.0	2043.7	1010.1	956.4	1499.3	986.8
江　西	3128.9	1561.4	1227.9	615.8	1786.4	868.0
河　南	2870.6	2309.5	854.0	776.0	1913.7	1445.9
湖　北	3099.2	1774.4	941.6	699.7	2049.0	953.1
湖　南	3117.7	1644.2	1228.8	548.8	1713.4	976.5
广　西	2494.7	1782.2	907.4	601.4	1516.4	1091.6
海　南	3004.0	1952.8	473.1	248.0	2345.6	1458.8
重　庆	2809.3	2036.6	1088.8	788.7	1541.5	1117.5
四　川	2802.8	1826.7	954.9	533.8	1681.6	1171.5
贵　州	1877.0	1641.3	583.3	538.7	1153.4	1009.1
云　南	2041.8	1460.7	348.3	327.4	1530.1	1039.7
陕　西	2052.6	1525.7	756.7	685.5	1118.9	665.3
甘　肃	1979.9	1447.2	586.7	488.2	1263.4	842.5
青　海	2151.5	1742.8	560.5	488.5	1359.6	1111.9
宁　夏	2508.9	1698.1	702.1	593.2	1561.9	844.2
新　疆	2482.2	1622.1	195.5	199.1	2140.8	1353.1

数据来源：
(a)全国农村住户抽样调查
(b)全国农村贫困监测调查

2-1-8 2005年各地区农民人均生活消费支出

单位：元/人

地 区	人均消费支出		其中：1.食品		2.衣着	
	全国[a]	重点县[b]	全国[a]	重点县[b]	全国[a]	重点县[b]
全 国	2555.4	1528.5	1162.2	793.2	148.6	86.3
河 北	2165.7	1631.1	888.4	714.3	155.5	107.9
山 西	1877.7	1383.9	830.5	642.9	202.4	123.5
内蒙古	2446.2	1787.0	1054.3	796.2	150.0	120.6
吉 林	2306.0	1451.9	1003.2	712.5	168.2	102.0
黑龙江	2544.7	1467.5	923.6	625.7	184.1	105.5
安 徽	2196.2	1735.7	999.8	963.8	117.4	95.5
江 西	2483.7	1641.2	1220.5	846.9	124.5	71.2
河 南	1891.6	1669.7	859.0	830.5	132.4	110.8
湖 北	2430.2	1710.4	1192.3	917.7	125.0	78.2
湖 南	2756.4	1580.4	1433.0	889.2	127.9	61.0
广 西	2349.6	1781.7	1186.7	969.0	79.5	56.6
海 南	1969.1	1562.0	1134.8	842.2	66.4	46.6
重 庆	2142.1	1943.0	1130.4	1016.9	96.0	83.3
四 川	2274.2	1581.9	1244.4	945.5	116.4	85.8
贵 州	1552.4	1349.2	819.9	751.4	79.6	63.7
云 南	1789.0	1296.1	975.7	774.1	80.3	55.3
陕 西	1896.5	1577.5	812.9	647.7	124.4	91.4
甘 肃	1819.6	1322.9	858.9	664.5	92.3	70.9
青 海	1976.0	1522.1	893.3	816.5	156.1	122.5
宁 夏	2094.5	1611.3	922.5	759.7	143.1	102.3
新 疆	1924.4	1363.8	803.8	699.2	171.4	147.1

数据来源：
(a)全国农村住户抽样调查
(b)全国农村贫困监测调查

2-1-8 续表1

单位：元/人

地区	3.居住		4.家庭设备用品及服务		5.医疗保健	
	全国[a]	重点县[b]	全国[a]	重点县[b]	全国[a]	重点县[b]
全　国	370.2	162.5	111.4	55.8	168.1	86.9
河　北	398.9	255.0	101.5	60.0	134.8	108.3
山　西	200.6	91.4	68.9	45.5	102.9	73.6
内蒙古	334.7	176.0	84.4	56.3	176.4	114.5
吉　林	256.7	134.6	81.9	42.0	193.6	120.8
黑龙江	527.0	144.1	73.8	44.7	253.5	100.7
安　徽	344.9	127.1	106.4	46.3	133.7	78.9
江　西	326.2	143.7	96.4	63.4	154.7	89.2
河　南	318.0	240.2	82.7	72.5	123.4	79.6
湖　北	310.3	158.3	110.0	74.3	135.4	94.4
湖　南	307.3	121.2	114.3	55.3	168.2	85.8
广　西	379.7	240.8	95.5	65.6	123.4	83.0
海　南	146.0	141.8	92.3	78.8	93.0	76.6
重　庆	231.2	188.0	95.8	80.2	142.7	98.9
四　川	234.1	115.1	102.1	55.9	144.5	77.9
贵　州	235.5	144.4	61.7	50.8	71.8	48.9
云　南	225.8	124.6	67.0	47.0	122.3	66.4
陕　西	211.7	176.8	83.6	70.6	165.8	131.2
甘　肃	240.7	146.4	74.1	44.5	114.0	77.1
青　海	329.3	175.6	84.0	45.1	152.3	102.7
宁　夏	345.9	227.0	77.2	59.5	198.8	155.3
新　疆	333.2	175.3	68.0	38.9	169.3	103.7

数据来源：
(a)全国农村住户抽样调查
(b)全国农村贫困监测调查

2-1-8 续表2

单位：元/人

地区	6.交通和通讯		7.文教娱乐用品及服务		8.其他消费支出	
	全国[(a)]	重点县[(b)]	全国[(a)]	重点县[(b)]	全国[(a)]	重点县[(b)]
全国	245.0	105.6	295.5	182.2	54.5	25.9
河北	222.0	147.8	225.8	212.1	38.9	25.7
山西	160.3	79.4	279.5	265.4	32.7	25.7
内蒙古	293.3	176.3	309.4	279.9	43.6	33.8
吉林	284.9	126.6	261.1	166.1	56.4	38.0
黑龙江	256.6	108.2	277.0	259.9	49.1	22.3
安徽	196.7	98.5	256.8	250.3	40.6	27.7
江西	229.6	110.0	276.3	242.6	55.6	36.6
河南	159.7	125.4	177.7	146.7	38.8	25.5
湖北	223.2	128.7	271.9	188.8	62.2	31.9
湖南	219.0	79.9	329.3	208.5	57.5	33.3
广西	214.1	150.5	226.4	166.6	44.5	38.0
海南	178.0	153.1	198.7	137.2	60.0	36.3
重庆	163.1	134.4	249.7	277.8	33.5	21.2
四川	171.5	75.3	225.2	160.9	36.2	29.3
贵州	99.2	83.8	160.9	153.1	23.8	27.5
云南	99.8	67.4	182.6	111.2	35.4	16.4
陕西	163.2	143.1	297.3	279.8	37.6	34.8
甘肃	155.0	96.6	257.9	187.2	26.7	16.4
青海	208.4	120.9	109.5	81.2	43.0	31.4
宁夏	178.5	158.8	177.9	117.4	50.6	20.0
新疆	183.0	59.3	159.3	72.5	36.4	9.6

数据来源：
(a)全国农村住户抽样调查
(b)全国农村贫困监测调查

2-1-9 2005年各地区农民主要食品人均消费量

单位：公斤/人

地区	谷物		食用油		蔬菜	
	全国[a]	重点县[b]	全国[a]	重点县[b]	全国[a]	重点县[b]
全　国	203.9	195.8	6.0	5.2	102.3	86.9
河　北	196.5	193.1	6.8	4.7	57.7	64.0
山　西	204.9	161.4	5.5	4.4	80.7	56.4
内蒙古	198.7	179.9	4.3	4.1	76.9	70.4
吉　林	166.6	186.4	6.8	4.3	138.1	125.1
黑龙江	174.1	186.2	9.2	7.4	112.6	78.0
安　徽	209.8	215.7	6.3	8.6	78.7	92.6
江　西	239.7	216.6	7.0	6.0	136.4	110.6
河　南	209.1	226.7	4.4	5.2	100.8	99.6
湖　北	208.6	173.4	3.7	5.8	152.5	134.0
湖　南	235.7	220.0	9.0	7.0	140.1	129.0
广　西	187.9	191.2	5.0	2.7	101.7	84.6
海　南	186.6	165.5	4.3	3.4	71.2	55.1
重　庆	208.1	173.5	4.5	4.1	152.3	149.3
四　川	215.6	202.5	4.9	5.1	155.9	103.4
贵　州	179.0	187.7	4.0	3.2	135.5	113.2
云　南	187.5	190.8	3.3	3.1	98.3	90.0
陕　西	197.0	171.5	6.5	6.3	54.0	53.8
甘　肃	245.9	210.7	3.6	5.1	43.6	61.7
青　海	216.1	207.4	3.5	9.9	43.6	35.2
宁　夏	228.3	226.6	4.8	8.7	82.7	55.0
新　疆	235.1	215.7	10.9	9.3	67.9	53.5

数据来源：
(a)全国农村住户抽样调查
(b)全国农村贫困监测调查

2－2 教育与卫生

2-2-1 2005年各地区中小学学校数

单位：个

地区	普通中学数		小学数	
	全国[a]	重点县[b]	全国[a]	重点县[b]
全国	77977	14834	**366213**	112950
河北	4734	1016	20883	6767
山西	3279	742	24339	9315
内蒙古	1583	482	5850	2279
吉林	1634	187	7393	743
黑龙江	2587	296	9995	1556
安徽	3948	1057	20142	6507
江西	2801	651	14727	4344
河南	6207	1398	33026	9484
湖北	3231	706	12631	4834
湖南	4560	776	17108	3778
广西	2887	548	15500	3876
海南	563	105	3106	472
重庆	1414	463	9558	4991
四川	4995	825	19305	4212
贵州	2666	1371	14258	9790
云南	2257	1153	18747	12953
陕西	2727	1020	20711	11387
甘肃	2050	1169	14963	9619
青海	511	251	2898	1742
宁夏	418	167	2527	2231
新疆	1952	451	5209	2070

数据来源：
(a)中国统计年鉴
(b)县(市)社会经济统计年鉴

2-2-2 2005年各地区中小学专职教师数

单位：人

地区	中学专职教师数		小学专职教师数	
	全国[a]	重点县[b]	全国[a]	重点县[b]
全国	4771299	755646	5592453	1104747
河北	289969	50493	320110	64956
山西	159803	28902	192271	41652
内蒙古	93656	26395	118988	39669
吉林	94248	8908	137675	12991
黑龙江	143188	13657	163204	19241
安徽	166897	46177	259493	69317
江西	163133	37725	193484	49322
河南	373073	82755	475511	118277
湖北	233517	50515	215693	56480
湖南	261449	39663	246112	41386
广西	152381	23899	204788	41744
海南	27652	3806	50598	6980
重庆	93997	29888	114326	44685
四川	258924	40195	307113	62232
贵州	122721	63353	183679	101781
云南	131685	64599	219236	121134
陕西	159138	53710	186644	74525
甘肃	99150	49678	130841	74407
青海	20050	9926	27478	13004
宁夏	22316	8054	33760	15304
新疆	101701	23348	134768	35660

数据来源：
(a)中国统计年鉴
(b)县（市）社会经济统计年鉴

2-2-3 2005年各地区中小学在校学生数

单位：万人

地区	中学在校学生数		小学在校学生数	
	全国[a]	重点县[b]	全国[a]	重点县[b]
全　国	8580.9	1471.9	10864.1	2344.5
河　北	509.5	89.7	500.4	101.3
山　西	261.2	47.0	350.3	72.7
内蒙古	155.5	42.0	159.6	47.4
吉　林	154.7	9.8	162.5	12.7
黑龙江	227.9	21.9	220.4	25.8
安　徽	460.9	119.6	584.1	172.0
江　西	286.1	70.1	384.2	108.7
河　南	758.2	177.3	986.8	271.3
湖　北	446.7	92.4	429.2	114.5
湖　南	429.1	69.5	419.8	75.5
广　西	303.9	47.2	452.8	79.2
海　南	58.4	7.1	105.7	12.7
重　庆	173.5	60.6	261.0	116.2
四　川	485.5	82.2	714.5	159.8
贵　州	255.0	133.6	473.8	277.2
云　南	238.9	120.9	441.2	250.4
陕　西	304.6	107.0	340.1	134.9
甘　肃	194.4	101.0	303.6	187.8
青　海	32.8	15.8	50.7	23.6
宁　夏	40.6	15.4	69.3	32.6
新　疆	154.1	41.6	214.4	68.0

数据来源：
(a)中国统计年鉴
(b)县（市）社会经济统计年鉴

2-2-4 2005年各地区农村乡镇卫生院及床位、人员数

地 区	机构数(个)	床位数(张)	人员数(人)	每千农业人口		乡镇数(个)
				床位	人员	
总 计	40907	678240	1012006	0.78	1.16	36952
北 京	150	3366	5572	1.13	1.86	185
天 津	184	2236	5028	0.59	1.33	140
河 北	1966	35560	42702	0.70	0.85	1967
山 西	1599	21362	29009	0.92	1.25	1193
内蒙古	1330	13116	19774	0.91	1.38	1147
辽 宁	1021	21899	24155	1.00	1.12	1007
吉 林	801	11981	24588	0.82	1.69	767
黑龙江	922	12425	21784	0.64	1.13	882
上 海	100	9712	8230	4.49	3.81	109
江 苏	1442	53494	77208	1.33	1.92	1153
浙 江	2174	20569	40621	0.62	1.23	1281
安 徽	1980	36873	50909	0.72	0.99	1584
福 建	929	18033	22621	0.78	0.99	954
江 西	1506	19045	30764	0.59	0.99	1435
山 东	1688	52866	78954	0.86	1.30	1468
河 南	2088	52609	82279	0.68	1.05	2014
湖 北	1156	31764	69626	0.87	1.60	964
湖 南	2472	36663	64505	0.70	1.26	2343
广 东	1391	37621	68438	0.95	2.38	1247
广 西	1294	20944	33301	0.52	0.84	1324
海 南	307	4025	7405	0.92	1.28	200
重 庆	1077	16269	25537	0.70	1.09	1035
四 川	5163	57235	70064	0.86	1.09	4808
贵 州	1445	14061	18809	0.43	0.60	1380
云 南	1483	24139	24503	0.67	0.71	1402
西 藏	666	1986	1891	0.89	0.80	685
陕 西	1725	18621	26123	0.67	0.97	1526
甘 肃	1352	12707	14973	0.64	0.78	1371
青 海	405	2059	2707	0.58	0.88	392
宁 夏	266	2056	3434	0.54	0.97	192
新 疆	825	12944	16492	1.04	1.46	797

资料来源：
2005年中国卫生统计年鉴

注：全国及各地区农业人口系推算数。

2-2-5 2005年各地区村卫生室及人员数

地 区	总村数(个)	村卫生室(个)	设置卫生室的村占总村数(%)	乡村医生和卫生员(人)	每千农业人口乡村医生和卫生员
总 计	652718	583209	89.4	916532	1.05
北 京	3978	2718	68.3	4003	1.33
天 津	3821	2322	60.8	4932	1.30
河 北	49697	49160	98.9	67641	1.34
山 西	28552	20102	70.4	31645	1.37
内蒙古	12215	12366	100.0	16966	1.18
辽 宁	12024	17759	100.0	21843	1.01
吉 林	9370	8940	95.4	13137	0.90
黑龙江	8951	12463	100.0	22326	1.16
上 海	1905	1667	87.5	2890	1.34
江 苏	18619	17921	96.3	53165	1.32
浙 江	35445	16355	46.1	14188	0.43
安 徽	26545	22847	86.1	46523	0.90
福 建	14745	18222	100.0	30384	1.32
江 西	17354	20989	100.0	34436	1.07
山 东	86121	54706	63.5	99117	1.61
河 南	48330	58986	100.0	96238	1.24
湖 北	26697	21136	79.2	34417	0.94
湖 南	45722	35141	76.9	38547	0.73
广 东	21917	22274	100.0	30114	0.75
广 西	14560	22056	100.0	36172	0.90
海 南	2624	1951	74.4	2238	0.51
重 庆	10143	11506	100.0	19878	0.85
四 川	52875	48565	91.8	70467	1.06
贵 州	20053	18805	93.8	24320	0.75
云 南	13198	13474	100.0	35153	0.98
西 藏	6009	3584	59.6	2452	1.10
陕 西	28506	21938	77.0	31210	1.13
甘 肃	17043	13482	79.1	17223	0.86
青 海	4158	4214	100.0	4956	1.39
宁 夏	2515	2767	100.0	3542	0.92
新 疆	9026	4793	53.1	6409	0.51

数据来源：
2005年中国卫生统计年鉴
注：北京、天津、浙江等地区部分村的基本医疗服务由社区卫生服务站和诊所提供。

2-2-6 2005年各地区乡镇卫生院病床使用情况

地　区	病床使用率（%）	平均住院日（日）	地　区	病床使用率（%）	平均住院日（日）
总　计	37.7	4.6	河　南	39.0	5
北　京	38.3	6.8	湖　北	37.5	6
天　津	39.3	4.3	湖　南	37.3	4.8
河　北	27.8	6.5	广　东	46.1	4.4
山　西	28.4	6.8	广　西	40.3	3.7
内蒙古	28.6	3.3	海　南	25.5	3.7
辽　宁	34.8	4.3	重　庆	43.2	5
吉　林	23.1	3.5	四　川	38.3	4.1
黑龙江	30.4	4.2	贵　州	35.7	2.9
上　海	80.7	16.2	云　南	35.1	4.5
江　苏	41.9	6.5	西　藏	33.2	6.1
浙　江	35.8	6.1	陕　西	28.5	5.4
安　徽	39.7	3.6	甘　肃	30.1	4.7
福　建	38.5	3.3	青　海	31.7	5.2
江　西	45	2.6	宁　夏	43.2	4.4
山　东	33.9	4.2	新　疆	49.2	5.6

数据来源：
2005年中国卫生统计年鉴

2－3 环境保护与林业

2-3-1 各地区六次森林资源清查中森林覆盖率

单位：%

地 区	第一次全国森林资源清查(1973~1976)	第二次全国森林资源清查(1977~1981)	第三次全国森林资源清查(1984~1988)	第四次全国森林资源清查(1989~1993)	第五次全国森林资源清查(1994~1998)	第六次全国森林资源清查(1999~2003)
全 国	12.7	12.0	13.0	13.9	16.6	18.2
北 京	11.2	8.1	12.1	15.0	18.9	21.3
天 津	2.7	2.6	5.4	7.5	7.5	8.1
河 北	10.8	9.0	10.8	13.4	18.1	17.7
山 西	7.0	5.2	33.0	8.1	11.7	13.3
内蒙古	0.8	11.9	6.3	12.1	12.7	17.7
辽 宁	17.8	25.1	11.9	26.9	31.0	33.0
吉 林	25.8	32.2	27.0	33.6	37.4	38.1
黑龙江	34.9	33.6	34.4	35.6	38.7	39.5
上 海	1.7	1.3	1.5	2.5	3.7	3.2
江 苏	3.3	3.2	3.8	4.0	4.5	7.5
浙 江	38.9	33.7	39.7	43.0	50.8	54.4
安 徽	12.7	13.0	16.4	16.3	23.0	24.0
福 建	48.5	37.0	41.2	50.6	60.5	63.0
江 西	36.7	32.8	35.9	40.4	53.4	55.9
山 东	8.7	5.9	10.5	10.7	12.6	13.4
河 南	10.9	8.5	9.4	10.5	12.5	16.2
湖 北	23.5	20.3	20.7	21.3	26.0	26.8
湖 南	31.1	32.5	31.9	32.8	38.9	40.6
广 东	33.9	27.7	27.3	36.8	45.8	46.5
广 西	23.3	22.0	22.0	25.3	34.4	41.4
海 南	_	_	25.4	31.3	39.6	48.9
重 庆	_	_	_	_	_	22.3
四 川	13.3	12.0	19.2	20.4	23.5	30.3
贵 州	14.5	13.1	12.6	14.8	20.8	23.8
云 南	24.9	24.0	24.4	24.6	33.6	40.8
西 藏	5.1	5.1	5.1	5.8	5.9	11.3
陕 西	22.3	21.7	22.9	24.2	28.7	32.6
甘 肃	3.2	3.9	4.5	4.3	4.8	6.7
青 海	0.3	0.3	0.4	1.5	0.4	4.4
宁 夏	0.5	1.4	1.8	0.4	2.2	6.1
新 疆	0.9	0.7	0.9	0.8	1.1	2.9

数据来源：六次全国森林资源统计

注：全国覆盖率数据含台湾。

2-3-2 2005年各地区天然林资源保护工程建设情况

单位：公顷

地区	公益林建设									
	当年造林面积								年末实有封山育林面积	
	合计	按造林方式分		按林种用途分					合计	其中:本年新封
		当年人工造林面积	当年飞播造林面积	用材林	经济林	防护林	薪炭林	特种用途林		
全国合计	424808	118377	306431	8414	10588	405806	—	—	5461491	741866
北京	—	—	—	—	—	—	—	—	—	—
天津	—	—	—	—	—	—	—	—	—	—
河北	—	—	—	—	—	—	—	—	—	—
山西	1266	—	1266	—	—	1266	—	—	138867	46065
内蒙古	67594	—	67594	—	—	67594	—	—	507379	95401
辽宁	—	—	—	—	—	—	—	—	—	—
吉林	—	—	—	—	—	—	—	—	166118	—
黑龙江	—	—	—	—	—	—	—	—	740360	—
上海	—	—	—	—	—	—	—	—	—	—
江苏	—	—	—	—	—	—	—	—	—	—
浙江	—	—	—	—	—	—	—	—	—	—
安徽	—	—	—	—	—	—	—	—	—	—
福建	—	—	—	—	—	—	—	—	—	—
江西	—	—	—	—	—	—	—	—	—	—
山东	—	—	—	—	—	—	—	—	—	—
河南	—	—	—	—	—	—	—	—	60867	14000
湖北	4483	4483	—	858	265	3360	—	—	299999	44332
湖南	—	—	—	—	—	—	—	—	—	—
广东	—	—	—	—	—	—	—	—	—	—
广西	—	—	—	—	—	—	—	—	—	—
海南	—	—	—	—	—	—	—	—	22014	—
重庆	4004	4004	—	150	—	3854	—	—	296185	30626
四川	113943	51202	62741	677	9016	104250	—	—	917995	240476
贵州	3414	—	3414	—	—	3414	—	—	316539	49476
云南	70453	26128	44325	1113	1190	68150	—	—	688480	89136
西藏	2037	2037	—	—	—	2037	—	—	102144	3333
陕西	125393	15912	109481	5616	117	119660	—	—	447490	77922
甘肃	26606	13340	13266	—	—	26606	—	—	249570	23766
青海	1271	1271	—	—	—	1271	—	—	204183	20000
宁夏	4344	—	4344	—	—	4344	—	—	214887	7333
新疆	—	—	—	—	—	—	—	—	88414	—
大兴安岭	—	—	—	—	—	—	—	—	—	—

数据来源：
2005年林业
统计年鉴

2-3-2 续表

地 区	年末实有森林管护面积（公顷）		自工程实施以来累计一次性安置职工人数及费用			全部林业投资完成额（万元）	
	合 计	其中：年末个体承包管护面积	合 计（人）	其中：本年一次性安置职工人数	本年一次性安置费（万元）	合 计	其中：国家投资
全国合计	96789681	18311745	351951	9375	15966	620148	584777
北 京	——	——	——	——	——	——	0
天 津	——	——	——	——	——	——	0
河 北	——	——	——	——	——	——	0
山 西	2415187	399388	858	——	——	13418	10940
内蒙古	12953848	2634075	53694	2	4	67494	66229
辽 宁	——	——	——	——	——	——	0
吉 林	3721966	778323	58045	7502	13915	57922	57922
黑龙江	8763853	5799112	144750	——	——	120787	114772
上 海	——	——	——	——	——	——	0
江 苏	——	——	——	——	——	——	0
浙 江	——	——	——	——	——	——	0
安 徽	——	——	——	——	——	——	0
福 建	——	——	——	——	——	——	0
江 西	——	——	——	——	——	——	0
山 东	——	——	——	——	——	——	0
河 南	886927	55202	2176	——	——	4290	3643
湖 北	3104000	1904780	10870	142	301	14369	14242
湖 南	——	——	——	——	——	——	0
广 东	——	——	——	——	——	——	0
广 西	——	——	——	——	——	——	0
海 南	459000	——	2733	——	——	3047	1689
重 庆	2611910	1595885	4965	1	4	15004	11148
四 川	20075501	1683741	12266	1422	1095	102628	92529
贵 州	5293982	880412	5231	88	233	18929	17250
云 南	11909569	563373	8132	99	215	49907	47024
西 藏	114844	——	129	——	——	1427	1378
陕 西	7931091	1027224	5760	54	124	41513	38357
甘 肃	4431182	385185	7329	20	——	26883	26803
青 海	2034070	——	79	22	——	7179	7179
宁 夏	431533	14213	352	23	75	3055	3040
新 疆	1790085	——	6260	——	——	8124	6460
大兴安岭	7861133	590832	28322	——	——	64172	64172

数据来源：
2005 年林业统计年鉴

2-3-3 2005 年各地区林业系统自然保护区建设工程情况

单位：个、百公顷

地区	(一)年末实有自然保护区个数		(二)年末实有自然保护区面积		(三)禁猎(伐)区		(四)野生动物	(五)狩猎场	(六)从事野生动植物及自然保护区建设的职工人数		(七)全部林业投资完成额(万元)	
	合计	其中:国家级	合计	其中:国家级	个数	面积	个数	个数	合计	其中:各类专业技术人员	合计	其中:国家投资
全国合计	1699	177	1198854	718986	1803	913413	24	157	37929	10392	51452	24450
北京	16	1	1270	47	16	1273	2	1	970	197	6155	2287
天津	5	1	668	54	——	0	——	——	107	31	50	0
河北	16	3	4294	548	2	246	1	12	709	171	1821	175
山西	44	4	11403	618	——	0	——	9	422	115	316	100
内蒙古	136	14	98463	20654	37	274751	——	1	1819	471	921	869
辽宁	64	5	13378	1657	——	0	2	——	900	100	909	419
吉林	28	6	22246	6272	1	187400	——	1	1605	463	2085	1066
黑龙江	92	8	28277	8640	129	12765	——	7	855	235	4480	564
上海	1	1	242	242	——	0	1	——	72	58	——	0
江苏	6	1	788	780	——	0	——	——	65	35	875	425
浙江	17	6	927	746	51	481	1	2	604	337	2796	442
安徽	26	4	3593	1124	29	4571	1	——	529	221	176	52
福建	92	8	4967	1386	——	0	——	——	646	410	2534	2534
江西	129	5	8125	850	——	0	1	2	5567	1198	1828	1379
山东	40	2	8188	1580	——	0	2	——	2403	408	——	0
河南	22	7	4708	2378	54	2034	——	2	1997	474	1070	488
湖北	41	3	8428	1798	——	3533	1	2	853	455	1461	849
湖南	104	8	11926	3768	120	2781	1	72	4423	1298	4930	2894
广东	199	5	9476	978	492	21872	2	8	1200	375	2246	140
广西	56	7	14331	1542	63	2804	——	——	2399	540	2009	1376
海南	27	5	2393	682	219	1846	1	——	471	45	1295	903
重庆	44	3	8281	1855	27	1215	1	1	749	283	1341	0
四川	117	13	74644	12461	95	78767	2	2	1474	429	3089	295
贵州	99	6	7260	1920	283	3379	1	9	797	230	1527	1285
云南	135	12	28604	12912	132	13704	1	——	1947	549	2345	1015
西藏	19	8	403081	370131	——	0	——	——	177	17	4	0
陕西	35	6	9365	2258	22	225	1	1	559	147	922	802
甘肃	45	9	93304	42724	20	198815	——	2	1245	350	755	655
青海	9	5	209622	204081	1	173	——	2	130	25	2654	2581
宁夏	6	4	3917	3411	——	0	1	——	652	440	——	0
新疆	21	5	91417	6923	10	17278	1	21	1243	185	661	658
大兴安岭	8	2	11269	3967	——	83500	——	——	340	100	197	197

数据来源：2005 年林业统计年鉴

2-3-4 2005 年各地区退耕还林工程建设情况

地 区	(一)当年人工造林面积(公 顷)			(二)当年种草面积(公 顷)	(三)年末实有封山(沙)育林面积(公顷)		(四)全部林业投资完成额(万元)	
	合 计	退耕地造林面积	荒山荒地造林面积		合 计	其中:本年新封	合 计	其中:国家投资
全国合计	2192908	861187	1331721	47582	1719011	1160159	2681188	2461733
北 京	825	625	200	——	——	——	8969	8766
天 津	——	——	——	——	4667	——	——	0
河 北	207366	99643	107723	——	149859	95998	172491	161841
山 西	76411	33999	42412	——	50264	50264	120767	115188
内蒙古	265565	144003	121562	667	194223	95592	239157	239146
辽 宁	100453	23333	77120	——	64668	64668	70814	62554
吉 林	17583	12811	4772	34417	——	——	27418	26417
黑龙江	65737	27278	38459	——	86665	86665	27078	17547
上 海	——	——	——	——	——	——	——	0
江 苏	——	——	——	——	——	——	——	0
浙 江	——	——	——	——	——	——	——	0
安 徽	17026	13333	3693	——	54296	40013	72519	67968
福 建	——	——	——	——	——	——	——	0
江 西	33332	6663	26669	——	33336	33336	64600	56509
山 东	——	——	——	——	——	——	——	0
河 南	100233	31132	69101	——	64227	64227	86619	85842
湖 北	123044	38663	84381	——	56352	8819	135734	112714
湖 南	125166	23755	101411	——	92220	——	250256	175310
广 东	——	——	——	——	——	——	——	0
广 西	82261	17590	64671	——	62367	62367	71592	61222
海 南	16651	——	16651	——	28014	7667	15673	15673
重 庆	100668	54001	46667	333	46668	46668	169859	157059
四 川	113589	73060	40529	——	74929	53324	320395	307146
贵 州	113343	46674	66669	——	158931	66673	164370	162532
云 南	85417	31171	54246	——	113421	59371	124303	108516
西 藏	4471	2204	2267	——	6667	——	444	444
陕 西	62454	546	61908	——	59469	59135	158219	144851
甘 肃	207640	121929	85711	——	59995	59995	179673	179670
青 海	38177	8747	29430	12165	41377	41377	47398	47398
宁 夏	82380	14680	67700	——	33333	33333	77716	77376
新 疆	73116	35347	37769	——	132396	80000	75124	70044
大兴安岭	——	——	——	——	——	——	——	0

数据来源：2005 年林业统计年鉴

注：此表数据含京津风沙源工程中的退耕还林。

2—3—4 续表

地 区	（五）补助粮、款兑现情况								
	当年粮款兑现退耕地总面积（公顷）	自工程实施以来累计粮食兑现数量总计（吨）			当年应兑现粮食改为兑现现金额（万元）	自工程实施以来累计生活费兑现金额总计（万元）			当年粮款兑现涉及户数（户）
		合计	其中：当年粮食兑现数量合计			合计	其中：当年生活费兑现金额合计		
			合计	其中：当年新退耕地粮食兑现数量			合计	其中：当年新退耕地生活费兑现金额	
全国合计	7714524	29614281	2841815	187010	2138015	923908	253324	33576	26840942
北 京	34896	113621	47694	766	——	2288	1040	16	168287
天 津	4667	7092	——	——	1322	328	189	——	23652
河 北	429500	908000	——	——	115322	47271	16984	3151	1669964
山 西	499141	1079864	17713	——	76465	44230	12330	986	771907
内蒙古	871384	2642936	——	——	173390	75468	25133	4180	1269268
辽 宁	191979	3279	1049	——	43984	19872	6690	700	310435
吉 林	131217	340623	31224	1400	23988	13386	4485	65	145796
黑龙江	——	634326	123775	11410	29485	84617	9866	3817	147055
上 海	——	——	——	——	——	——	——	——	——
江 苏	——	——	——	——	——	——	——	——	——
浙 江	——	——	——	——	——	——	——	——	——
安 徽	185989	552244	103552	3750	66475	33206	7116	215	1150573
福 建	——	——	——	——	——	——	——	——	——
江 西	184270	579702	114453	6370	47355	19370	4630	278	530429
山 东	——	——	——	——	——	——	——	——	——
河 南	226189	983464	——	——	66210	22723	7417	1076	1170314
湖 北	258464	1846228	239497	31100	93011	37463	9109	980	1082284
湖 南	355839	1897271	624295	44977	127164	41312	14940	1122	2359240
广 东	——	——	——	——	——	——	——	——	——
广 西	153814	539032	41805	——	48668	12792	4783	135	569961
海 南	40000	68253	——	——	12073	3600	1189	——	26518
重 庆	419463	1949052	——	——	133211	37118	11392	1576	2638163
四 川	854931	4240183	46991	1650	273558	104987	25612	2192	5296319
贵 州	420336	1666247	263482	——	133650	39062	12254	1100	2084606
云 南	265587	1443132	319164	29385	91050	32548	9836	2223	1004358
西 藏	6614	19020	10610	3036	457	340	167	40	18311
陕 西	913954	4030767	637898	13618	262051	114893	27092	1809	2308786
甘 肃	613293	2088828	——	——	136845	63219	18400	3652	1244210
青 海	165816	608277	——	——	35400	18289	4998	300	276927
宁 夏	304000	542660	——	——	53845	24511	9031	2800	342000
新 疆	183181	830180	218613	39548	93036	31015	8641	1163	231579
大兴安岭	——	——	——	——	——	——	——	——	——

2-3-5　2005年各地区三北、长江流域等重点防护林体系工程建设情况

单位：公顷

地　区	（一）当年造林面积							
	合　计	按造林方式分		按林种用途分				
		人工造林	飞播造林	用材林	经济林	防护林	薪炭林	特种用途林
全国合计	368202	345533	22669	8418	50033	305687	2987	1077
北　京	1833	1833	——	20	67	974	——	772
天　津	3458	3458	——	650	316	2492	——	——
河　北	30196	16861	13335	452	739	29005	——	——
山　西	19333	19333	——	400	113	18820	——	——
内蒙古	——	——	——	——	——	——	——	——
辽　宁	26036	26036	——	——	——	26036	——	——
吉　林	10334	10334	——	——	——	10334	——	——
黑龙江	17261	17261	——	477	60	16718	6	——
上　海	——	——	——	——	——	——	——	——
江　苏	16295	16295	——	——	——	16295	——	——
浙　江	5718	5718	——	128	204	5386	——	——
安　徽	8760	8760	——	444	170	7895	247	4
福　建	3358	3358	——	——	——	3353	5	——
江　西	5796	5796	——	532	46	5218	——	——
山　东	8868	8868	——	——	272	8296	——	300
河　南	22869	20202	2667	1330	1173	19966	400	——
湖　北	11682	11682	——	539	193	10950	——	——
湖　南	4031	4031	——	——	——	4031	——	——
广　东	3206	3206	——	——	——	3206	——	——
广　西	8317	8317	——	1905	211	6201	——	——
海　南	1573	1573	——	——	——	1573	——	——
重　庆	——	——	——	——	——	——	——	——
四　川	——	——	——	——	——	——	——	——
贵　州	14168	14168	——	641	592	12935	——	——
云　南	8133	8133	——	——	142	7991	——	——
西　藏	351	351	——	——	——	351	——	——
陕　西	6787	6787	——	——	146	6308	333	——
甘　肃	13355	13355	——	——	——	13355	——	——
青　海	6967	6967	——	——	——	6967	——	——
宁　夏	26200	26200	——	——	8223	16424	1553	——
新　疆	83317	76650	6667	900	37366	44607	443	1
大兴安岭	——	——	——	——	——	——	——	——

数据来源：
2005年林业统计
年鉴

2-3-5 续表

地 区	(二) 低产低效林改造面积(公顷)	(三) 年末实有封山(沙)育林面积(公顷)		(四) 全部林业投资完成额(万元)	
		合 计	其中:本年新封	合 计	其中:国家投资
全国合计	22957	2374805	244064	192556	91292
北 京	334	1333	1333	22299	15044
天 津	——	867	867	2478	790
河 北	48	154049	38868	6521	4709
山 西	200	105279	11106	5087	4940
内蒙古	——	316293	——	——	——
辽 宁	——	3810	3810	17854	16366
吉 林	——	9923	6567	2276	2173
黑龙江	——	3333	3333	6846	4000
上 海	——	——	——	——	——
江 苏	——	——	——	37266	1654
浙 江	——	57416	15837	3855	3355
安 徽	713	45076	7633	3107	2162
福 建	113	5258	1806	2712	2017
江 西	3955	88263	9963	3047	2462
山 东	——	2026	507	3591	1845
河 南	20	4547	——	2258	2019
湖 北	——	5301	3768	2904	1848
湖 南	1625	207871	20448	2562	1590
广 东	6558	9946	766	9876	1673
广 西	140	29677	12268	2602	2096
海 南	1035	——	——	995	900
重 庆	——	——	——	——	——
四 川	——	——	——	——	——
贵 州	——	81064	12071	3000	3000
云 南	88	82972	21212	1571	1236
西 藏	——	——	——	——	——
陕 西	——	——	——	1190	1160
甘 肃	23	127338	12305	4285	4225
青 海	——	265198	3066	1120	1109
宁 夏	——	4867	3533	3149	2545
新 疆	8105	763098	52997	40105	6374
大兴安岭	——	——	——	——	——

数据来源:
2005年林业统计年鉴

2-3-6 2005年各地区京津风沙源治理工程建设情况

单位：公顷

地区	治理情况						
	造林面积			年末实有封山（沙）育林面积			
	合计	按造林方式分		合计	其中：本年新封	其中：无林地和疏林地封育	
		人工造林	飞播造林			合计	其中：本年新封
全国合计	408246	333953	74293	1369513	333941	1174460	304368
北京	4919	4919	---	111814	6684	38802	2067
天津	133	133	---	16014	2667	---	---
河北	139405	124072	15333	466008	120996	411732	111639
山西	58670	32404	26266	150002	46462	105451	33530
内蒙古	205119	172425	32694	625675	157132	618475	157132

数据来源：
2005年林业统计年鉴

2-3-6 续表

地区	治理情况（二）			生态移民人数（人）	生态移民户数（户）	全部林业投资完成额（万元）	
	草地治理面积（公顷）	小流域治理（公顷）	水利设施（处）			合计	其中:国家投资
全国合计	281805	144989	17618	32073	7972	332625	325408
北京	467	29000	882	2000	500	18306	13417
天津	---	500	685	---	---	2661	2620
河北	153444	51800	6002	6023	1798	119632	118853
山西	16053	7033	2975	4700	1593	40463	39096
内蒙古	111841	56656	7074	19350	4081	151563	151422

数据来源：2005年林业统计年鉴

3．2005年国家扶贫开发工作重点县主要经济指标

（河北省）

单位编码	乡（镇）个数（个）	年末总人口（万人）	其中:乡村人口（万人）	乡村从业人员数（万人）	其中:农林牧渔业（万人）	农业机械总动力（万千瓦特）	农村用电量（万千瓦时）
灵寿县	15	31.2	26.9	132458	86137	33.3	20550
赞皇县	11	23.1	21.3	112486	51305	35.3	15801
平山县	23	45.0	42.0	206591	142406	59.4	9280
青龙自治县	25	52.6	48.7	246518	187134	15.2	7545
大名县	20	76.2	67.4	305865	258593	77.0	9911
涉县	17	39.0	34.7	177194	69855	25.0	3395
广平县	7	25.2	22.8	106741	65991	26.6	5556
魏县	21	81.5	74.8	335509	260360	77.2	4885
临城县	8	19.7	18.1	83931	59933	20.9	3102
巨鹿县	10	36.3	33.7	186131	122766	43.9	8163
广宗县	8	27.2	26.8	129744	87032	21.0	5382
阜平县	13	21.0	18.5	82492	59765	12.2	2362
唐县	20	54.2	49.7	258982	176397	44.1	9281
涞源县	17	26.5	22.4	122217	88043	16.4	2563
顺平县	10	30.1	27.9	148131	110141	37.9	11820
张北县	20	36.6	33.5	190465	145057	15.0	4454
康保县	15	28.1	25.3	138231	109424	28.9	1156
沽源县	14	21.8	20.5	113630	93466	11.3	1477
尚义县	14	19.0	16.7	101319	76659	7.6	1139
蔚县	22	46.3	42.2	180560	124841	14.8	4361
阳原县	14	27.5	24.4	112951	80182	10.9	2093
怀安县	11	24.2	20.9	110951	77213	8.6	2923
万全县	11	22.0	19.0	102654	68412	10.1	4765
赤城县	18	28.1	26.3	112945	81393	17.1	1263
崇礼县	10	12.3	10.7	57544	42421	7.6	743
平泉县	19	46.4	41.3	223036	111422	28.9	7610
滦平县	22	33.3	29.6	151238	88118	15.2	16338
隆化县	25	42.7	38.8	225887	152329	20.6	3666
丰宁自治县	26	38.2	33.3	174424	92081	21.2	4719
宽城自治县	18	23.5	20.5	103519	67392	7.8	21347
围场自治县	37	51.8	45.7	231697	179669	34.1	7871
东光县	9	34.9	31.1	160197	89797	46.7	12980
海兴县	7	21.6	18.1	97279	66401	25.9	3960
盐山县	12	40.7	37.9	198905	126556	44.8	8897
南皮县	9	35.4	31.9	150317	109799	63.1	11369
献县	18	57.2	52.7	259868	171713	59.9	30255

数据来源：
县（市）社会经济统计年鉴

单位编码	国内生产总值（万元）	第一产业增加值（万元）	财政总收入（万元）	其中:地方财政预算内收入（万元）	财政总支出（万元）	其中:支农支出（万元）	粮食总产量（吨）
灵寿县	300312	68464	13200	6439	24838	878	136936
赞皇县	235588	65405	10526	4582	18355	895	111158
平山县	770347	129294	65002	20693	43283	2044	202616
青龙自治县	290593	72045	32388	14277	37999	1373	130255
大名县	463230	137874	7008	4320	37791	1068	468790
涉县	823853	33564	80926	21585	44828	1072	82543
广平县	262394	40434	8622	4478	19549	1114	157528
魏县	494240	105170	7603	4712	37322	2044	432300
临城县	171620	31450	11077	3320	18833	1156	69287
巨鹿县	230965	55733	9369	2403	18893	1323	143446
广宗县	138952	62143	3465	1305	15437	494	103271
阜平县	117308	27336	9388	4228	19851	487	53703
唐县	227010	70885	11058	5578	29164	962	170250
涞源县	205140	16589	40010	11238	28054	856	69071
顺平县	163674	50985	7772	3009	19773	588	122427
张北县	201419	99050	12708	4112	27035	1545	88578
康保县	120569	56094	3873	1041	19380	940	28574
沽源县	90532	51834	3080	1383	18569	1167	50805
尚义县	74444	31572	3633	1126	16143	935	24907
蔚县	321280	52546	25188	7902	30339	1267	111677
阳原县	188291	35153	24368	5579	24253	624	65050
怀安县	126494	36283	18645	3993	25083	954	84621
万全县	128425	30201	12034	3187	19093	1987	120900
赤城县	155725	49718	20860	7614	27285	906	52308
崇礼县	86437	19448	7412	2673	12890	351	18700
平泉县	331191	99146	31618	8605	44917	1918	256241
滦平县	297582	61863	43501	10015	37426	2900	100004
隆化县	257847	82955	17126	5040	37142	2485	192678
丰宁自治县	300534	98825	24076	10069	49731	2143	170139
宽城自治县	485068	40888	70688	16805	47453	1621	56800
围场自治县	239939	85875	9125	3256	38365	2270	106550
东光县	414800	100466	19346	4239	25038	933	231711
海兴县	123209	31823	9390	2622	18278	1359	92316
盐山县	309446	63513	14553	3993	28400	1794	254492
南皮县	273616	74826	21733	4089	27991	1274	159995
献县	500016	123865	15232	5158	28703	1434	324916

（河北省、山西省）

单位编码	乡（镇）个数（个）	年末总人口（万人）	其中：乡村人口（万人）	乡村从业人员数（万人）	其中：农林牧渔业（万人）	农业机械总动力（万千瓦特）	农村用电量（万千瓦时）
孟村自治县	6	18.6	17.2	80394	50712	22.1	28796
武邑县	9	30.9	29.8	143321	76625	38.8	12641
武强县	6	20.9	19.2	88974	62287	39.5	3381
娄烦县	8	11.8	10.2	47255	31276	4.8	950
阳高县	13	28.1	24.3	81137	61156	18.6	2171
天镇县	11	21.0	18.0	67410	51758	10.4	1791
广灵县	9	17.5	16.0	53937	40323	7.4	1798
灵丘县	12	22.9	19.8	79512	55426	12.6	1556
浑源县	18	34.7	29.6	127972	86911	12.8	2180
平顺县	12	15.5	14.4	66372	49080	9.5	1701
壶关县	12	28.4	26.0	117665	66091	10.1	7166
武乡县	14	20.3	18.0	86644	61206	11.6	1859
右玉县	10	10.4	8.7	39336	27107	14.0	754
左权县	10	15.9	13.8	65921	40442	12.1	2305
和顺县	10	13.5	10.9	41762	30352	11.0	1656
平陆县	10	24.6	21.9	108742	79072	29.9	3934
五台县	19	30.7	27.6	80684	52370	8.7	2107
代县	11	19.5	16.4	64684	50324	11.4	2288
繁峙县	13	25.5	21.9	72450	53664	7.2	3373
宁武县	14	15.4	11.2	45205	29063	6.6	1788
静乐县	14	15.2	13.7	55525	35572	3.6	641
神池县	10	10.0	8.2	28145	22696	11.0	1048
五寨县	12	10.8	9.0	33688	24598	15.3	519
岢岚县	12	7.9	6.6	22092	19437	8.6	395
河曲县	13	13.6	11.2	39094	27228	5.8	1160
保德县	13	15.3	13.6	48483	24823	13.4	13362
偏关县	10	10.8	8.9	34506	23679	10.1	711
吉县	8	10.3	9.0	31770	23419	4.0	258
大宁县	6	6.3	5.1	18496	14669	3.0	154
隰县	8	10.0	8.2	30092	22142	4.9	549
永和县	7	6.2	5.5	16822	13798	1.6	143
汾西县	8	14.0	12.4	53982	38322	7.6	565
兴县	17	28.2	24.4	101545	76621	12.0	1267
临县	23	58.2	53.8	207502	145324	6.5	3266
石楼县	9	10.7	9.2	32007	25927	4.0	688
岚县	12	17.6	15.5	65060	46167	5.0	777

单位编码	国内生产总值（万元）	第一产业增加值（万元）	财政总收入（万元）	其中:地方财政预算内收入（万元）	财政总支出（万元）	其中:支农支出（万元）	粮食总产量（吨）
孟村自治县	180030	27253	11646	2920	18996	1177	97239
武邑县	270486	114883	10538	3924	23722	1675	273309
武强县	215268	47386	8933	3329	17585	1223	156847
娄烦县	80483	4646	26286	8977	32322	845	11245
阳高县	74755	25544	9078	2164	24641	1434	165735
天镇县	61567	23772	3502	1317	20309	951	116428
广灵县	63450	19865	5827	1494	18105	1217	79108
灵丘县	120843	13931	20475	4537	24375	1289	78856
浑源县	131086	44817	8126	2598	28845	1109	129724
平顺县	64336	13042	12108	2826	17343	784	43218
壶关县	179971	13885	25155	6569	27307	1081	78500
武乡县	120581	16993	26137	7918	24584	1264	101209
右玉县	67441	12763	8227	3206	16947	1069	29534
左权县	123532	18177	20056	5215	20425	911	57236
和顺县	101919	14776	17071	5132	18780	1523	69752
平陆县	96271	14408	9294	2010	22065	1075	62423
五台县	97297	18420	10285	4613	30866	1628	103472
代县	108419	10171	30188	8445	24860	1109	53919
繁峙县	105468	15788	16068	5200	23802	926	60323
宁武县	86729	4189	28201	8156	22451	1429	12591
静乐县	67418	13449	10017	3400	19193	499	35828
神池县	40791	16291	5221	1708	14337	530	33850
五寨县	38170	9465	5424	1862	16873	760	30065
岢岚县	34478	9628	3200	1207	14755	711	30981
河曲县	206002	13092	36306	7828	22269	1031	40008
保德县	132144	4250	39021	10288	23928	780	19539
偏关县	74354	12387	9188	2993	18980	1057	37369
吉县	51676	10850	2487	1434	16460	519	34086
大宁县	20529	3292	1303	442	12505	786	17373
隰县	47447	11205	3013	1193	16242	1184	59274
永和县	19301	8163	916	395	11333	448	21839
汾西县	125802	5166	11013	3595	18177	1177	34324
兴县	60944	12919	7523	2961	26156	1009	40448
临县	89820	13114	10006	3326	38639	1369	29850
石楼县	21285	5647	1869	881	18960	494	15719
岚县	64285	8244	7190	2273	20863	1255	38570

（山西省、内蒙古自治区、吉林省）

单位编码	乡（镇）个数（个）	年末总人口（万人）	其中：乡村人口（万人）	乡村从业人员数（万人）	其中：农林牧渔业（万人）	农业机械总动力（万千瓦特）	农村用电量（万千瓦时）
方山县	7	14.0	12.0	41972	30388	8.7	830
中阳县	7	13.7	10.8	38569	16261	8.3	3262
托克托县	9	19.5	14.4	85283	62670	18.2	4544
和林格尔县	13	18.4	15.8	73224	63543	30.7	2336
清水河县	11	13.7	9.9	45141	33123	7.5	671
武川县	16	17.2	13.6	79061	67528	25.1	2002
固阳县	12	20.5	13.6	70467	57805	27.8	4492
达尔安联合旗	17	11.0	8.0	43165	36990	14.5	1556
巴林左旗	9	35.3	30.3	158980	119428	25.7	4800
巴林右旗	8	17.8	11.9	45998	41081	19.6	1780
林西县	8	24.0	19.0	93225	57116	20.0	4538
克什克腾旗	11	24.2	19.5	100771	81604	14.9	3861
翁牛特旗	12	46.6	41.6	189529	142488	27.3	6330
喀喇沁旗	8	36.7	32.8	138194	88376	18.8	5077
宁城县	13	59.3	52.9	241225	145937	29.0	6109
敖汉旗	15	58.4	53.3	266213	171230	32.6	12528
库伦旗	10	17.5	14.1	68092	61756	15.0	1309
奈曼旗	20	43.4	37.2	185589	148877	41.1	6823
准格尔旗	9	27.2	16.0	85567	49317	40.5	2562
鄂托克前旗	4	7.2	3.7	25645	23269	11.7	1607
杭锦旗	7	13.4	7.1	63624	41055	26.0	2613
乌审旗	6	9.7	6.0	40204	36001	25.9	1536
伊金霍洛旗	7	14.4	6.2	45520	32876	21.2	20860
化德县	10	15.7	8.5	56047	45737	10.8	656
商都县	15	33.8	18.2	131296	106128	17.0	1863
察哈尔右翼前旗	12	23.4	15.5	86042	72232	11.3	1417
察哈尔右翼中旗	19	21.3	15.4	103505	85078	15.3	2700
察哈尔右翼后旗	14	20.9	11.7	75500	62874	9.8	1384
四子王旗	23	20.4	14.7	91893	80145	28.3	1466
科尔沁右翼中旗	15	25.0	17.0	72450	66182	23.2	1408
扎赉特旗	9	39.2	30.6	160401	146451	38.8	3218
太仆寺旗	6	20.3	16.4	76025	66165	16.8	1359
多伦县	8	9.4	7.1	39516	35364	10.1	740
靖宇县	8	14.4	6.2	30349	24632	6.0	1340
镇赉县	11	29.0	18.5	86280	70152	44.7	4728
通榆县	16	35.6	22.8	112480	98056	55.9	3002

单位编码	国内生产总值（万元）	第一产业增加值（万元）	财政总收入（万元）	其中:地方财政预算内收入（万元）	财政总支出（万元）	其中:支农支出（万元）	粮食总产量（吨）
方山县	32556	5627	6023	2204	17380	913	13426
中阳县	222781	4849	40154	9862	22977	822	17068
托克托县	635621	65943	105230	51585	75530	30572	203498
和林格尔县	591517	85517	53153	33720	56033	2859	191549
清水河县	122145	30082	8475	4351	18118	757	70501
武川县	188812	42461	7600	4494	20810	888	139577
固阳县	250418	42484	33621	23380	39555	1170	25611
达尔安联合旗	386120	48044	56779	42388	60254	4014	60314
巴林左旗	214697	74450	17136	8040	46653	2067	281491
巴林右旗	121415	37796	10518	7497	46782	3392	125544
林西县	144403	39850	11028	7259	41333	1927	169056
克什克腾旗	188070	60404	17000	9942	49026	1315	124054
翁牛特旗	296808	138550	12069	7088	56547	10769	560662
喀喇沁旗	126608	43978	8000	5454	33404	1294	177788
宁城县	309295	109293	17660	9151	54619	2339	520473
敖汉旗	305685	141910	17028	8972	61272	2488	552835
库伦旗	121495	39836	7270	5219	21481	389	267036
奈曼旗	372566	97566	13038	10215	51772	1876	467000
准格尔旗	1308235	44197	288088	128907	127833	2233	110934
鄂托克前旗	141924	40000	11163	10191	23271	1079	87032
杭锦旗	230322	52791	15296	10131	40039	6638	115061
乌审旗	295821	51239	30780	18414	41517	4633	111359
伊金霍洛旗	897784	38982	135555	68731	82977	2261	104275
化德县	120478	35355	5518	3242	26468	470	23440
商都县	182800	61000	10085	4904	32320	971	72189
察哈尔右翼前旗	286000	69100	18558	9556	33097	1355	130505
察哈尔右翼中旗	129374	51874	26528	3432	27993	1446	24953
察哈尔右翼后旗	226600	49000	20068	10834	31969	1061	24291
四子王旗	200064	59963	6356	3642	39497	1713	55015
科尔沁右翼中旗	125264	41285	8120	5303	25703	892	152500
扎赉特旗	204802	102489	9722	4804	45918	2530	633294
太仆寺旗	116605	47914	6828	4047	28272	1303	27875
多伦县	100361	38199	6500	3669	26780	469	74370
靖宇县	113160	24587	8170	4713	38009	1369	31408
镇赉县	254273	106877	44901	9636	56309	4427	503858
通榆县	202805	73741	7363	5390	46300	3569	343126

（吉林省、黑龙江省、安徽省）

单位编码	乡（镇）个数（个）	年末总人口（万人）	其中：乡村人口（万人）	乡村从业人员数（万人）	其中：农林牧渔业（万人）	农业机械总动力（万千瓦特）	农村用电量（万千瓦时）
大安市	18	42.1	26.2	117080	93704	42.1	4462
龙井市	8	24.6	9.6	55811	45247	13.2	4484
和龙市	8	21.1	7.8	40098	29637	8.6	3420
汪清县	9	25.2	11.4	67553	54834	13.4	5049
安图县	9	21.5	9.6	49968	35474	8.1	3230
延寿县	9	26.0	17.2	74686	59948	12.0	3498
泰来县	10	32.1	22.3	114397	89882	30.1	5341
甘南县	10	32.1	26.5	155810	134048	29.6	6327
拜泉县	16	57.7	46.4	202152	167230	22.9	3300
绥滨县	9	13.2	10.0	54641	45587	17.1	124
饶河县	9	7.0	4.4	34839	31585	10.4	573
林甸县	8	26.9	18.9	104393	85423	27.2	3096
杜尔伯特县	11	24.4	17.1	95681	75728	37.2	3642
桦南县	10	44.9	30.6	171677	138160	22.0	12618
桦川县	9	21.8	15.3	82427	66965	27.2	2782
汤原县	10	26.6	16.8	89735	68767	20.0	6715
抚远县	9	12.0	8.2	48535	46790	25.6	1486
同江市	10	12.8	7.2	42126	38806	12.7	741
兰西县	15	47.5	38.9	187344	141402	21.0	5301
长丰县	20	77.0	71.1	432108	246369	41.6	9978
枞阳县	22	96.2	88.1	443955	229801	34.2	11012
潜山县	16	57.2	52.5	279453	155018	17.7	8094
太湖县	15	55.8	51.2	286951	168516	14.1	3804
宿松县	22	80.3	70.7	424419	250472	19.8	9183
岳西县	23	39.9	36.0	181729	116859	7.3	2709
临泉县	32	200.4	188.4	1012387	595141	105.7	10890
阜南县	30	154.1	141.8	796354	482359	74.4	9926
颍上县	29	158.0	143.8	750511	460514	75.9	13727
无为县	23	139.5	103.2	698963	381058	52.0	21000
金安区	19	83.3	69.9	396475	210897	63.7	4939
寿县	25	132.0	118.6	668550	418228	106.3	7314
霍邱县	32	154.4	145.3	717279	428394	108.1	11513
舒城县	21	99.1	88.8	493228	222510	56.9	6019
金寨县	26	64.6	54.7	275329	158296	15.0	3452
霍山县	16	36.6	32.7	163974	101141	18.5	1972
利辛县	26	142.9	135.0	743499	559588	98.0	8372

单位编码	国内生产总值（万元）	第一产业增加值（万元）	财政总收入（万元）	其中：地方财政预算内收入（万元）	财政总支出（万元）	其中：支农支出（万元）	粮食总产量（吨）
大安市	312450	95498	35040	13055	63267	3788	401238
龙井市	139890	30368	16992	11947	45269	1725	169630
和龙市	139028	30836	13671	7690	41800	1660	90848
汪清县	147394	43575	12760	8633	47369	2777	82031
安图县	156418	34417	13187	8313	41248	2210	65142
延寿县	153459	55830	5583	3464	26401	2515	371335
泰来县	113163	53901	5046	2955	28971	3363	431539
甘南县	154676	79676	6886	3115	25405	1032	617397
拜泉县	239000	100031	6520	4030	33178	1011	636785
绥滨县	66377	31086	4435	2391	17835	1068	218532
饶河县	38186	16199	3877	2088	17627	2324	132989
林甸县	127860	67308	13216	6435	18142	710	461103
杜尔伯特县	174727	81588	34519	13387	28158	1108	306546
桦南县	223641	94612	8872	4498	35307	3415	652611
桦川县	59262	26751	3174	1937	18066	1339	306395
汤原县	165885	84555	5627	2847	27304	2153	476427
抚远县	60150	31406	3308	1794	19699	1583	201886
同江市	110060	50374	6344	2626	29031	2703	252856
兰西县	114240	60097	5864	3148	37219	2099	407142
长丰县	388178	126089	24507	16574	45644	3686	473074
枞阳县	463415	137369	36760	19649	48687	1692	346305
潜山县	319576	74828	13563	9202	37369	1027	234446
太湖县	276756	104058	10468	7930	38915	1849	202573
宿松县	368251	146636	11652	7923	36740	1206	285803
岳西县	185701	53378	10150	6777	34112	886	78099
临泉县	502066	230031	19188	8214	62017	3636	706306
阜南县	399824	171050	12726	9165	66924	2152	647016
颍上县	485199	151414	42049	20622	63381	2587	786485
无为县	857830	224429	57239	25222	69566	1976	405410
金安区	365352	97088	15542	11004	40406	2341	322900
寿县	450420	168321	15197	10753	51712	2102	1000088
霍邱县	553481	195722	20366	13419	58399	2692	1027634
舒城县	449432	122070	23691	15754	49028	1648	328922
金寨县	292361	82736	11629	6951	48692	1505	120993
霍山县	303536	45184	30009	16924	42093	1735	86332
利辛县	504900	211900	9411	6828	53674	2082	724894

（安徽省、江西省、河南省）

单位编码	乡（镇）个数（个）	年末总人口（万人）	其中：乡村人口（万人）	乡村从业人员数（万人）	其中：农林牧渔业（万人）	农业机械总动力（万千瓦特）	农村用电量（万千瓦时）
石台县	13	10.9	9.7	56433	35197	8.3	663
泾县	11	35.4	31.0	180985	109330	13.3	6041
莲花县	13	24.6	21.8	103325	68711	16.9	1383
修水县	36	80.0	67.1	323926	196413	21.7	5784
赣县	19	57.0	48.6	258503	142983	17.5	3947
上犹县	14	28.6	25.0	135994	66987	9.5	2544
安远县	18	34.8	29.6	148472	94428	7.6	1360
宁都县	24	73.5	61.9	320959	205375	20.4	4025
于都县	23	94.4	74.7	354950	192598	16.3	6512
兴国县	25	73.1	63.2	365726	214095	19.3	3864
会昌县	19	44.9	39.3	211450	125506	7.8	3168
寻乌县	15	28.9	25.9	129744	91010	10.4	2706
吉安县	19	43.7	37.8	186379	118475	26.1	2974
遂川县	23	53.0	48.9	256322	153406	12.7	9635
万安县	16	30.3	24.9	118598	80231	17.2	2094
永新县	23	46.7	40.8	201659	138578	21.8	3231
井冈山市	17	15.2	11.0	55370	34019	4.3	1207
乐安县	15	35.5	27.0	132627	100838	2.9	1961
广昌县	11	23.3	19.5	95331	64437	9.0	2399
上饶县	27	71.6	66.3	305826	130544	14.7	3976
横峰县	9	19.6	16.4	77058	57325	6.4	1722
余干县	25	89.5	80.5	411796	300409	17.9	7232
鄱阳县	34	143.9	125.2	616174	326363	35.6	9732
兰考县	16	77.8	66.7	434000	307700	79.3	14119
栾川县	15	32.1	28.6	181422	115976	26.1	3929
嵩县	16	54.6	48.4	308488	244719	35.6	3543
汝阳县	15	43.7	37.7	245818	172495	31.1	8629
宜阳县	19	69.7	60.8	375390	239550	41.1	21373
洛宁县	21	46.3	40.9	262953	199139	26.8	4364
鲁山县	19	84.5	75.8	464677	320790	22.8	7613
滑县	21	129.4	117.9	747900	507300	223.8	20275
封丘县	19	74.5	67.0	352744	253213	91.5	6724
范县	13	49.2	41.2	250600	202500	69.7	2072
台前县	9	34.7	32.7	192800	123200	26.5	2528
卢氏县	19	37.1	32.9	176678	135249	16.8	2202
南召县	15	62.0	50.2	310500	222500	19.1	3711

单位编码	国内生产总值（万元）	第一产业增加值（万元）	财政总收入（万元）	其中:地方财政预算内收入（万元）	财政总支出（万元）	其中:支农支出（万元）	粮食总产量（吨）
石台县	46667	12800	3759	2382	16214	460	22512
泾县	233124	58473	15929	8488	29975	1001	143218
莲花县	139882	44938	10011	6174	27490	1460	118722
修水县	325494	95044	30668	18295	55363	3353	199734
赣县	265474	86906	25407	12940	39096	3408	191201
上犹县	133584	50699	10389	6861	23198	1914	90003
安远县	142667	62191	8419	6168	28359	2239	112124
宁都县	371204	117220	15998	11602	44611	3885	314670
于都县	368309	100504	22865	15041	49826	3490	236149
兴国县	323620	125855	29001	12007	46843	3007	258931
会昌县	189249	74021	11569	7368	29968	2456	161971
寻乌县	150656	65315	9186	7076	26168	1937	97400
吉安县	277600	86500	26187	17091	44762	2775	362003
遂川县	225504	58336	15895	11506	40299	2993	195442
万安县	127580	47800	14014	8416	29796	2879	204416
永新县	210110	70352	12076	8718	42700	2154	235104
井冈山市	126939	23106	12354	9615	29216	1715	69087
乐安县	131394	44018	5886	3972	26950	1797	216269
广昌县	73099	23391	7461	5174	22237	1593	88649
上饶县	319450	58982	26889	15466	43846	2111	165032
横峰县	95380	23934	7494	4690	20560	1212	66845
余干县	304084	136537	21023	17332	63831	3353	541792
鄱阳县	387534	156555	20018	14893	82857	4772	695764
兰考县	501444	120321	40589	9026	39119	1333	360408
栾川县	532430	57845	185995	25938	29131	860	64023
嵩县	404758	128038	20324	12506	41899	904	188825
汝阳县	309819	79966	18070	11188	35315	626	150950
宜阳县	451199	130233	28319	15068	44968	1774	321688
洛宁县	335184	113125	14823	10205	35600	1265	222851
鲁山县	373107	91797	15000	14503	51196	1724	179044
滑县	659309	278889	14387	13378	58151	3101	1085906
封丘县	338628	143139	8048	7800	41092	1564	531184
范县	305020	58545	16271	8666	35323	761	267451
台前县	232121	39231	4942	3236	24548	928	118608
卢氏县	169298	47849	15490	10038	36187	1134	88285
南召县	574742	106248	27741	12526	40937	1247	176755

（河南省、湖北省）

单位编码	乡（镇）个数（个）	年末总人口（万人）	其中：乡村人口（万人）	乡村从业人员数（万人）	其中：农林牧渔业（万人）	农业机械总动力（万千瓦特）	农村用电量（万千瓦时）
淅川县	15	73.5	65.2	367600	258000	33.8	20897
社旗县	14	64.5	58.4	327700	260000	31.1	4535
桐柏县	15	43.4	34.3	209600	142400	38.6	5024
民权县	18	84.4	77.3	433100	308100	94.7	7726
睢县	20	79.7	73.6	450500	315700	90.1	5848
宁陵县	14	58.7	55.2	324400	222700	74.8	5221
虞城县	26	108.0	101.6	566100	406300	150.1	17410
光山县	17	82.4	69.6	412700	255500	21.9	5301
新县	15	35.4	28.0	172900	70000	8.3	1485
商城县	19	72.5	64.0	328800	177000	17.6	2937
固始县	32	161.1	144.2	797700	431300	40.8	13194
淮滨县	17	69.6	58.7	342900	231900	41.7	6298
沈丘县	21	126.5	113.2	656700	412900	65.6	11622
淮阳县	19	137.8	122.8	664600	420700	85.8	12659
上蔡县	24	137.5	127.8	792500	570600	93.8	8560
平舆县	17	94.9	86.6	587900	385800	82.7	6312
确山县	14	50.4	45.0	307100	233700	83.6	4012
新蔡县	22	103.7	95.1	645500	420000	66.6	7058
阳新县	16	97.4	65.1	294300	149300	17.7	22232
郧县	18	62.1	54.3	250407	151600	14.9	4256
郧西县	16	51.2	43.5	226581	99638	14.3	3189
竹山县	17	45.6	40.9	195800	113900	11.3	1600
竹溪县	15	36.2	29.1	132200	72500	11.6	1747
房县	19	48.7	39.5	194747	94933	10.4	3844
丹江口市	13	48.9	33.6	158396	88634	15.5	5127
秭归县	12	39.0	32.5	188109	130004	12.7	3200
长阳自治县	11	41.1	35.4	202938	118278	10.6	2691
孝昌县	12	63.1	57.0	252600	146200	15.5	3123
大悟县	17	61.6	50.3	252400	134100	14.8	6864
红安县	11	65.5	50.6	219111	102501	13.5	3938
罗田县	12	59.8	47.5	243508	113016	14.9	6608
英山县	11	39.2	32.1	173285	99794	11.1	3830
蕲春县	14	97.1	79.3	340244	168037	22.7	15798
麻城市	16	116.3	88.9	489708	273711	17.7	11539
恩施市	16	77.8	64.5	333560	194700	16.0	105
利川市	14	84.6	77.3	382900	193700	13.5	3685

单位编码	国内生产总值（万元）	第一产业增加值（万元）	财政总收入（万元）	其中:地方财政预算内收入（万元）	财政总支出（万元）	其中:支农支出（万元）	粮食总产量（吨）
淅川县	622532	165875	29400	17518	47909	1586	220558
社旗县	387987	155242	30679	7092	36792	788	342961
桐柏县	417867	113015	20442	12033	36447	1204	185740
民权县	538820	216000	7763	5199	40008	1698	489700
睢县	514584	222068	9045	5886	43068	1716	480297
宁陵县	272717	104300	7250	4306	32816	1839	329040
虞城县	663088	295425	13114	9848	56188	1575	726100
光山县	418004	134181	11963	9797	45991	1609	411588
新县	286483	74991	9343	6166	30926	856	99489
商城县	393999	130354	8823	7500	41085	1385	263325
固始县	829340	339990	24114	20203	74113	1423	885437
淮滨县	315102	119511	7965	5151	36696	1636	387659
沈丘县	549204	179576	18445	9689	48757	2915	575670
淮阳县	661744	274232	15472	9146	49888	1624	660500
上蔡县	588327	188311	9017	8369	59299	1851	803165
平舆县	414358	156557	6608	6535	43436	1545	536053
确山县	357456	114708	7446	7213	32878	1741	354559
新蔡县	458350	195158	5658	5612	46589	1459	555575
阳新县	621535	147835	30180	13728	54110	3270	322318
郧县	183131	66046	18641	7137	36506	1451	136765
郧西县	154286	67168	10008	5730	30521	749	164912
竹山县	144880	53840	8878	5188	28069	2211	143655
竹溪县	132212	50887	8518	5451	26987	1321	147193
房县	135759	49703	8616	5359	18665	2184	113099
丹江口市	421940	57093	54207	16861	45892	2081	78632
秭归县	265991	52991	21583	7709	30205	1247	115973
长阳自治县	312051	72414	23578	9600	32762	253	120977
孝昌县	248132	101962	8542	5669	29524	1120	278505
大悟县	328760	103215	16897	8241	30491	1784	267721
红安县	283854	94654	41368	10888	43500	2595	266337
罗田县	219452	78050	29441	18602	30301	3287	192806
英山县	185657	87765	11365	5541	26382	445	164327
蕲春县	433361	111014	25398	12262	47298	1233	359115
麻城市	475483	191220	34143	28139	70960	5438	495812
恩施市	431429	140242	34872	17084	50749	3173	244639
利川市	333666	141266	35802	15096	49192	3621	347046

（湖北省、湖南省、广西壮族自治区）

单位编码	乡（镇）个数（个）	年末总人口（万人）	其中：乡村人口（万人）	乡村从业人员数（万人）	其中：农林牧渔业（万人）	农业机械总动力（万千瓦特）	农村用电量（万千瓦时）
建始县	10	50.8	46.3	251300	145900	11.4	9798
巴东县	12	48.3	43.6	221900	143100	7.8	3695
宣恩县	9	34.4	31.6	161805	99951	7.4	1536
咸丰县	10	36.1	33.1	181080	104588	7.5	1547
来凤县	8	31.0	26.5	165014	83499	6.3	1532
鹤峰县	9	21.6	19.0	95583	60868	8.2	1624
神农架林区	8	7.9	4.9	27449	15267	3.6	539
邵阳县	22	97.7	90.0	526200	396500	26.0	4942
隆回县	26	111.7	100.2	565600	423700	20.8	9257
城步自治县	10	25.9	22.8	121200	93200	10.3	1536
平江县	27	101.8	91.5	449000	255000	39.8	7233
桑植县	38	43.6	39.9	212500	139900	16.6	1192
安化县	29	96.7	82.4	418800	320600	33.9	2371
汝城县	23	36.2	33.9	185100	131700	17.9	2271
桂东县	18	17.1	17.1	90400	64300	4.2	1125
新田县	19	36.8	36.2	204000	126400	17.7	1606
江华自治县	22	46.2	45.5	245000	193200	17.2	6955
沅陵县	23	64.8	55.0	299000	211500	21.4	6920
通道自治县	21	22.5	21.6	115000	98500	15.0	1350
新化县	26	129.9	122.3	668600	515600	48.5	4414
泸溪县	15	28.8	27.6	147900	83400	9.8	1165
凤凰县	24	37.6	35.1	190500	154700	10.6	1136
花垣县	18	27.5	24.4	139700	116700	10.7	1116
保靖县	16	28.1	26.2	139000	117200	8.9	2541
古丈县	12	13.8	12.1	71700	60700	6.2	347
永顺县	30	49.4	46.3	243500	189900	14.8	1103
龙山县	31	54.5	47.8	243100	181500	27.6	2342
隆安县	10	37.4	36.4	198200	142600	17.8	2225
马山县	11	50.7	46.8	275400	156900	15.0	2613
融水自治县	20	47.6	43.0	245000	163400	11.6	2324
三江自治县	15	35.7	33.1	181600	108400	7.5	3640
龙胜自治县	10	16.9	14.8	77200	61500	9.8	780
田东县	10	39.4	36.6	214300	152400	22.3	3666
平果县	12	46.3	41.6	241700	155200	22.0	5024
德保县	12	34.2	31.9	181100	126300	7.8	5100
靖西县	19	58.8	54.1	320700	195400	14.0	2186

单位编码	国内生产总值（万元）	第一产业增加值（万元）	财政总收入（万元）	其中：地方财政预算内收入（万元）	财政总支出（万元）	其中：支农支出（万元）	粮食总产量（吨）
建始县	196843	98677	23888	9745	38795	1414	222023
巴东县	198786	84601	20357	8506	35684	1710	193186
宣恩县	143509	64352	10005	4990	24446	1254	135279
咸丰县	161941	83131	16327	5922	29821	1710	162976
来凤县	123508	55339	18646	7857	26566	1411	137845
鹤峰县	131400	45098	9098	4606	24388	1582	92843
神农架林区	54145	8981	11416	4212	20518	426	18845
邵阳县	302678	106458	16448	13050	47355	2272	394521
隆回县	359694	127411	17853	12312	47508	3796	472273
城步自治县	136446	37362	10931	6130	23387	639	82498
平江县	516652	148401	24037	18482	52692	3252	476310
桑植县	174919	37965	8444	5227	32495	1387	141562
安化县	385125	130687	18001	11079	46418	1532	256737
汝城县	285048	56296	15373	6733	23653	1540	179500
桂东县	77387	18797	6166	3976	15970	21	64656
新田县	171405	65047	7614	5517	23130	1473	156876
江华自治县	199021	69819	9041	5519	29509	1649	192095
沅陵县	426733	70922	20572	13188	40122	2115	200008
通道自治县	76969	30221	5026	3170	18554	982	80890
新化县	406032	161975	28171	17453	54084	1527	459222
泸溪县	99790	26718	8028	3931	26590	1312	60099
凤凰县	130723	28493	7355	5382	31204	1896	75788
花垣县	172848	24577	32038	11751	32283	1821	70792
保靖县	123681	28129	11144	4938	27229	1355	68533
古丈县	49523	12509	2667	1799	17924	853	22350
永顺县	145612	55569	5688	4151	36043	3070	200731
龙山县	167500	63252	11008	7074	41366	2365	171915
隆安县	180301	79780	14471	8074	24111	1688	131032
马山县	157783	59312	9618	5397	25778	1965	128122
融水自治县	167752	59553	13515	7694	32193	4166	123346
三江自治县	90487	37634	6080	4026	22568	3178	62887
龙胜自治县	131338	35448	11427	4155	18863	2013	58709
田东县	289384	92856	40068	16664	32779	2294	135103
平果县	617734	70042	109889	35797	42954	3009	125183
德保县	124603	36726	11375	6854	26291	1892	94461
靖西县	180755	74905	18083	9986	32551	2321	210789

（广西壮族自治区、海南省、重庆市）

单位编码	乡（镇）个数（个）	年末总人口（万人）	其中：乡村人口（万人）	乡村从业人员数（万人）	其中：农林牧渔业（万人）	农业机械总动力（万千瓦特）	农村用电量（万千瓦时）
那坡县	9	19.9	18.0	109000	80000	12.9	598
凌云县	8	19.4	17.8	90400	58200	5.5	481
乐业县	8	15.7	14.3	71700	61100	6.4	395
田林县	14	24.1	21.6	127300	100500	13.2	655
西林县	8	13.5	12.2	67300	62500	8.4	640
隆林自治县	17	36.6	34.3	179400	160100	13.6	2300
南丹县	11	27.6	23.0	136900	103700	10.2	2307
天峨县	9	14.9	13.4	68000	54600	11.7	499
凤山县	9	18.9	17.3	87000	62000	9.9	501
东兰县	14	27.5	26.7	131300	98500	16.9	2088
罗城自治县	11	36.2	32.7	173700	117500	15.3	2641
环江自治县	12	35.5	33.2	167500	123100	22.4	1892
巴马自治县	10	24.3	22.5	109100	82500	6.5	1669
都安自治县	19	63.2	58.9	317800	229200	20.3	4378
大化自治县	16	42.0	36.6	208600	132600	11.2	2976
忻城县	12	40.1	38.2	221100	150300	15.4	2832
金秀自治县	10	15.1	12.9	70800	50600	7.6	1518
龙州县	12	26.9	23.0	138100	105500	11.0	1947
天等县	13	41.0	39.1	258400	140300	19.3	1674
五指山市	7	11.7	6.0	28829	24111	4.3	271
白沙自治县	11	24.3	9.8	56986	54388	4.1	203
陵水自治县	11	36.9	27.0	130586	103695	7.6	2436
保亭自治县	9	21.3	8.0	46696	37458	3.6	0
琼中自治县	10	28.5	9.6	48356	42354	6.5	406
万州区	41	170.7	129.5	761868	402050	35.0	11548
黔江区	30	50.7	46.9	286204	200850	25.6	2378
城口县	24	23.2	20.7	111178	56925	6.2	998
丰都县	30	79.0	68.5	409749	263732	18.0	9211
武隆县	26	40.1	37.4	213628	135963	15.6	6640
开县	34	154.4	141	715507	359782	39.0	10110
云阳县	63	129.6	111.3	538319	299027	29.8	8225
奉节县	30	101.0	90.7	439218	250276	23.0	16894
巫山县	26	59.8	52.4	258081	170125	18.6	6460
巫溪县	29	52.2	48.0	226050	119399	14.3	4780
石柱自治县	32	52.0	44.7	283680	224823	17.0	6770
秀山自治县	32	62.0	57.5	348813	199964	21.0	13860

单位编码	国内生产总值（万元）	第一产业增加值（万元）	财政总收入（万元）	其中:地方财政预算内收入（万元）	财政总支出（万元）	其中:支农支出（万元）	粮食总产量（吨）
那坡县	49970	21266	3813	2377	17023	1394	50598
凌云县	69644	29653	5005	3228	17370	1970	46873
乐业县	48330	17557	3879	2650	15219	1246	50212
田林县	96565	42652	10508	7549	22521	2510	90357
西林县	52823	24430	6466	3241	15833	1673	50523
隆林自治县	123944	31322	35000	19258	33967	3460	81294
南丹县	231566	51255	37368	17127	35426	3117	84386
天峨县	126027	26447	13271	9411	20781	3330	58604
凤山县	59841	21208	3509	2359	16460	2163	37663
东兰县	79283	27445	9163	5297	22351	1760	51956
罗城自治县	138082	52350	8683	4304	23919	1412	122237
环江自治县	159227	61840	13006	5222	23735	1851	121796
巴马自治县	96037	37053	8218	4563	20411	1706	59359
都安自治县	152319	55683	14308	9045	38738	2147	128128
大化自治县	189271	31794	23578	10976	27577	1803	67183
忻城县	191539	94908	11888	4945	24222	1721	137341
金秀自治县	72531	29631	4278	2134	17546	3228	45745
龙州县	182717	71285	17066	8749	23143	1405	73581
天等县	131772	50488	11309	6410	22749	1428	140746
五指山市	60444	19433	20814	2664	18950	1044	24976
白沙自治县	100976	67191	3110	3031	24297	1096	45444
陵水自治县	180681	114784	35632	4543	28835	2818	62389
保亭自治县	81875	45737	3050	2089	20047	4739	25041
琼中自治县	98667	60463	30326	3273	24803	1320	36595
万州区	1334488	163712	111486	54462	157539	19105	524807
黔江区	365432	63570	85800	23579	89355	3400	255048
城口县	101141	25112	13900	7259	31261	855	88362
丰都县	367747	91708	13430	11470	46437	1676	335785
武隆县	298796	69031	29410	13873	45114	2331	170924
开县	704895	181125	23708	22495	78404	4336	581993
云阳县	435853	137365	22399	11980	69878	3450	443796
奉节县	450268	114524	25355	13164	63303	10490	435537
巫山县	204918	63241	9074	9035	57437	2052	226171
巫溪县	147340	56860	8067	4403	42748	1857	199185
石柱自治县	252263	69980	17166	10072	43872	1934	261029
秀山自治县	274143	68134	25824	15820	51853	2425	263411

（重庆市、四川省）

单位编码	乡（镇）个数（个）	年末总人口（万人）	其中：乡村人口（万人）	乡村从业人员数（万人）	其中：农林牧渔业（万人）	农业机械总动力（万千瓦特）	农村用电量（万千瓦时）
酉阳自治县	39	75.8	69.4	438632	301632	36.3	4072
彭水自治县	39	62.9	58.3	333465	202867	19.9	3180
叙永县	26	67.6	61.0	324680	219770	19.0	7837
古蔺县	29	80.5	71.0	392193	314676	7.0	3566
朝天区	25	20.6	20.0	103496	82950	6.0	946
旺苍县	35	45.3	35.0	180819	107812	15.0	2780
苍溪县	39	76.7	63.0	355462	236643	20.0	5079
马边自治县	28	18.2	16.0	83941	62049	2.0	1350
嘉陵区	48	67.5	61.0	316664	199942	18.0	7533
南部县	78	125.1	113.0	736024	383018	25.0	9275
仪陇县	71	106.6	97.0	500683	322017	14.0	3481
阆中市	49	85.8	65.0	363831	212564	22.0	4529
屏山县	21	29.5	26.0	153813	109862	8.0	3730
广安区	49	123.3	103.0	509501	323574	28.0	6086
宣汉县	54	117.6	105.0	480363	274833	19.0	6313
万源市	53	56.9	51.0	230356	124885	12.0	4156
通江县	74	72.6	66.0	326712	226794	15.0	2407
南江县	73	63.7	55.0	280877	184609	18.0	3260
平昌县	27	97.1	80.0	409549	271760	24.0	4123
小金县	21	7.8	7.0	39473	31148	7.0	928
黑水县	17	5.8	5.0	29197	20253	2.0	1665
壤塘县	12	3.5	3.0	19887	18445	1.0	261
雅江县	17	4.3	4.0	21105	20707	5.0	77
新龙县	19	4.1	4.0	17542	14286	2.0	244
石渠县	22	6.5	6.0	30096	29517	1.0	33
色达县	17	3.8	3.0	20645	20081	0.0	10
理塘县	24	5.1	4.0	25288	23966	2.0	291
木里自治县	29	12.8	11.0	67188	64376	4.0	209
盐源县	34	33.3	31.0	186307	177647	8.0	3062
普格县	34	14.3	13.0	73910	68914	2.0	1027
布拖县	30	14.5	13.0	82070	77039	1.0	311
金阳县	34	15.1	14.0	73823	66816	2.0	607
昭觉县	47	23.5	20.0	120368	115673	3.0	2197
喜德县	24	15.5	13.0	78079	72850	3.0	413
越西县	40	27.0	24.0	143401	123429	4.0	2460
甘洛县	28	18.8	17.0	92840	82690	3.0	1647

单位编码	国内生产总值（万元）	第一产业增加值（万元）	财政总收入（万元）	其中:地方财政预算内收入（万元）	财政总支出（万元）	其中:支农支出（万元）	粮食总产量（吨）
酉阳自治县	201219	77350	14586	7692	55736	8740	353160
彭水自治县	292191	89349	14538	14271	44805	1056	303199
叙永县	219805	90359	12878	8015	40864	3811	278430
古蔺县	216844	80330	18488	8960	42584	3279	216097
朝天区	69680	28377	2620	1539	17557	565	81507
旺苍县	204689	71846	13429	4238	36036	2030	171358
苍溪县	272715	128639	10333	5112	49659	3807	388121
马边自治县	74429	29660	6555	3013	21159	872	64213
嘉陵区	270755	83227	7788	2938	35507	2128	333150
南部县	589835	233368	19755	10022	64432	3994	498145
仪陇县	313279	153822	9133	4360	68059	5015	506869
阆中市	401937	129987	16738	9246	56491	2795	385508
屏山县	87390	40647	5009	2009	19121	764	123192
广安区	704726	162808	58424	13433	58223	2602	438213
宣汉县	524562	213278	19626	9000	67140	3179	541992
万源市	285069	110156	11141	4615	45518	2660	285532
通江县	250053	123902	53158	3254	52690	2797	350069
南江县	246175	117383	43824	4753	43983	2215	347725
平昌县	289874	128492	54796	5171	54607	2402	371404
小金县	32422	9125	1067	523	17101	566	23357
黑水县	27082	8670	1666	1014	17279	871	16254
壤塘县	16442	6981	568	301	14089	528	3128
雅江县	13883	4503	675	449	15608	855	5728
新龙县	16899	5944	342	165	12777	507	8009
石渠县	19368	9555	312	216	18449	680	4191
色达县	14847	6263	559	328	16408	994	1963
理塘县	21582	8875	19005	510	18571	949	7748
木里自治县	46915	18832	2367	2008	26894	881	46928
盐源县	141418	53669	17241	8918	35441	906	137776
普格县	68381	26424	4860	2737	19302	766	69958
布拖县	49776	23275	3227	1647	20096	607	64552
金阳县	46673	25706	1710	909	21237	747	64610
昭觉县	64650	34098	2253	1280	24527	923	94154
喜德县	63341	21172	3930	2088	21004	375	70037
越西县	110619	38584	7857	5011	30214	612	104536
甘洛县	93677	24368	8667	4519	22350	826	74817

（四川省、贵州省）

单位编码	乡（镇）个数（个）	年末总人口（万人）	其中：乡村人口（万人）	乡村从业人员数（万人）	其中：农林牧渔业（万人）	农业机械总动力（万千瓦特）	农村用电量（万千瓦时）
美姑县	36	19.6	18.0	101077	94840	2.0	750
雷波县	49	23.5	21.0	132124	101547	5.0	1276
六枝特区	19	64.6	51.2	290959	172181	10.1	2549
水城县	33	74.4	71.4	369982	268499	22.6	2933
盘县	37	115.6	100.5	526219	395332	46.7	3753
正安县	19	60.4	55.3	330182	174996	21.4	6820
道真自治县	14	33.7	30.6	185685	95750	8.2	1981
务川自治县	15	42.7	39.9	243867	165789	12.3	1842
习水县	23	67.3	60.7	336535	205732	23.9	2423
普定县	11	42.5	38.5	229873	149999	10.5	1225
镇宁自治县	16	34.4	32.3	191598	156393	7.5	561
关岭自治县	14	33.1	31.4	179879	126290	7.9	1230
紫云自治县	12	34.8	33.3	200396	138497	8.6	779
江口县	9	22.8	20.3	118285	77498	3.9	1240
石阡县	18	38.4	35.7	233081	143611	7.6	3961
思南县	27	63.0	58.3	362241	222327	9.0	2839
印江自治县	17	42.0	39.0	238227	131300	7.7	1942
德江县	20	46.8	39.7	268962	187574	15.4	896
沿河自治县	22	57.3	54.4	300197	201409	8.7	940
松桃自治县	28	64.7	62.0	386353	237911	7.5	1864
兴仁县	16	47.5	42.4	248148	172270	12.0	1575
普安县	14	29.6	27.4	143527	102260	5.5	684
晴隆县	14	28.4	26.4	155204	120563	7.1	1149
贞丰县	13	35.8	33.6	201244	136310	8.6	909
望谟县	17	29.1	27.6	148941	121030	5.5	455
册亨县	14	22.4	21.0	116682	92863	11.5	691
安龙县	16	43.2	40.0	239866	163397	16.4	1356
大方县	36	97.8	90.4	586053	393538	18.5	3411
织金县	32	95.9	87.4	492459	289955	11.5	3172
纳雍县	25	79.8	73.4	422278	250062	14.9	2447
威宁自治县	35	113.6	103.5	616807	488635	18.9	3929
赫章县	27	67.0	62.7	330372	222145	12.2	4775
黄平县	14	35.6	32.5	182286	116574	7.2	561
施秉县	8	15.8	14.0	83433	64523	7.2	660
三穗县	9	21.1	18.9	111732	72030	4.5	406
岑巩县	11	22.5	20.0	112564	77537	11.3	1532

单位编码	国内生产总值（万元）	第一产业增加值（万元）	财政总收入（万元）	其中:地方财政预算内收入（万元）	财政总支出（万元）	其中:支农支出（万元）	粮食总产量（吨）
美姑县	60773	31165	2459	1941	26009	571	74925
雷波县	100369	39785	6138	5564	26413	773	85514
六枝特区	228400	41168	20141	12123	44385	4750	183102
水城县	273225	53968	34131	16506	46968	4030	242889
盘县	786726	76377	131819	46360	80759	5434	328378
正安县	147087	79674	32612	5109	32320	1555	257631
道真自治县	101522	49128	24807	4150	24788	2013	133720
务川自治县	104817	52147	8454	4558	28526	1497	170394
习水县	253114	69115	40644	9043	40644	2922	286105
普定县	149205	32507	20177	9097	25257	2015	117932
镇宁自治县	112504	26760	11168	4994	23636	1534	109598
关岭自治县	101669	38837	6708	4300	22958	1138	111282
紫云自治县	67602	36127	4485	2955	23100	895	115895
江口县	69675	34291	3873	3002	18528	1636	90100
石阡县	101367	55322	6211	5380	28831	1483	172945
思南县	173163	97196	10008	8005	40186	2616	224034
印江自治县	101918	61623	6088	4870	28043	2274	137436
德江县	142041	79126	7427	5952	29152	2333	160215
沿河自治县	137372	71084	7058	5860	36543	2954	158292
松桃自治县	174628	80314	11527	6179	38776	217	230562
兴仁县	150333	48022	20168	11907	31497	2615	175032
普安县	79218	26275	16462	10209	23382	1291	87209
晴隆县	68996	23620	8068	5119	21187	1423	88839
贞丰县	108639	40489	11833	7005	23451	1719	115185
望谟县	52000	28860	3560	2395	11115	833	85527
册亨县	50265	27910	3108	2161	19215	1262	64236
安龙县	149102	48100	18020	8298	26370	1957	175164
大方县	235670	91020	24168	15409	49734	3114	318243
织金县	215595	89751	28018	19021	54836	3160	327685
纳雍县	333971	78035	42098	15036	41855	3146	281143
威宁自治县	276554	108900	25168	14899	53513	2698	354686
赫章县	159544	65400	15158	7189	39874	2312	204962
黄平县	70007	32592	4558	3436	22808	1806	104286
施秉县	56817	19027	9458	5971	17532	413	61293
三穗县	61409	19222	3626	2669	18462	1251	58322
岑巩县	63739	23879	4836	2603	18889	1364	71180

（贵州省、云南省）

单位编码	乡（镇）个数（个）	年末总人口（万人）	其中：乡村人口（万人）	乡村从业人员数（万人）	其中：农林牧渔业（万人）	农业机械总动力（万千瓦特）	农村用电量（万千瓦时）
天柱县	16	41.5	36.3	225520	150600	7.2	1069
锦屏县	15	22.7	19.8	110166	63036	8.7	1799
剑河县	12	24.5	22.2	133612	91235	7.6	977
台江县	8	14.8	12.9	69556	37833	3.6	427
黎平县	25	51.1	47.0	264824	175479	11.5	3148
榕江县	19	33.4	30.4	176965	131416	5.7	1740
从江县	21	32.4	30.7	183931	146143	7.3	1382
雷山县	9	15.2	13.9	79111	49931	5.7	256
麻江县	9	22.4	19.9	115930	83156	6.6	507
丹寨县	7	16.6	14.5	87540	50930	3.0	705
荔波县	16	16.6	15.4	90439	65026	9.9	804
独山县	18	33.6	30.6	185269	120477	11.3	1747
平塘县	19	30.7	29.6	184880	133568	8.4	701
罗甸县	26	31.9	29.7	166539	110690	5.1	1039
长顺县	17	24.9	23.2	130270	90439	4.4	1395
三都自治县	21	31.7	30.9	176649	124154	7.8	1495
东川区	14	30.6	23.2	144113	110024	9.1	1962
禄劝自治县	18	45.0	42.8	246857	219048	20.4	3665
寻甸自治县	17	50.5	47.9	283531	242133	13.7	4683
富源县	11	72.6	64.0	347732	257277	23.1	4557
会泽县	23	93.6	85.0	509844	408400	16.0	4790
施甸县	13	33.1	31.2	181895	156269	13.8	2866
龙陵县	10	27.3	24.9	147521	133232	10.3	1244
昌宁县	13	34.2	31.0	183478	156950	15.9	1838
昭阳区	25	77.1	66.6	354185	280687	12.9	3330
鲁甸县	14	39.8	37.1	197623	171839	8.5	1911
巧家县	19	53.6	50.7	286996	249376	6.9	3956
盐津县	12	38.3	35.8	177216	124191	4.1	1542
大关县	11	26.2	24.3	119164	103085	3.5	1580
永善县	18	42.2	39.1	204149	165481	6.3	1740
绥江县	6	16.0	13.6	64191	52153	2.1	1124
镇雄县	35	132.2	127.4	597940	474633	13.5	4623
彝良县	18	54.7	52.6	270048	234368	6.5	2287
威信县	11	39.0	35.4	179369	133686	4.7	3361
永胜县	18	38.7	36.1	219335	181679	14.4	1962
宁蒗自治县	16	24.4	22.6	120144	109029	3.7	866

单位编码	国内生产总值（万元）	第一产业增加值（万元）	财政总收入（万元）	其中:地方财政预算内收入（万元）	财政总支出（万元）	其中:支农支出（万元）	粮食总产量（吨）
天柱县	111452	40381	7075	5167	23348	3868	135002
锦屏县	63437	18559	4620	3283	23460	1863	66910
剑河县	63076	26887	3031	2518	26600	1011	67947
台江县	42337	16340	3062	2172	15399	808	46138
黎平县	113695	49864	5738	3462	32888	1733	156838
榕江县	77329	41087	4009	2783	26105	1099	97729
从江县	75459	39579	4290	3097	26558	1535	118137
雷山县	35745	13480	2785	1782	16133	1106	50693
麻江县	58351	21974	6557	3002	18246	1349	71680
丹寨县	42439	17258	3063	1625	16094	1687	53273
荔波县	81520	20222	11897	5556	18595	1087	55800
独山县	105008	50808	10330	5515	29201	1336	111766
平塘县	72820	32877	5029	3709	24936	1132	102002
罗甸县	110893	43985	8686	4762	25444	1735	106157
长顺县	75755	28100	7120	4491	20228	1200	99090
三都自治县	73968	37288	3656	2639	25134	1046	94048
东川区	113014	22749	21269	9006	50247	1890	67222
禄劝自治县	154301	68822	12227	8908	37993	2195	175734
寻甸自治县	176132	70659	15316	9445	42433	3901	187730
富源县	483971	120281	49249	26373	50808	3165	254660
会泽县	457000	74100	153758	32986	72268	4315	276848
施甸县	113853	50738	7177	4201	24714	2057	121834
龙陵县	119690	44180	14940	6967	27976	2041	98467
昌宁县	155805	69973	12360	6679	28296	2306	142340
昭阳区	566341	81762	21041	15038	50928	1804	160716
鲁甸县	89704	32666	7363	3828	24239	1694	75344
巧家县	119069	58233	5042	3034	28546	1512	144116
盐津县	100602	31867	5451	2721	23364	1282	98182
大关县	64416	26849	2857	1441	18381	1105	71426
永善县	128706	45508	4783	3146	27552	1598	123325
绥江县	42593	12085	2420	1596	14223	590	34350
镇雄县	214190	98916	10327	7557	58506	3060	285635
彝良县	115570	49166	5595	4362	26934	1522	131353
威信县	80998	26000	3826	2760	25037	1042	121538
永胜县	126290	49792	5207	3718	31988	1850	142320
宁蒗自治县	67787	23894	3160	1819	25216	1849	66021

（云南省）

单位编码	乡（镇）个数（个）	年末总人口（万人）	其中：乡村人口（万人）	乡村从业人员数（万人）	其中：农林牧渔业（万人）	农业机械总动力（万千瓦特）	农村用电量（万千瓦时）
普洱自治县	9	18.7	15.0	87968	72522	11.8	515
墨江自治县	18	35.6	30.1	171936	155987	9.7	582
景东自治县	15	35.5	32.8	188259	162124	14.2	1428
镇沅自治县	11	20.6	17.6	104628	93325	10.7	582
江城自治县	8	9.9	9.4	54952	49557	4.4	529
孟连自治县	7	11.9	10.6	57995	55466	4.2	489
澜沧自治县	23	47.5	39.8	229452	216927	12.9	1117
西盟自治县	8	8.6	6.9	36721	35261	3.4	100
临翔区	10	28.2	22.9	133777	100634	7.9	1129
凤庆县	13	42.6	40.9	211388	164825	7.9	1664
云县	12	41.0	37.9	214710	179486	10.8	1333
永德县	10	33.0	31.2	174634	159905	11.9	817
镇康县	7	16.1	14.7	79522	74627	4.4	277
双江自治县	6	16.5	14.6	67172	57874	5.5	1389
沧源自治县	10	16.2	13.6	66863	63805	2.4	367
双柏县	9	15.5	14.1	86238	78719	11.1	791
南华县	12	23.4	21.6	127910	111050	9.7	2372
姚安县	12	20.6	19.2	117074	90678	6.0	2570
大姚县	14	27.9	25.7	157514	131103	10.0	2823
永仁县	8	10.4	9.2	57067	50679	7.4	945
武定县	13	26.6	24.7	153875	132541	10.2	2192
屏边自治县	7	14.8	12.9	70750	65094	2.0	498
泸西县	10	38.4	34.5	203676	170742	21.1	8899
元阳县	15	37.7	35.4	207813	189754	3.1	1875
红河县	14	27.0	27.2	144045	122916	2.8	2675
金平自治县	14	32.3	30.3	170300	156426	6.9	925
绿春县	9	20.8	19.3	113844	104248	2.1	2773
文山县	16	43.9	35.4	198646	172503	14.2	3643
砚山县	12	45.3	41.4	233876	209438	34.3	2336
西畴县	10	25.2	23.2	136980	110802	8.2	1504
麻栗坡县	12	27.8	25.5	149619	121111	7.9	2543
马关县	15	35.8	32.2	195682	170023	10.3	2078
丘北县	14	45.7	43.0	228823	202656	12.2	2856
广南县	20	75.8	72.3	422687	345168	10.6	4128
富宁县	15	39.6	37.0	224812	180642	9.0	2446
勐腊县	10	20.3	12.2	66072	64615	16.4	748

单位编码	国内生产总值（万元）	第一产业增加值（万元）	财政总收入（万元）	其中:地方财政预算内收入（万元）	财政总支出（万元）	其中:支农支出（万元）	粮食总产量（吨）
普洱自治县	103610	35041	7130	4324	21182	1983	68162
墨江自治县	112832	36388	8019	5245	27425	1598	110107
景东自治县	135552	58813	23132	9468	30219	2632	128714
镇沅自治县	64325	27013	4218	2594	21647	1621	77202
江城自治县	58720	24537	3967	2424	14169	807	34209
孟连自治县	53076	21137	5046	2536	14688	1322	46410
澜沧自治县	129193	51741	9547	4526	37669	3267	160604
西盟自治县	23274	6602	1063	629	13917	962	31781
临翔区	142185	39803	17501	14119	24109	3440	80485
凤庆县	127753	56459	7955	6280	25079	1450	136212
云县	246628	71730	30954	13044	29593	1561	136808
永德县	94316	40377	5165	3171	24220	2528	115262
镇康县	71865	26206	3834	2221	18679	1582	48896
双江自治县	62917	27388	3369	1968	17105	1338	57737
沧源自治县	64610	23811	2722	1622	18080	1661	51312
双柏县	59842	29582	3510	3278	18349	1065	52774
南华县	93440	44374	5567	5278	21085	1184	94872
姚安县	104462	40853	3568	3103	18212	1148	76391
大姚县	153047	48235	5660	5208	25057	1140	105760
永仁县	52070	22947	2343	2151	14575	871	42528
武定县	111499	48465	4931	4750	22955	1730	86308
屏边自治县	63503	20129	4995	2533	16015	995	59102
泸西县	161293	49956	21246	11891	28727	2454	124691
元阳县	94826	35994	4237	2737	24041	1384	124075
红河县	68528	34393	2734	1579	20704	1037	85347
金平自治县	80615	30425	9463	5094	25414	910	108089
绿春县	43000	18682	3886	2944	19441	974	73519
文山县	436923	70886	54344	24129	50530	4997	127337
砚山县	219613	64164	17771	9539	32490	1574	157337
西畴县	73140	30767	3266	2389	25208	923	82055
麻栗坡县	115559	38721	9439	4708	26466	1041	86652
马关县	152898	51769	6749	6678	30764	663	126038
丘北县	122874	60027	7986	5158	28880	1747	160038
广南县	194744	100266	12845	6399	40933	2572	217396
富宁县	170450	58013	11966	7513	32076	1446	117217
勐腊县	195107	93422	5967	5868	26390	3238	78296

（云南省、陕西省）

单位编码	乡（镇）个数（个）	年末总人口（万人）	其中：乡村人口（万人）	乡村从业人员数（万人）	其中：农林牧渔业（万人）	农业机械总动力（万千瓦特）	农村用电量（万千瓦时）
漾濞自治县	9	10.1	9.2	49444	42634	4.4	1086
弥渡县	8	31.9	29.9	178071	139857	7.8	2723
南涧自治县	8	22.1	20.9	123489	104084	5.6	1983
巍山自治县	11	30.4	28.2	170393	145221	8.3	1937
永平县	7	17.8	14.4	75589	65896	4.5	2916
云龙县	11	20.2	19.4	99164	85664	4.3	3892
洱源县	9	27.5	25.5	141312	113880	9.3	2479
剑川县	8	17.1	15.6	82360	61102	6.8	1724
鹤庆县	9	26.9	24.7	134157	104300	13.6	3424
梁河县	9	16.1	15.0	84344	71987	9.7	633
泸水县	9	15.6	12.7	72479	66867	4.9	753
福贡县	7	9.3	8.3	47374	43680	0.9	206
贡山自治县	5	3.5	2.8	15123	13474	0.9	82
兰坪自治县	8	19.7	17.4	103062	92329	8.3	2373
香格里拉县	11	13.5	11.1	62958	55123	19.7	2208
德钦县	8	5.9	5.2	29002	26392	3.7	1273
维西自治县	10	14.5	13.4	79459	69568	5.6	1248
印台区	9	23.5	9.5	53042	38727	6.4	6728
耀州区	12	25.8	19.2	109301	82084	11.0	1615
宜君县	10	9.4	7.8	46943	40006	5.6	302
陇县	14	25.0	21.4	122721	88372	6.3	1459
麟游县	9	8.7	7.5	32386	24397	3.2	286
太白县	7	5.2	4.1	21149	16701	3.7	620
永寿县	12	19.8	17.3	82837	54513	9.8	1505
彬县	15	32.7	28.9	144528	107783	4.2	5012
长武县	10	17.3	15.9	69891	52960	8.4	1892
旬邑县	13	27.3	24.9	126759	85469	5.7	1970
淳化县	14	20.2	17.6	93146	51200	12.3	2147
合阳县	15	43.7	39.5	206178	160139	19.7	3728
蒲城县	23	74.6	65.4	374209	277669	49.3	17838
白水县	13	27.7	24.3	134305	89295	15.2	1444
延长县	11	14.4	11.4	49290	42982	3.9	537
延川县	13	18.3	14.0	62346	41228	6.6	424
子长县	12	24.5	18.8	75213	58462	7.9	943
安塞县	11	16.4	14.2	52953	40903	4.8	646
吴旗县	11	12.2	10.7	44252	34181	6.9	612

单位编码	国内生产总值（万元）	第一产业增加值（万元）	财政总收入（万元）	其中:地方财政预算内收入（万元）	财政总支出（万元）	其中:支农支出（万元）	粮食总产量（吨）
漾濞自治县	44886	18710	5651	3551	16185	2519	45560
弥渡县	111499	42330	7138	4438	21813	1458	114185
南涧自治县	82740	36870	22582	7607	21868	1677	73278
巍山自治县	117861	53156	7456	4866	22715	1410	116596
永平县	91550	42700	5129	3627	17810	1629	68451
云龙县	79903	32786	5356	3121	20288	1163	88168
洱源县	127236	54207	10066	6166	26364	2094	128540
剑川县	68987	21714	6226	3609	19543	1034	65327
鹤庆县	103600	34655	10730	6053	23633	2481	98296
梁河县	45128	14363	4662	2529	17165	1650	41644
泸水县	90304	15227	30194	5600	28780	2376	52324
福贡县	28805	8325	14634	866	14490	921	28848
贡山自治县	16182	4959	1774	1146	10656	499	9249
兰坪自治县	107659	16756	20228	8518	29002	1677	73396
香格里拉县	172876	24531	9578	5732	32023	1957	53907
德钦县	34887	6998	1653	1178	16185	983	18417
维西自治县	72018	21888	1924	1440	24994	3092	52632
印台区	57470	11448	14295	2009	10315	805	42113
耀州区	199530	23141	19783	5818	17768	844	96928
宜君县	41760	14918	3104	1544	11132	956	70905
陇县	140063	52756	5566	3168	13861	778	110383
麟游县	50768	20108	1695	823	7250	288	65578
太白县	37813	13084	1848	1115	7335	157	13372
永寿县	70150	33107	1580	1580	10953	441	78981
彬县	144480	36644	4526	4526	20958	930	108007
长武县	70800	18232	2029	2029	11263	381	54961
旬邑县	114180	50057	2536	2386	16118	712	107939
淳化县	99270	54050	1326	1326	12452	1233	98076
合阳县	142500	47614	3768	2155	20317	1173	161041
蒲城县	375700	72926	7482	5340	26623	1214	312223
白水县	135000	41855	4448	2425	16845	982	79712
延长县	81004	19071	18584	10495	23072	2701	31655
延川县	792622	14292	18561	11456	26258	2518	40330
子长县	157420	26641	41985	25555	37680	3367	77318
安塞县	136595	25359	82398	36147	46360	7525	68307
吴旗县	210992	25787	112018	73408	72080	5296	51089

（陕西省、甘肃省）

单位编码	乡（镇）个数（个）	年末总人口（万人）	其中：乡村人口（万人）	乡村从业人员数（万人）	其中：农林牧渔业（万人）	农业机械总动力（万千瓦特）	农村用电量（万千瓦时）
宜川县	11	11.5	9.4	37816	33212	7.4	342
洋　县	25	43.9	36.6	172798	110586	14.3	4215
西乡县	22	40.4	34.3	159364	94507	13.7	286
宁强县	25	33.7	29.9	150831	84564	8.9	3752
略阳县	20	20.1	14.6	69501	42226	9.8	383
镇巴县	23	27.9	24.3	93150	51250	4.2	1568
府谷县	19	21.3	18.5	85383	50819	22.1	38500
横山县	17	33.4	30.1	148800	125000	13.7	1617
靖边县	21	29.1	25.2	132235	96575	26.3	6463
定边县	24	31.6	27.5	144134	111019	30.2	2053
绥德县	19	34.9	30.5	127521	66888	7.3	1405
米脂县	12	20.8	19.0	80522	46783	7.3	781
佳县	19	24.5	24.1	89100	55000	7.3	1475
吴堡县	7	7.8	7.1	25050	17130	3.3	494
清涧县	14	20.8	19.3	81276	54504	7.0	619
子洲县	17	30.4	31.7	143640	94521	5.0	1076
汉滨区	43	95.0	74.7	395561	235880	23.7	7838
汉阴县	17	29.2	25.8	147407	73207	8.6	2922
宁陕县	13	7.5	6.0	32806	21989	2.7	523
紫阳县	24	33.5	29.8	156925	79177	10.6	2070
岚皋县	16	17.0	15.0	76214	38293	3.2	1014
镇坪县	9	5.8	4.9	28222	15328	1.1	893
旬阳县	27	45.1	41.4	205495	137292	7.2	2703
白河县	14	20.6	18.8	110400	55659	3.2	1400
商州区	26	55.3	45.4	197969	147944	8.6	3001
洛南县	24	45.1	38.6	185866	145635	9.4	4807
丹凤县	20	30.2	27.1	121992	83152	4.1	625
商南县	15	23.5	20.5	110957	56910	5.8	1541
山阳县	29	43.9	39.5	163007	109448	8.6	1955
镇安县	24	28.5	27.6	120074	52928	7.4	1126
柞水县	15	15.5	13.6	60653	45082	2.8	1125
榆中县	23	42.3	38.9	205957	137243	29.8	4304
会宁县	28	57.7	56.5	290115	229247	26.4	3187
北道区	17	58.0	45.3	229873	144240	15.5	6421
清水县	18	31.3	29.2	149100	117900	6.8	1475
秦安县	17	60.8	57.1	285701	219200	14.4	3464

单位编码	国内生产总值（万元）	第一产业增加值（万元）	财政总收入（万元）	其中:地方财政预算内收入（万元）	财政总支出（万元）	其中:支农支出（万元）	粮食总产量（吨）
宜川县	37456	15274	2374	1337	15217	3105	36175
洋　县	207944	55642	4831	3167	21313	875	163236
西乡县	144931	46365	2729	1915	17460	863	113674
宁强县	130672	49109	4399	2612	17566	887	94663
略阳县	179155	23373	11664	5959	16059	889	49279
镇巴县	96721	37604	1907	1311	15192	788	95291
府谷县	224915	10092	58470	21620	32111	1083	51967
横山县	159769	35105	17947	5694	22029	722	115065
靖边县	1006618	35571	103991	31055	44745	4741	159108
定边县	308400	38050	51027	16877	30917	1318	187847
绥德县	82819	17414	10366	2570	22571	682	60596
米脂县	59931	10440	1516	861	18382	1247	31185
佳县	43441	17172	1532	721	18630	513	38227
吴堡县	25400	3635	1516	835	11288	473	5577
清涧县	47840	15322	1650	1009	16288	730	44036
子洲县	51991	16599	3000	1605	20606	1166	66791
汉滨区	533866	87767	32339	8237	38956	1315	278788
汉阴县	112067	44761	3115	1836	14901	725	109878
宁陕县	41632	13693	1778	736	8125	144	21882
紫阳县	116990	51595	2251	1609	16334	726	123006
岚皋县	68214	25670	3096	1280	13483	391	77748
镇坪县	27525	10608	1416	760	6524	281	28393
旬阳县	224467	48097	35902	7180	26920	1435	143010
白河县	77536	28308	3386	1689	13355	760	55782
商州区	224102	38382	8453	4258	22003	1149	126257
洛南县	175190	52829	10187	3926	24565	1723	170121
丹凤县	115680	35060	4138	2391	17317	776	84581
商南县	92700	30965	3914	2115	16347	1077	71683
山阳县	136900	36533	6726	2482	21687	915	98917
镇安县	160100	45423	4606	2526	17350	756	111183
柞水县	99270	17799	6007	2218	13188	929	43470
榆中县	169889	47158	21471	7699	32034	4193	113030
会宁县	151362	55242	2773	1344	33732	980	182000
北道区	385553	36676	20122	7259	34947	1788	119426
清水县	89300	33579	22136	936	22674	1074	117536
秦安县	147797	42997	5066	3258	26618	980	145787

（甘肃省）

单位编码	乡（镇）个数（个）	年末总人口（万人）	其中：乡村人口（万人）	乡村从业人员数（万人）	其中：农林牧渔业（万人）	农业机械总动力（万千瓦特）	农村用电量（万千瓦时）
甘谷县	15	60.2	57.5	298800	168300	11.8	3447
武山县	15	44.0	40.8	211300	142595	14.5	3278
张家川自治县	15	32.0	30.4	177997	133869	6.8	1589
古浪县	19	40.1	39.6	197800	141000	28.6	11750
天祝自治县	19	21.9	18.1	104300	79100	15.1	895
庄浪县	18	42.1	41.1	221500	130200	10.1	2378
静宁县	24	46.9	45.0	225400	179400	12.8	3767
环县	21	34.4	32.3	161700	125900	8.6	3316
华池县	15	13.3	11.2	57800	50600	7.9	1012
合水县	12	17.1	14.9	74900	53900	6.5	2337
宁县	18	52.8	50.0	250900	140800	11.5	4143
镇原县	19	51.6	48.7	253000	192400	17.6	3277
安定区	19	47.7	37.6	201400	122017	29.6	3150
通渭县	18	46.7	42.7	228000	146353	12.3	2825
陇西县	17	49.8	43.4	207246	129919	14.7	2580
渭源县	16	34.4	32.9	166237	130621	14.2	1803
临洮县	18	53.0	49.4	255540	179943	26.8	3562
漳县	13	19.8	18.5	92704	51701	7.0	685
岷县	18	45.2	42.3	211500	146248	8.7	1949
武都区	36	53.5	48.2	242600	217500	16.1	11841
文县	20	24.6	21.9	113864	97321	8.2	2037
宕昌县	25	29.6	28.1	160600	120900	5.8	1364
康县	21	20.2	18.1	91600	51800	6.6	870
西和县	20	39.4	36.9	208500	176800	7.1	1623
礼县	29	52.2	49.4	247800	170700	9.4	2610
两当县	12	5.0	3.9	20900	18100	3.3	235
临夏县	25	38.1	35.7	187800	123200	8.1	1941
康乐县	15	24.4	23.5	122900	103400	6.5	7665
永靖县	17	20.4	16.3	85800	57400	11.1	10766
广河县	9	20.9	20.2	102000	76900	9.5	1624
和政县	13	19.5	18.5	92900	70000	4.2	709
东乡治县	24	27.1	26.1	131500	89700	9.2	5774
积石山自治县	18	23.3	22.4	118100	73800	3.7	1074
合作市	7	7.8	3.5	19800	18200	2.1	142
临潭县	19	14.9	13.7	71500	49400	4.7	897
卓尼县	17	10.2	8.9	45200	39800	3.0	581

单位编码	国内生产总值（万元）	第一产业增加值（万元）	财政总收入（万元）	其中:地方财政预算内收入（万元）	财政总支出（万元）	其中:支农支出（万元）	粮食总产量（吨）
甘谷县	156887	47186	5379	2680	24778	1452	136848
武山县	124794	44444	5248	2789	22212	1107	90001
张家川自治县	67014	17497	2257	1104	23791	780	88588
古浪县	143889	40670	4792	2282	28939	1731	129837
天祝自治县	115410	18389	8672	3670	33658	1470	38456
庄浪县	91340	39882	3632	2258	27579	795	138832
静宁县	114658	43624	4515	2600	29000	1609	153417
环县	86960	31035	5338	3302	31078	568	101842
华池县	229658	15846	5740	3834	20442	788	74392
合水县	53032	22142	3826	2273	19009	1895	79904
宁县	119000	43400	4209	3131	32698	1563	205054
镇原县	105424	48487	6180	3804	34276	650	250323
安定区	163642	50321	10247	4624	34595	1685	188313
通渭县	86267	44053	2036	1038	24941	1635	161913
陇西县	138940	44230	10870	5185	30422	1522	127496
渭源县	69482	37486	1371	665	20926	998	110644
临洮县	129782	51325	10303	5771	32124	1344	183835
漳县	44920	25538	15237	643	14098	423	63993
岷县	82110	42135	3698	1927	26637	925	71098
武都区	142207	39047	6934	3396	33151	1217	129068
文县	61390	17452	6616	2151	18919	735	59965
宕昌县	44294	15884	1695	836	19482	725	69182
康县	43510	17894	2526	1322	16277	850	62809
西和县	80864	23334	8559	2477	23276	791	99292
礼县	72089	32968	2766	1604	31133	1146	121377
两当县	19990	7782	5032	461	9881	410	27117
临夏县	78849	27755	1943	1072	23918	754	107898
康乐县	49721	22232	1717	1142	18844	1065	66853
永靖县	125053	19920	17683	5110	25149	830	70489
广河县	49527	15757	1574	1572	16137	836	60008
和政县	38706	17217	1564	987	17612	812	43397
东乡族自治县	43921	15279	1655	738	21083	425	60534
积石山自治县	40641	15801	1175	778	17559	597	55417
合作市	59118	6940	5487	1739	14276	1560	8663
临潭县	32788	10283	1674	710	20014	1150	20929
卓尼县	27015	12805	1001	416	15738	469	15407

（甘肃省、青海省、宁夏回族自治区、新疆维吾尔自治区）

单位编码	乡（镇）个数（个）	年末总人口（万人）	其中：乡村人口（万人）	乡村从业人员数（万人）	其中：农林牧渔业（万人）	农业机械总动力（万千瓦特）	农村用电量（万千瓦时）
舟曲县	22	13.5	12.1	67600	51800	4.2	919
夏河县	14	7.9	6.5	34100	30300	2.2	420
大通自治县	22	43.3	34.6	197061	116091	37.8	2036
湟中县	18	47.1	44.4	259703	179509	63.5	3107
平安县	9	10.9	7.9	44611	25331	6.3	1381
民和自治县	23	37.6	35.2	175784	93653	23.3	3452
乐都县	22	28.1	24.8	132403	64321	19.1	1467
化隆自治县	19	23.5	21.6	99774	72163	16.2	1812
循化自治县	10	11.6	11.0	48645	21159	7.0	1113
尖扎县	9	5.2	4.3	21483	18108	3.8	590
泽库县	8	5.8	5.6	24913	23304	0.9	0
甘德县	7	2.5	2.3	11849	11448	0.4	0
达日县	10	2.5	2.1	9217	9053	0.1	0
玉树县	9	8.9	6.6	33302	32864	3.5	57
杂多县	8	4.7	4.1	18903	18739	0.4	0
治多县	6	2.5	2.4	12359	12359	0.2	0
囊谦县	10	6.5	6.3	29972	29577	2.7	35
盐池县	8	16.5	13.5	66844	41207	29.4	2330
同心县	11	33.1	23.4	150555	95764	16.8	3353
市辖区	14	46.5	39.4	181527	123904	27.3	6751
西吉县	19	46.3	42.3	216651	172863	31.1	1600
隆德县	13	18.3	16.3	85752	58100	12.4	2551
泾源县	6	12.2	11.1	63263	40068	10.1	694
彭阳县	12	25.3	23.2	125666	86813	24.6	1831
海原县	18	39.2	37.1	180160	120700	29.7	2851
巴里坤自治县	12	10.0	7.7	35979	24199	11.5	1651
乌什县	9	19.1	15.6	47766	42484	8.6	1146
柯坪县	5	4.3	3.3	16788	14989	2.6	747
阿图什市	7	21.3	15.6	55941	40283	6.7	1035
阿克陶县	13	18.0	14.6	42043	38563	6.4	290
阿合奇县	6	3.7	2.6	6593	6141	1.0	18
乌恰县	9	4.7	2.3	6624	5260	1.1	70
疏附县	13	30.0	26.2	80398	64920	13.8	2100
疏勒县	15	30.4	25.0	63420	54977	12.3	700
英吉沙县	14	23.4	19.9	86800	84252	6.8	400
莎车县	29	68.6	49.3	177128	153800	18.7	1580

单位编码	国内生产总值（万元）	第一产业增加值（万元）	财政总收入（万元）	其中:地方财政预算内收入（万元）	财政总支出（万元）	其中:支农支出（万元）	粮食总产量（吨）
舟曲县	27407	12338	1098	549	17715	583	27943
夏河县	31042	13796	1766	773	17303	407	10412
大通自治县	436997	36151	54019	15961	40274	3578	83171
湟中县	222014	47163	6021	5031	38132	3605	139298
平安县	113100	1056	3191	3037	17011	1363	21999
民和自治县	126391	29124	29954	3564	31164	1964	75222
乐都县	141414	29929	32897	3021	33002	2043	64642
化隆自治县	104146	21071	9411	3419	24260	2214	46950
循化自治县	61914	11731	14782	3041	16787	1838	30786
尖扎县	110441	7752	10177	3468	12895	546	14918
泽库县	28097	19536	199	181	8738	296	0
甘德县	8661	4038	5507	121	5510	189	0
达日县	8068	5277	4226	164	6274	448	0
玉树县	25313	20006	12707	1555	12953	319	5317
杂多县	35782	31598	151	151	5848	202	0
治多县	17740	14078	6286	106	6192	273	0
囊谦县	18925	14725	10477	137	10477	182	10119
盐池县	98200	21558	31380	4971	26806	1101	61290
同心县	98537	24228	35328	3423	34122	1650	106559
市辖区	197064	41609	45513	2220	43043	1999	158711
西吉县	102847	34079	43415	1803	38614	1571	205491
隆德县	49072	14601	29499	1204	24900	930	76572
泾源县	32623	9370	22125	1080	16357	1574	43441
彭阳县	66501	28276	26999	1319	26098	1109	120432
海原县	87983	26944	37339	1599	33643	1876	95755
巴里坤自治县	64846	26163	4464	2112	20138	1573	44647
乌什县	62254	30267	1405	1184	23516	972	143335
柯坪县	21106	5684	518	468	11756	450	22697
阿图什市	92063	26131	33427	3581	30919	2947	55287
阿克陶县	45399	17115	1591	1275	22286	1211	109924
阿合奇县	13643	5123	560	540	12950	584	2944
乌恰县	22605	5897	1009	986	15147	1474	2756
疏附县	86776	51608	27831	1629	25797	556	190156
疏勒县	92353	50853	24259	2428	17307	1290	166312
英吉沙县	67906	39738	1082	961	20161	221	131933
莎车县	171694	97663	55272	4836	52566	3772	410338

（新疆维吾尔自治区）

单位编码	乡（镇）个数（个）	年末总人口（万人）	其中：乡村人口（万人）	乡村从业人员数（万人）	其中：农林牧渔业（万人）	农业机械总动力（万千瓦特）	农村用电量（万千瓦时）
叶城县	20	38.9	29.1	79903	71260	9.3	900
岳普湖县	9	13.8	11.2	42367	39317	5.5	554
伽师县	13	33.1	30.2	90470	81673	13.4	1025
塔什库尔干县	12	3.3	2.3	8882	6604	0.6	22
和田县	12	28.9	26.5	96703	78465	7.6	2951
墨玉县	16	45.9	40.8	127248	105012	8.1	1963
皮山县	15	23.1	16.1	59425	53785	3.5	509
洛浦县	10	24.8	22.1	84074	74283	6.9	2190
策勒县	8	13.9	11.9	44554	40553	3.5	503
于田县	15	22.7	20	78610	76422	5.3	1751
民丰县	6	3.6	2.4	7226	5895	1.4	592
察布查尔县	13	17.3	11.6	43489	37150	9.4	579
尼勒克县	11	16.3	10.7	39675	32642	5.9	138
托里县	5	8.9	5.6	27996	25508	5.7	951
青河县	7	5.8	4.2	16390	13998	2.7	899
吉木乃县	7	3.5	2.1	6451	6021	1.6	66

单位编码	国内生产总值（万元）	第一产业增加值（万元）	财政总收入（万元）	其中:地方财政预算内收入（万元）	财政总支出（万元）	其中:支农支出（万元）	粮食总产量（吨）
叶城县	107783	68641	10649	4345	31500	1455	266827
岳普湖县	47160	21608	1485	1000	17593	731	73490
伽师县	113967	75828	2391	1735	27192	1198	205787
塔什库尔干县	19476	3171	950	853	12403	371	5215
和田县	74392	43402	2948	2114	26277	1049	175711
墨玉县	92616	51006	3344	2936	36979	2452	230478
皮山县	49491	25348	1809	1634	22481	749	115347
洛浦县	65606	29676	2536	2184	25364	1413	145081
策勒县	38237	16964	1166	1100	16954	568	76887
于田县	59816	33615	1996	1570	23493	884	121174
民丰县	19148	7120	2528	2508	10263	558	18534
察布查尔县	85269	41251	4949	3129	23880	2860	142252
尼勒克县	72435	27664	5513	3447	20358	1289	47911
托里县	64103	13907	3008	2536	18569	658	38777
青河县	37619	14903	1215	874	14829	988	30744
吉木乃县	21953	7788	1389	959	13277	1081	13596

4.2005年国家扶贫开发工作重点县分组资料

4—1 2005年国家扶贫开发工作重点县按地势分组表

指 标	单位	平原	丘陵	山区
一、调查户数	户	9255	10565	33430
户均人口	人	4.2	4.1	4.4
户均劳动力	人	2.9	2.9	2.9
其中：劳动力文盲率	%	7.6	8.0	15.7
其中：当年外出打工的劳动力比例	%	14.5	18.4	18.5
二、户均住房面积	平方米	86.2	97.5	95.9
其中：钢筋混凝土结构面积	平方米	2.3	5.9	3.2
户均住房价值	元	188.1	169.1	138.7
户均年末生产性固定资产原值	元	1542.2	1341.6	1037.2
其中：年末生产用房原值	元	325.6	373.4	345.0
户均耕地面积	亩	12.4	11.7	7.5
其中：水田、水浇地面积	亩	6.1	3.1	1.7
梯田面积	亩	0.1	0.7	1.1
人均年末存粮	公斤	537.4	447.8	334.5
人均粮食产量	公斤	823.2	576.0	383.2
三、人均全年总收入	元	2958.9	2773.7	2290.6
(一)工资性收入	元	512.9	630.7	552.8
其中：外出务工收入	元	286.4	360.3	287.1
(二)家庭经营收入	元	2304.8	1966.2	1585.8
1.种植业收入	元	1567.8	1147.7	848.5
2.牧业收入	元	450.2	581.6	480.4
3.林业收入	元	35.5	46.2	72.0
4.渔业收入	元	6.6	17.5	4.5
5.其他农业收入	元	45.5	32.5	24.4
6.工业、建筑业收入	元	26.2	17.1	20.6
7.第三产业收入	元	173.0	123.6	135.3
(三)转移性收入	元	109.4	141.0	127.9
其中：退耕还林还草补偿	元	8.8	38.5	42.1
(四)财产性收入	元	31.9	35.8	24.1
四、人均全年总支出	元	2566.5	2619.2	2219.6
(一)家庭经营支出	元	886.6	776.3	568.5
1.种植业支出	元	586.3	395.6	260.8
2.林业支出	元	9.6	9.6	9.7
3.牧业支出	元	225.5	303.4	240.2
4.渔业支出	元	2.5	11.2	1.2
5.其他农业支出	元	22.3	16.0	10.8
6.工业、建筑业支出	元	4.9	5.6	6.4
7.第三产业经营支出	元	35.4	34.8	39.4
(二)购买生产性固定资产	元	81.4	76.0	65.3
(三)税费支出	元	7.7	8.2	4.0
(四)生活消费支出	元	1515.2	1658.1	1493.5
其中：食品消费	元	718.9	838.6	799.5
五、人均纯收入	元	1951.1	1873.9	1622.2
其中：现金纯收入	元	1323.8	1247.1	1063.4

数据来源：全国农村贫困监测调查

4-2 2005年国家扶贫开发工作重点县按类型区分组表

指　标	单位	革命老区县	陆地边境县	少数民族聚居村
一、调查户数	户	16350	4270	18725
户均人口	人	4.2	4.4	4.6
户均劳动力	人	2.9	2.9	3.0
其中：劳动力文盲率	%	8.9	15.8	17.5
其中：当年外出打工的劳动力比例	%	21.7	8.9	14.6
二、户均住房面积	平方米	102.6	77.2	95.7
其中：钢筋混凝土结构面积	平方米	5.4	1.1	2.6
户均住房价值	元	157.7	135.3	130.8
户均年末生产性固定资产原值	元	894.7	1473.1	1185.8
其中：年末生产用房原值	元	239.3	369.7	370.5
户均耕地面积	亩	7.5	16.5	8.0
其中：水田、水浇地面积	亩	2.3	6.2	3.3
梯田面积	亩	1.0	0.8	0.6
人均年末存粮	公斤	356.0	338.2	330.2
人均粮食产量	公斤	441.0	565.7	436.2
三、人均全年总收入	元	2474.2	2397.4	2376.0
（一）工资性收入	元	690.6	286.5	405.7
其中：外出务工收入	元	393.6	101.5	193.2
（二）家庭经营收入	元	1620.3	1956.8	1832.6
1.种植业收入	元	924.0	1169.2	949.1
2.牧业收入	元	414.5	590.5	593.8
3.林业收入	元	66.7	76.7	97.5
4.渔业收入	元	13.6	6.0	5.6
5.其他农业收入	元	30.7	10.6	26.2
6.工业、建筑业收入	元	23.0	9.7	23.7
7.第三产业收入	元	147.6	94.0	136.8
（三）转移性收入	元	131.8	124.4	114.4
其中：退耕还林还草补偿	元	32.5	32.2	34.1
（四）财产性收入	元	31.5	29.7	23.3
四、人均全年总支出	元	2390.3	2380.8	2247.2
（一）家庭经营支出	元	587.9	819.7	664.6
1.种植业支出	元	286.4	525.8	313.9
2.林业支出	元	8.2	20.0	14.1
3.牧业支出	元	221.7	240.0	278.3
4.渔业支出	元	7.4	1.3	1.2
5.其他农业支出	元	13.4	6.7	12.4
6.工业、建筑业支出	元	6.1	3.4	7.3
7.第三产业经营支出	元	44.7	22.6	37.4
（二）购买生产性固定资产	元	62.5	91.4	75.5
（三）税费支出	元	6.3	7.9	4.3
（四）生活消费支出	元	1633.4	1396.3	1427.2
其中：食品消费	元	823.9	768.2	791.1
五、人均纯收入	元	1789.2	1459.7	1606.6
其中：现金纯收入	元	1188.7	922.8	1067.8

数据来源：
全国农村贫困监测调查

4-3 2005年国家扶贫开发工作重点县按家庭类型分组表

指 标	单位	单身或夫妇	夫妇与一个孩子	夫妇与二个孩子	夫妇与三个以上	单亲与孩子	三代同堂	其他
一、调查户数	户	3221	8134	16218	9301	1507	12857	2012
户均人口	人	2.2	3.1	4.0	5.1	3.2	5.4	4.8
户均劳动力	人	1.8	2.4	2.7	3.4	2.3	3.4	3.1
其中：劳动力文盲率	%	19.4	11.1	9.5	12.4	16.5	14.6	21.3
其中：当年外出打工的劳动力比例	%	4.9	14.4	18.2	19.7	19.0	19.4	15.9
二、户均住房面积	平方米	71.0	86.4	93.0	94.8	80.4	108.0	100.1
其中：钢筋混凝土结构面积	平方米	4.5	5.5	5.0	3.5	1.3	2.8	1.6
户均住房价值	元	137.0	151.6	158.7	147.7	129.5	155.9	144.6
户均年末生产性固定资产原值	元	2963.6	2173.3	1486.1	1119.0	576.3	852.7	794.4
其中:年末生产用房原值	元	970.4	628.2	439.2	296.7	208.2	261.0	242.9
户均耕地面积	亩	7.6	9.9	8.9	9.5	7.2	9.5	9.7
其中:水田、水浇地面积	亩	2.0	2.7	2.5	3.3	2.4	3.0	2.7
梯田面积	亩	0.5	0.7	0.8	0.9	0.6	1.1	1.1
人均年末存粮	公斤	636.5	508.8	409.0	332.0	388.6	348.4	370.0
人均粮食产量	公斤	789.3	673.2	520.2	428.1	506.3	429.1	434.4
三、人均全年总收入	元	3411.3	3154.8	2670.4	2226.5	2483.6	2215.6	2286.8
(一)工资性收入	元	565.3	668.8	635.4	516.8	540.5	500.9	432.9
其中：外出务工收入	元	152.3	317.1	326.6	306.5	291.3	294.2	218.9
(二)家庭经营收入	元	2472.5	2270.9	1887.9	1588.8	1753.9	1578.1	1680.7
1.种植业收入	元	1472.1	1341.1	1090.9	916.6	1022.3	902.0	912.0
2.牧业收入	元	697.0	638.2	515.0	434.3	503.5	440.1	517.4
3.林业收入	元	81.3	56.4	60.3	50.7	75.8	64.8	76.8
4.渔业收入	元	12.6	8.2	6.4	5.8	5.9	8.9	4.5
5.其他农业收入	元	28.4	35.2	32.9	23.8	11.4	27.4	46.0
6.工业、建筑业收入	元	26.6	28.6	25.8	20.7	19.0	13.6	17.6
7.第三产业收入	元	154.4	163.3	156.7	136.9	116.0	121.3	106.4
(三)转移性收入	元	325.9	172.1	119.3	95.7	161.5	113.8	155.4
其中：退耕还林还草补偿	元	56.8	42.6	38.4	31.2	37.9	29.5	50.3
(四)财产性收入	元	47.6	43.1	27.9	25.3	27.7	22.8	17.7
四、人均全年总支出	元	3084.4	2979.8	2554.1	2090.7	2261.3	2086.3	2122.8
(一)家庭经营支出	元	947.3	905.6	709.2	553.2	604.8	586.8	606.2
1.种植业支出	元	504.7	487.3	368.4	282.6	335.3	294.8	294.7
2.林业支出	元	7.8	10.3	9.6	7.0	14.7	11.3	8.8
3.牧业支出	元	373.7	334.4	266.1	207.4	226.0	223.5	237.3
4.渔业支出	元	11.1	2.9	1.6	1.5	0.6	5.8	2.1
5.其他农业支出	元	12.1	15.8	16.3	10.5	2.9	11.8	28.2
6.工业、建筑业支出	元	4.3	10.0	6.8	6.4	3.7	3.9	5.6
7.第三产业经营支出	元	33.5	44.9	40.4	37.9	21.5	35.6	29.5
(二)购买生产性固定资产	元	63.0	103.8	74.3	55.9	48.3	67.0	60.0
(三)税费支出	元	7.2	8.1	6.3	4.7	4.8	4.1	5.3
(四)生活消费支出	元	1919.5	1833.4	1669.2	1407.1	1527.3	1352.0	1371.7
其中：食品消费	元	1070.3	946.8	833.9	706.6	874.9	727.1	779.5
五、人均纯收入	元	2281.6	2105.0	1848.2	1588.2	1774.8	1531.8	1561.2
其中：现金纯收入	元	1457.3	1376.3	1232.0	1078.4	1133.1	1004.8	1015.4

数据来源：
全国农村贫困
监测调查

4—4 2005年国家扶贫开发工作重点县按最高劳动力文化程度分组表

指标名称	单位	文盲、半文盲	小学程度	初中程度	高中程度	大专程度以上
一、调查户数	户	1662	11307	29474	7999	2806
户均人口	人	3.8	4.1	4.3	4.5	4.5
户均劳动力	人	2.2	2.5	3.0	3.1	3.4
其中：劳动力文盲率	%	100.0	21.3	9.0	5.6	6.8
其中：当年外出打工的劳动力比例	%	7.2	13.4	19.2	19.0	19.1
二、户均住房面积	平方米	71.2	84.3	96.0	102.6	111.1
其中：钢筋混凝土结构面积	平方米	0.6	1.7	3.9	4.8	5.5
户均住房价值	元	133.9	120.6	155.3	173.9	179.5
户均年末生产性固定资产原值	元	1269.0	1110.8	1152.6	1312.4	1241.6
其中：年末生产用房原值	元	487.3	368.7	328.1	350.9	378.0
户均耕地面积	亩	6.3	8.4	9.5	9.9	9.3
其中：水田、水浇地面积	亩	1.5	2.4	2.8	3.1	3.0
梯田面积	亩	0.8	0.9	0.9	0.8	0.6
人均年末存粮	公斤	307.6	359.4	400.2	410.9	390.2
人均粮食产量	公斤	358.9	443.6	512.0	519.2	504.9
三、人均全年总收入	元	1969.9	2231.3	2508.4	2710.8	2999.4
(一)工资性收入	元	239.6	405.9	570.3	668.8	889.9
其中：外出务工收入	元	103.2	206.7	329.2	338.9	352.6
(二)家庭经营收入	元	1576.2	1690.9	1789.3	1861.3	1890.9
1.种植业收入	元	854.8	931.7	1049.9	1095.1	1050.9
2.牧业收入	元	544.5	535.7	481.7	474.7	504.6
3.林业收入	元	70.5	74.6	56.2	56.6	65.6
4.渔业收入	元	1.4	5.2	8.3	7.6	7.3
5.其他农业收入	元	9.1	22.9	29.2	38.5	42.5
6.工业、建筑业收入	元	22.5	20.5	21.9	18.3	18.4
7.第三产业收入	元	73.5	100.3	142.1	170.5	201.6
(三)转移性收入	元	134.5	114.0	122.0	141.5	185.6
其中：退耕还林还草补偿	元	40.5	39.6	33.8	35.6	39.1
(四)财产性收入	元	19.7	20.5	26.9	39.2	33.1
四、人均全年总支出	元	1770.5	2069.4	2360.7	2625.0	2867.4
(一)家庭经营支出	元	463.3	586.6	681.0	702.6	732.3
1.种植业支出	元	225.2	290.8	353.9	374.5	371.4
2.林业支出	元	9.7	13.0	8.5	9.1	10.8
3.牧业支出	元	204.4	241.3	255.3	243.9	263.6
4.渔业支出	元	0.4	1.6	4.1	3.6	2.2
5.其他农业支出	元	2.2	11.0	13.5	19.1	17.9
6.工业、建筑业支出	元	3.9	3.3	6.9	4.7	11.7
7.第三产业经营支出	元	17.5	25.8	38.8	47.7	54.8
(二)购买生产性固定资产	元	59.1	58.6	72.1	75.2	82.4
(三)税费支出	元	2.3	4.1	5.8	6.4	5.8
(四)生活消费支出	元	1201.3	1356.9	1516.2	1724.8	1892.3
其中：食品消费	元	783.6	776.8	782.4	821.2	888.9
五、人均纯收入	元	1401.1	1545.0	1721.9	1888.6	2134.2
其中：现金纯收入	元	873.8	975.0	1137.9	1294.5	1510.8

数据来源：全国农村贫困监测调查

4-5 2005年国家扶贫开发工作重点县按农民人均纯收入分组表

指　　标	单位	0-200元	200-400元	400-600元	600-800元
一、调查户数	户	339	917	2020	3717
户均人口	人	4.3	4.5	4.7	4.8
户均劳动力	人	2.7	2.9	3.0	3.1
其中：劳动力文盲率	%	14.8	17.0	16.2	16.7
其中：当年外出打工的劳动力比例	%	6.2	7.9	11.2	13.1
二、户均住房面积	平方米	81.5	79.5	87.2	88.1
其中：钢筋混凝土结构面积	平方米	1.4	1.5	2.0	2.2
户均住房价值	元	144.4	132.6	129.3	128.9
户均年末生产性固定资产原值	元	2166.4	1434.6	987.3	960.6
其中:年末生产用房原值	元	578.9	369.4	285.3	339.5
户均耕地面积	亩	14.0	13.2	10.3	9.5
其中:水田、水浇地面积	亩	3.0	2.6	2.3	2.2
梯田面积	亩	0.9	1.0	0.9	0.9
人均年末存粮	公斤	352.4	330.5	304.8	306.5
人均粮食产量	公斤	370.2	341.5	332.6	353.2
三、人均全年总收入	元	1171.0	1124.9	1120.7	1274.3
(一)工资性收入	元	89.8	96.0	147.2	191.0
其中：外出务工收入	元	34.7	29.6	59.4	84.3
(二)家庭经营收入	元	995.7	941.9	898.0	1005.3
1.种植业收入	元	653.0	605.1	585.4	641.3
2.牧业收入	元	284.2	234.9	233.9	268.3
3.林业收入	元	19.4	17.7	25.2	29.5
4.渔业收入	元	2.5	1.7	1.7	2.1
5.其他农业收入	元	2.4	11.8	6.4	8.1
6.工业、建筑业收入	元	6.8	23.0	7.9	11.4
7.第三产业收入	元	27.3	47.6	37.6	44.7
(三)转移性收入	元	68.5	76.4	63.1	67.0
其中：退耕还林还草补偿	元	23.8	19.7	18.6	20.7
(四)财产性收入	元	17.0	10.6	12.3	11.0
四、人均全年总支出	元	2336.1	1874.4	1627.6	1632.4
(一)家庭经营支出	元	902.1	692.7	526.5	489.1
1.种植业支出	元	519.1	399.0	297.5	267.3
2.林业支出	元	12.8	5.9	6.3	5.9
3.牧业支出	元	322.3	224.4	195.0	188.9
4.渔业支出	元	6.2	2.1	0.7	0.7
5.其他农业支出	元	0.8	11.2	6.5	5.8
6.工业、建筑业支出	元	17.1	24.6	3.5	3.9
7.第三产业经营支出	元	23.8	25.5	17.0	16.7
(二)购买生产性固定资产	元	132.3	72.6	34.9	41.5
(三)税费支出	元	4.2	2.8	3.3	3.4
(四)生活消费支出	元	1233.3	1048.1	1017.4	1048.1
其中：食品消费	元	625.8	568.7	581.6	605.3
五、人均纯收入	元	114.6	317.9	513.3	702.8
其中：现金纯收入		-132.4	77.0	236.0	345.0

数据来源：
全国农村贫困
监测调查

800—1000元	1000—1200元	1200—1400元	1400—1600元	1600—1800元	1800—2000元	2000—2500元	2500—3000元	3000—4000元	4000元以上
5110	4848	5166	4869	4410	3707	6862	4185	3985	2723
4.7	4.6	4.5	4.4	4.4	4.2	4.1	3.9	3.7	3.3
3.0	3.0	3.0	2.9	2.9	2.9	2.9	2.8	2.7	2.6
16.1	15.3	13.9	12.4	12.1	10.9	10.4	9.4	9.0	9.0
14.4	15.7	17.0	18.1	19.5	21.2	21.0	21.8	21.6	21.2
88.0	90.7	93.4	94.1	96.7	96.5	98.7	101.1	101.7	102.0
2.2	2.5	2.8	3.2	3.9	4.0	4.6	5.4	5.9	6.3
136.6	135.0	141.4	148.6	151.2	152.5	164.9	168.7	177.3	192.1
985.3	991.8	1038.6	1049.6	1056.3	1069.4	1246.5	1260.5	1559.3	2025.5
294.8	307.7	303.2	323.4	332.4	317.4	360.7	376.4	431.4	554.6
9.1	8.9	9.1	9.1	8.9	8.8	8.6	8.4	9.0	9.6
2.3	2.4	2.6	2.6	2.8	2.8	3.0	3.1	3.3	3.7
1.0	0.9	0.8	0.8	0.9	0.8	0.8	0.8	0.7	0.6
330.3	340.7	359.4	376.2	387.6	396.4	425.1	462.2	512.0	618.6
374.0	406.8	444.3	471.8	492.3	520.3	564.1	627.7	711.6	902.5
1477.8	1716.4	1948.5	2171.9	2401.4	2649.1	3067.0	3651.5	4451.4	7012.2
265.2	311.9	390.0	468.7	557.0	632.8	750.3	959.9	1201.7	1684.4
130.5	153.3	201.2	250.6	299.3	367.4	419.6	536.7	650.5	914.8
1121.8	1302.2	1444.0	1577.1	1701.6	1859.5	2130.9	2472.1	2966.8	4800.9
707.2	792.1	883.2	945.8	1010.6	1098.3	1219.8	1399.4	1632.0	2192.1
302.7	367.7	405.8	444.6	484.5	527.5	589.0	691.8	802.2	1359.3
34.3	45.6	46.2	58.2	61.7	64.7	78.6	80.8	101.8	178.6
3.0	4.0	4.5	3.6	5.0	7.0	9.6	12.9	13.4	23.7
11.5	9.7	10.7	16.1	16.6	23.7	29.6	50.3	63.0	231.9
9.5	11.8	13.4	14.9	17.9	19.5	24.9	29.0	36.5	100.8
53.7	71.3	80.1	93.9	105.3	118.9	179.2	208.0	317.9	714.4
77.3	87.6	98.3	105.8	118.9	129.8	154.3	181.1	227.7	376.7
26.3	27.9	34.0	35.2	37.8	36.6	43.2	45.9	55.1	64.5
13.5	14.7	16.2	20.3	24.0	26.9	31.5	38.4	55.3	150.1
1706.8	1878.9	2001.7	2159.3	2260.7	2454.2	2680.7	2986.9	3448.7	4695.7
492.8	526.7	554.5	577.5	606.0	648.8	721.1	796.8	889.2	1359.4
270.3	277.6	300.6	312.6	314.6	341.7	366.4	400.0	444.8	571.6
6.4	7.7	6.9	7.7	8.6	10.2	12.8	10.8	18.5	22.3
188.6	208.2	217.7	224.8	241.7	255.6	273.7	303.0	320.4	446.8
1.5	1.2	0.6	0.6	0.9	1.8	4.7	4.1	2.1	7.0
6.4	4.5	3.6	5.9	6.2	9.8	10.0	24.2	25.8	114.1
3.4	2.9	2.6	3.3	3.4	3.8	6.3	5.4	8.1	28.5
16.2	24.5	22.5	22.6	30.6	25.8	47.2	49.2	69.4	169.0
40.8	44.2	54.0	60.4	53.8	84.6	75.9	90.8	104.0	208.0
3.4	4.2	4.1	4.6	4.3	6.1	6.3	7.4	9.2	15.3
1120.8	1242.0	1322.9	1438.9	1516.4	1625.1	1772.3	1974.0	2277.9	2854.6
645.2	692.7	731.0	779.6	802.0	843.1	891.8	967.2	1043.9	1222.4
900.1	1100.0	1300.3	1499.9	1697.0	1895.6	2226.6	2728.1	3409.1	5448.2
493.9	644.6	784.2	945.0	1106.4	1283.2	1544.2	1961.4	2496.3	4033.6

4-6 2005年国家扶贫开发工作重点县按农民人均消费支出分组表

指　　标	单位	0-300元	300-600元	600-800元	800-1000元
一、调查户数	户	97	2508	5310	7071
户均人口	人	5.5	5.2	4.9	4.7
户均劳动力	人	3.4	3.4	3.2	3.1
其中：劳动力文盲率	%	36.7	20.1	16.3	14.6
其中：当年外出打工的劳动力比例	%	9.5	13.7	15.7	17.0
二、户均住房面积	平方米	70.5	82.7	86.7	88.9
其中：钢筋混凝土结构面积	平方米	0.7	1.4	1.7	2.1
户均住房价值	元	140.3	124.8	131.0	137.3
户均年末生产性固定资产原值	元	933.2	840.0	872.0	966.5
其中：年末生产用房原值	元	340.5	236.8	249.2	278.6
户均耕地面积	亩	8.0	9.5	9.3	9.2
其中：水田、水浇地面积	亩	1.5	2.4	2.6	2.6
梯田面积	亩	1.2	1.1	0.9	0.9
人均年末存粮	公斤	282.3	295.4	324.3	355.1
人均粮食产量	公斤	242.4	346.3	406.9	447.2
三、人均全年总收入	元	1014.8	1334.2	1631.3	1908.2
(一)工资性收入	元	191.5	288.8	352.5	409.0
其中：外出务工收入	元	92.0	154.1	196.9	231.3
(二)家庭经营收入	元	771.0	975.6	1197.2	1401.6
1.种植业收入	元	414.4	602.5	758.4	867.9
2.牧业收入	元	226.1	247.0	307.9	375.2
3.林业收入	元	26.2	33.3	38.8	46.1
4.渔业收入	元	0.0	0.9	1.8	4.2
5.其他农业收入	元	0.6	14.5	14.2	13.3
6.工业、建筑业收入	元	2.4	12.7	11.9	14.1
7.第三产业收入	元	101.3	64.8	64.2	80.8
(三)转移性收入	元	43.9	61.3	67.4	82.1
其中：退耕还林还草补偿	元	11.4	25.5	23.0	27.7
(四)财产性收入	元	8.4	8.5	14.2	15.6
四、人均全年总支出	元	629.6	854.6	1197.6	1470.7
(一)家庭经营支出	元	223.1	304.9	416.5	483.1
1.种植业支出	元	126.8	180.4	235.9	268.7
2.林业支出	元	1.9	3.1	4.0	5.4
3.牧业支出	元	67.2	107.2	156.1	182.1
4.渔业支出	元		0.1	0.2	1.5
5.其他农业支出	元	0.3	4.4	5.9	3.7
6.工业、建筑业支出	元		2.1	1.5	1.4
7.第三产业经营支出	元	26.8	7.7	12.8	20.4
(二)购买生产性固定资产	元	128.0	26.3	35.7	39.3
(三)税费支出	元	0.2	1.3	2.3	3.0
(四)生活消费支出	元	256.0	498.1	709.5	900.6
其中：食品消费	元	192.6	350.8	482.3	591.7
五、人均纯收入	元	733.9	968.9	1146.9	1346.9
其中：现金纯收入	元	421.6	617.1	717.0	842.6

数据来源：
全国农村贫困
监测调查

1000—1200元	1200—1500元	1500—1800元	1800—2000元	2000—2500元	2500—3000元	3000—3500元	3500—4000元	4000元以上
7233	9140	6497	3392	5070	2751	1493	861	1827
4.5	4.3	4.1	4.0	3.9	3.8	3.7	3.6	3.5
3.0	2.9	2.8	2.7	2.7	2.6	2.6	2.5	2.5
13.9	12.5	10.5	9.5	9.4	9.4	8.2	8.0	8.4
18.1	18.6	19.4	18.8	18.9	18.1	19.3	18.3	17.8
92.5	93.6	96.5	97.5	100.2	103.6	106.1	110.6	110.6
3.0	3.4	4.2	4.9	5.3	5.8	6.6	8.0	8.6
143.4	150.0	156.3	158.4	165.3	171.5	178.3	189.0	206.5
1068.4	1164.4	1255.1	1320.0	1418.5	1516.0	1691.9	2000.0	1953.4
339.2	353.2	361.9	412.0	420.3	449.9	439.1	565.8	525.1
9.0	8.9	9.2	9.2	9.2	9.4	9.7	9.3	10.5
2.6	2.7	2.8	2.8	3.0	3.1	3.0	3.1	3.1
0.8	0.8	0.8	0.9	0.8	0.8	0.8	0.8	0.8
370.3	400.0	414.0	424.4	448.6	451.7	489.4	486.0	511.0
469.9	500.7	528.3	542.0	570.7	590.3	631.8	642.7	689.3
2165.9	2454.4	2767.2	3002.7	3287.8	3716.0	3958.8	4269.1	4746.7
467.7	538.2	635.7	692.5	758.9	860.6	976.8	998.1	1135.4
260.4	302.9	345.7	362.1	402.8	421.0	467.9	434.2	561.6
1584.8	1770.7	1961.7	2119.6	2306.9	2594.9	2674.0	2913.1	3154.6
946.2	1047.5	1135.9	1206.2	1250.2	1345.4	1426.6	1465.5	1573.4
446.6	494.3	553.2	609.5	694.3	741.2	714.0	844.6	780.5
55.4	61.5	65.9	63.3	77.7	85.0	94.5	96.6	148.0
4.8	6.8	6.5	9.3	10.6	12.1	29.7	9.0	37.2
18.6	21.9	38.0	44.9	47.5	79.6	43.2	68.3	76.6
15.8	20.1	18.5	27.1	21.8	34.1	48.1	32.9	85.3
97.5	118.6	143.8	159.3	204.7	297.4	317.9	396.2	453.6
93.4	117.4	140.1	159.1	179.9	218.9	249.4	304.9	357.1
30.3	34.5	44.5	41.3	45.6	50.1	51.3	59.3	59.7
20.0	28.1	29.8	31.6	42.0	41.6	58.5	52.9	99.6
1769.4	2124.7	2579.6	2904.0	3364.4	4120.5	4632.8	5438.0	7724.6
555.2	634.6	742.5	809.4	897.7	1057.7	1070.2	1261.6	1409.9
297.2	334.9	386.0	415.1	442.3	482.5	520.4	553.9	631.9
6.8	9.0	11.3	9.4	13.9	18.9	16.1	32.9	36.7
217.8	246.3	284.6	311.5	350.9	397.8	377.2	444.6	437.6
1.3	1.5	1.7	1.6	6.1	7.7	14.2	11.0	35.3
7.4	8.0	18.3	21.8	24.9	47.7	16.1	47.0	43.1
3.4	4.4	4.7	8.5	6.5	12.3	19.4	11.6	54.2
21.3	30.5	35.9	41.5	53.2	90.9	106.8	160.6	171.1
52.6	65.5	88.4	70.9	97.4	146.2	116.1	190.8	185.6
4.0	5.1	6.1	6.4	9.1	12.1	9.5	13.7	15.2
1097.1	1342.7	1640.6	1897.2	2219.8	2727.9	3216.7	3738.9	5835.3
688.4	793.5	899.4	981.1	1066.5	1203.2	1279.1	1386.1	1532.3
1522.2	1718.0	1910.9	2068.3	2245.9	2494.9	2694.3	2755.1	3079.3
961.5	1113.2	1248.1	1387.1	1554.3	1765.5	1901.3	2069.4	2325.6

4-7 2005年国家扶贫开发工作重点县按人均生产支出分组表

指 标	单位	0-500元	500-800元	800-1000元	1000-1500元
一、调查户数	户	27400	10976	4319	5542
户均人口	人	4.6	4.3	4.1	3.9
户均劳动力	人	3.0	2.9	2.8	2.7
其中：劳动力文盲率	%	14.8	11.7	10.2	9.8
其中：当年外出打工的劳动力比例	%	19.7	18.4	16.8	14.1
二、户均住房面积	平方米	91.9	97.4	98.4	97.6
其中：钢筋混凝土结构面积	平方米	3.2	3.6	3.9	4.0
户均住房价值	元	151.1	144.9	148.6	152.5
户均年末生产性固定资产原值	元	881.6	1102.3	1368.3	1610.8
其中：年末生产用房原值	元	274.0	335.8	408.5	465.4
户均耕地面积	亩	7.2	8.6	9.9	11.4
其中：水田、水浇地面积	亩	2.0	2.8	3.2	3.8
梯田面积	亩	1.0	0.8	0.7	0.7
人均年末存粮	公斤	303.7	417.5	467.5	525.3
人均粮食产量	公斤	344.7	530.8	619.2	722.5
三、人均全年总收入	元	1882.0	2523.7	2956.6	3392.9
(一)工资性收入	元	594.2	548.2	542.0	508.4
其中：外出务工收入	元	322.6	304.5	292.3	253.8
(二)家庭经营收入	元	1155.7	1824.4	2231.1	2695.9
1.种植业收入	元	690.2	1098.3	1304.2	1554.0
2.牧业收入	元	293.7	524.9	664.0	824.7
3.林业收入	元	52.7	54.1	67.0	68.7
4.渔业收入	元	4.0	5.8	6.2	9.8
5.其他农业收入	元	11.3	16.3	24.7	34.8
6.工业、建筑业收入	元	16.4	18.5	17.5	23.1
7.第三产业收入	元	87.3	106.5	147.5	180.7
(三)转移性收入	元	110.5	126.7	149.8	154.4
其中：退耕还林还草补偿	元	34.0	35.4	37.5	36.8
(四)财产性收入	元	21.5	24.3	33.7	34.2
四、人均全年总支出	元	1676.2	2347.4	2830.8	3308.0
(一)家庭经营支出	元	254.3	634.2	891.4	1205.5
1.种植业支出	元	147.4	338.0	461.7	620.7
2.林业支出	元	3.2	7.8	10.5	17.1
3.牧业支出	元	94.3	261.4	368.9	487.2
4.渔业支出	元	0.4	1.1	1.6	3.6
5.其他农业支出	元	1.1	3.9	8.0	13.1
6.工业、建筑业支出	元	1.2	3.6	4.9	8.5
7.第三产业经营支出	元	6.8	18.4	35.8	55.1
(二)购买生产性固定资产	元	37.0	62.5	83.6	116.0
(三)税费支出	元	3.1	4.8	5.9	8.8
(四)生活消费支出	元	1315.2	1555.6	1739.6	1863.0
其中：食品消费	元	706.3	815.9	884.8	937.7
五、人均纯收入	元	1546.0	1784.9	1933.8	2038.5
其中：现金纯收入	元	1040.2	1145.2	1267.1	1349.9

数据来源：
全国农村贫困
监测调查

1500—2000 元	2000—2500 元	2500—3000 元	3000—3500 元	3500—4000 元	4000 元以上
2222	1083	597	327	205	579
3.7	3.6	3.5	3.4	3.5	3.5
2.7	2.6	2.6	2.5	2.6	2.5
8.9	7.7	8.0	8.4	7.2	8.6
11.0	10.2	9.1	8.2	7.6	6.4
96.7	96.3	93.1	93.1	90.6	97.8
4.1	4.6	3.6	3.5	2.1	4.9
169.1	177.8	191.5	199.9	191.1	226.5
2078.5	2423.1	2869.5	2865.6	3320.4	4920.0
581.7	609.6	734.5	639.7	766.7	1071.1
14.6	16.7	21.5	26.8	26.7	27.3
4.5	4.8	6.4	6.7	7.3	6.1
0.6	0.5	0.7	0.7	0.5	0.5
597.6	703.0	782.7	718.3	795.6	831.6
871.7	1041.6	1180.7	1292.2	1298.4	1362.6
4082.9	4679.2	5259.2	5741.2	6353.6	9505.5
499.2	442.4	417.7	421.8	278.5	322.0
234.4	207.4	215.0	196.1	109.2	121.7
3350.2	3999.3	4575.4	5045.2	5762.8	8851.1
1874.2	2233.1	2483.5	2859.0	3073.4	3158.7
987.0	1106.2	1268.1	1321.9	1648.0	2326.8
90.6	121.7	83.3	148.6	101.1	266.2
14.0	11.9	27.0	21.3	5.5	170.1
47.2	79.9	116.8	55.1	182.5	1134.4
38.8	37.9	35.6	4.2	66.4	233.6
298.5	408.5	561.1	635.0	686.0	1561.3
186.4	178.3	181.3	221.5	214.4	210.2
43.8	46.5	53.7	47.5	52.6	37.3
47.1	59.1	84.8	52.8	97.7	122.2
4169.0	4983.7	5586.3	6206.2	6819.6	10592.1
1716.7	2225.1	2713.3	3222.1	3724.3	6793.3
894.4	1126.9	1385.5	1722.9	1897.6	2252.0
24.2	39.0	41.8	72.6	37.9	176.9
639.3	787.4	923.6	1037.6	1233.0	1904.6
5.8	8.0	11.0	13.3	2.7	216.5
25.4	44.5	70.8	29.7	96.1	890.7
17.8	16.6	39.1	26.5	49.1	209.7
109.9	202.7	241.6	319.4	407.9	1142.9
153.0	261.3	240.6	237.7	319.3	618.3
12.0	15.4	14.9	21.9	8.5	59.0
2137.3	2324.1	2403.1	2517.4	2565.5	2821.3
1014.9	1075.7	1090.9	1108.3	1127.2	1242.0
2172.7	2257.0	2314.8	2273.7	2369.0	2313.5
1464.0	1458.2	1461.1	1480.7	1580.5	1511.0

4-8 2005年国家扶贫开发工作重点县按收入五等分分组表

指　　标	单位	20%低收入户	20%中低收入户	20%中等收入户	20%中上收入户	20%高收入户
一、调查户数	户	10650	10650	10650	10650	10650
户均人口	人	4.7	4.6	4.4	4.2	3.7
户均劳动力	人	3.0	3.0	2.9	2.9	2.7
其中：劳动力文盲率	%	16.2	14.9	12.4	10.5	9.2
其中：当年外出打工的劳动力比例	%	12.3	15.9	18.6	21.0	21.6
二、户均住房面积	平方米	86.7	91.1	95.2	98.0	101.6
其中：钢筋混凝土结构面积	平方米	2.1	2.5	3.5	4.4	5.8
户均住房价值	元	133.9	138.1	148.6	160.8	178.0
户均年末生产性固定资产原值	元	1147.4	1009.5	1054.8	1188.4	1548.4
其中:年末生产用房原值	元	337.6	301.6	328.6	348.1	436.1
户均耕地面积	亩	10.4	9.1	9.0	8.7	8.9
其中:水田、水浇地面积	亩	2.3	2.5	2.7	2.9	3.3
梯田面积	亩	1.0	0.9	0.9	0.8	0.7
人均年末存粮	公斤	322.9	346.4	379.1	416.1	516.9
人均粮食产量	公斤	360.0	413.5	480.2	549.9	723.1
三、人均全年总收入	元	1308.4	1757.2	2258.3	2938.2	4723.9
(一)工资性收入	元	191.6	332.7	499.0	714.8	1218.2
其中：外出务工收入	元	85.6	167.6	267.2	402.9	668.0
(二)家庭经营收入	元	1034.2	1320.2	1626.9	2047.5	3191.6
1.种植业收入	元	655.1	808.7	973.2	1182.4	1668.2
2.牧业收入	元	275.2	367.4	461.8	572.7	885.0
3.林业收入	元	28.5	44.8	57.8	73.7	111.7
4.渔业收入	元	5.4	4.1	4.3	8.7	15.8
5.其他农业收入	元	8.9	11.2	16.0	30.2	94.4
6.工业、建筑业收入	元	10.6	11.8	16.1	22.9	48.8
7.第三产业收入	元	50.5	72.1	97.6	157.0	367.8
(三)转移性收入	元	72.0	89.3	111.0	146.0	243.7
其中：退耕还林还草补偿	元	22.6	30.0	35.8	40.8	53.8
(四)财产性收入	元	10.5	14.9	21.4	29.9	70.4
四、人均全年总支出	元	1798.5	1887.9	2192.7	2612.3	3551.5
(一)家庭经营支出	元	595.4	526.9	590.3	701.9	957.2
1.种植业支出	元	321.0	283.1	313.6	359.9	454.9
2.林业支出	元	6.2	7.5	8.0	11.9	16.4
3.牧业支出	元	218.9	205.5	233.4	269.1	342.3
4.渔业支出	元	7.2	0.8	0.8	3.7	4.1
5.其他农业支出	元	7.8	5.3	5.7	12.1	43.4
6.工业、建筑业支出	元	7.9	2.6	3.2	5.3	11.8
7.第三产业经营支出	元	26.5	22.0	25.6	40.0	84.3
(二)购买生产性固定资产	元	55.1	48.5	56.8	77.8	123.1
(三)税费支出	元	3.6	3.9	4.6	6.2	9.8
(四)生活消费支出	元	1092.6	1247.2	1463.5	1725.9	2292.5
其中：食品消费	元	614.6	697.4	786.2	877.1	1055.3
五、人均纯收入	元	618.4	1140.6	1571.2	2121.9	3612.3
其中：现金纯收入	元	280.1	670.4	1004.3	1462.3	2640.5

数据来源：
全国农村贫困
监测调查

5.主要指标解释

1. 贫困人口：贫困人口是指收入或生活消费低于贫困线的人口数。贫困线由食品贫困线和非食品贫困线两部分组成。2003年的全国贫困人口标准为637元。

2. 贫困发生率：也称贫困人口比重指数，是指低于贫困线的人口数占总人口数的比重。

3. 行政区域土地面积：指辖区内的全部陆地面积和水域面积。包括耕地、荒山、荒地、山林、草原、滩涂、道路和建筑物占地等陆地面积，以及河流、湖泊、水库等水域面积。

4. 乡镇个数：指农村中经省、自治区、直辖市人民政府批准成立的乡一级行政区划的数量。不包括城关镇、城市街道办事处、工矿区。

5. 村委会个数：指农村中经上级政府批准，按居住地区设立的基层群众性自治组织的个数。含城关镇中的村。

6. 年末总人口：在县(市)范围内，按年末时点统计的所有人口数量的总和。不包括虽居住在当地，但未取得我国国籍的外国公民。

7. 乡村人口数：指乡村地区常住居民户数中的常住人口数，即经常在家或在家居住6个月以上，而且经济和生活与本户连成一体的人口。外出从业人员在外居住时间虽然在6个月以上，但收入主要带回家中，经济与本户连为一体，仍视为家庭常住人口；在家居住，生活和本户连成一体的国家职工、退休人员也为家庭常住人口。但是现役军人、中专及以上(走读生除外)的在校学生、以及常年在外(不包括探亲、看病等)且已有稳定的职业与居住场所的外出从业人员，不应当作家庭常住人口。

8. 年末总户数：指户口在当地的常住户数，包括地区内的国有经济的机关、团体、学校、企业、事业单位的集体户。在统计户数时按公安部门常住户进行统计，集体户口无论其人数多少，都以一户进行统计。

9. 乡村户数：指长期(一年以上)居住在乡镇(不包括城关镇)行政管理区域内的住户，还包括居住在城关镇所辖行政村范围内的农村住户。户口不在本地而在本地居住一年及以上的住户也包括在本地农村住户内；有本地户口，但举家外出谋生一年以上的住户，无论是否保留承包耕地都不包括在本地农村住户范围内。不包括乡村地区内的国有经济的机关、团体、学校、企业、事业单位的集体户。

10. 年末单位从业人员数：指在各级国家机关、政党机关、社会团体及企业、事业单位中工作，并取得劳动报酬的全部人员。包括在岗职工、再就业的离退休人员、民办教师以及在各单位中工作的外方工作人员和港、澳、台人员、兼职人员、借用的外单位人员和第二职业者。不包括离开本单位仍保留劳动关系的职工。

11. 乡村从业人员：指乡村人口中16岁以上实际参加生产经营活动并取得实物或货币收入的人员，既包括劳动年龄内经常参加劳动的人员，也包括超过劳动年龄但经常参加劳动的人员。但不包括户口在家的在外学生、现役军人和丧失劳动能力的人，也不包括待业人员和家务劳动者。从业人员年龄为16岁以上。从业人员按从事主业时间最长(时间相同按收入)分为农业从业人员、工业从业人员、建筑业从业人员、交运仓储及邮电通讯业从业人员、批零贸易及餐饮业从业人员、其他从业人员。

12. 农业机械总动力：指主要用于农、林、牧、渔业的各种动力机械的动力总和，包括耕作机械、农用排灌机械、收获机械、植保机械、林业机械、畜牧机械、渔业机械、农产品加工机械、农用运输机械、其他农业机械。按能源又分为柴油、汽油、电力和其他动力。总动力按法定计算单位千瓦计算。(注：1 马力=735.5瓦特=0.735千瓦)

13. 有效灌溉面积：指具有一定的水源，地块比较平整，灌溉工程或设备已经配套，在一般年景下当年能够进行正常灌溉的耕地面积。

在一般的情况下，有效灌溉面积应等于灌溉工程或设备已经配套，能够进行正常灌溉的水田和水浇地面积之和。在统计时，应注意下列问题。

(1)灌溉工程或设备已经配套，可以灌溉，但由于雨水及时或所种作物不需灌溉等原因，当年没进行灌溉的，应统计为有效灌溉面积。

(2)灌溉工程或设备不配套(如只有深水井，没有安装机器)、渠系不健全(如只有水库，没有修渠)、地块不平整，当年不能发挥灌溉效益的，不应统计。

(3)北方地区没有灌溉工程或设备的引洪淤灌的耕地面积，不应统计为有效灌溉面积。

(4)南方地区没有灌溉工程或设备，完全靠天雨蓄水的“冬水田”、“屯水田”、“望天田”、“雷响田”等面积，不应统计在内。

(5)没有灌溉工程或设施，遇到旱年临时点种的耕地面积，不应统计为有效灌溉面积。

(6)原有的灌溉工程或设备，由于受到破坏等原因不能起灌溉作用了，这部分耕地面积不应统计为有效灌溉面积。

14.境内公路里程：指在一定时期内实际达到《公路工程技术标准JTJ01-88》规定的等级公路，并经公路主管部门正式验收交付使用的公路里程数。包括城镇街道的里程数和公路桥梁长度、隧道长度、渡口的宽度以及分期修建的公路已验收交付使用的里程。不包括国、省干线断头路里程，农业生产用道路以及新建公路尚未进行验收交付使用的路段里程。两条或两条公路共同经由同一路段，只计算一次。

15.农村用电量：指本年度内，扣除在农村中的国有工业、交通、基建等单位的用电量以后的农村生产和生活的全年用电总量(计量单位千瓦小时，按全年累计数统计)。既包括国家电网供电，也包括农村自办电站供电量。

16.本地电话用户：以用户所在区域分为：城市电话用户数和乡村电话用户。

(1)城市电话用户：县级市的市区、市郊区及县城(包括县人民政府所在地的县城关区或行政建制相当于县人民政府所在地的镇)范围内接入局用交换机的电话用户数，包括分布在农村地区的独立工矿区、林区、驻军等接入局用交换机的电话用户数。

(2)农村电话用户：指县城关区以下的集镇和农村接入局用交换机的电话用户。

17.邮电业务总量：包括邮政业务总量和电信业务总量(固定、数据、移动、卫星)。邮电业务总量按专业分类包括：函件、机要文件、包件、汇票、报刊发行、邮政快件、特快专递、邮政储蓄、集邮、公众电报、用户电报、传真、长途电话、出租电路、市话无线寻呼、移动电话、分组交换数据通信、出租代维及其他业务等。

18.民用汽车：指由公安交通监理部门所掌握的领有本地区民用车辆牌照的普通载货汽车、专用载货汽车、载客汽车、其他专用汽车、特种汽车等，不包括拖拉机、摩托车、其他机动车等。

19.城镇在岗职工年平均人数：指城镇在岗职工平均工资：指各单位在本年度内直接支付给本单位职工的劳动报酬总额与本年度内城镇职工的平均人数之比。包括计时工资、计件工资、奖金、津贴和补贴、加班加点工资和其他工资。

20.农村居民人均纯收入：是总收入扣除相应的各项费用支出后，归农民所有的收入。它既可以用于生产、非生产投资，改善物质和文化生产，以及用于再分配的支出和节余的收入。这个指标用来观察农民实际收入水平，以及农民扩大再生产和改善生活的能力。

计算方法：纯收入=总收入-家庭经营费用支出-生产用固定资产折旧-税收-上缴集体承包任务-调查补贴-赠送农村内部亲友的支出

21.国内生产总值：是按市场价格计算的国内生产总值的简称。指县、市范围内所有常住单位在一定时期内生产活动的最终成果。

三次产业划分是：

第一产业：农业、林业、牧业和渔业。

第二产业：工业(包括采掘工业、制造业、自来水、电力、蒸气、热水、煤气)和建筑业。

第三产业：除第一、第二产业以外的其他各业。由于第三产业包括的行业多、范围广，根据我国的实际情况，第三产业可分为两大部分，一是流通部门，二是服务部门。具体又可分为四个层次：

第一层次：流通部门，包括交通运输业、邮电通讯业、商业、饮食业、物资供销和仓储业。

第二层次：为生产和生活服务的部门，包括金融、保险业，地质普查业，房地产、公用事业，居民服务业，咨询服务业和综合技术服务业，农、林、牧、渔、水利服务业和水利业，公路、内河（湖）航道养护业等。

第三层次：为提高科学文化水平和居民素质服务的部门，包括教育、文化、广播电视、科学研究、卫生、体育和社会福利事业等。

第四层次：为社会公共需要服务的部门，包括国家机关、政党机关、社会团体，以及军队和警察等。

22. 财政总收入：包括按财政体制划分的中央本级收入和地方本级收入。

（1）中央财政收入：属于中央财政收入的包括关税、海关代征消费税和增值税，消费税，重要企业所得税，地方银行和外资银行级非银行金融企业所得税，铁道、银行总行、保险总公司等集中交纳的营业税、所得税、利润和城市维护建设税，增值税的75%部分，海洋石油资源税和证券（印花）税50%部分。

（2）地方财政收入：属于地方财政收入的包括营业税，地方企业所得税，个人所得税，城市土地使用税，固定资产投资方向调解税，城镇维护建设税，房产税，车船使用税，印花税，屠宰税，农牧业税，农业特产税，耕地占用税，契税增值税的25%部分和证券（印花）税50%部分，除海洋石油资源税以外的其他资源税。

23. 财政总支出：包括地方行政管理和各项事业费、地方统筹的基本建设、技术改造支出、支援农业支出、城市维护和建设经费、价格补贴支出等。

24. 年末各项存款余额：企业、机关、团体和居民根据可以收回的原则。把货币存入银行或其他信用机构保管并取得一定利息的年末货币总量。

25. 年末城乡居民存款余额：年末城乡居民存入银行或其他信用机构保管并取得一定利息的货币总量。

26. 年末各项贷款余额：年终时银行或其他信用机构根据必须归还的原则，按一定利率，为企业、个人等提供资金贷款的总额。

27. 承保额：即保险金额，指被保险人对保险标的实际投保的金额。即保险人对被保险人负损失补偿或支付内定给付的最多金额。保险责任开始后的减保及退保，保额不作减退（家庭财产两全保险，人身保险除外）。发生赔款后，原保额不减少。如加保，无论标的数目增加与否，保额均随其增加。

28. 农业险：指对农业生产过程中，因自然灾害或意外事故造成的经济利益的损失，予以经济补偿的保险保障活动。农业保险包括种植业保险、养殖业保险及其他农业财产保险。

29. 保费：保费合同订后，被保险人必须向保险人付出一定的费用才能取得保险人根据合同内容承担赔偿责任，这种费用叫“保费”。

30. 已决赔款：　指保险人在年内实际支付给保险人遭到损失时的赔款。无论哪年承包业务发生的损失，只要在本年内支付赔款、结案，均计在本年内。

31. 当年实际使用外资金额：指外商根据投资协议合同实际执行的投资额，分对外借款、直接投资和其他三种类型。

32. 农作物总播种面积：指应该在本日历年度内收获农产品的作物播种面积之和。其计算公式为：农作物总播种面积＝上年秋冬播作物面积＋本年春播作物面积＋本年夏播作物面积
＝本年夏收作物播种面积＋本年秋收作物播种面积

33. 粮食播种面积：指各种粮食（包括谷物、薯类和作为主食的豆类等）的实际种植面积之和。不论种植在耕地上还是非耕地上，均应统计。

34．粮食总产量：指全社会的产量。包括国有经济经营的、集体统一经营的和农民家庭经营的粮食产量，还包括工矿企业家属办的农场和其他生产单位的产量。包括稻谷、小麦、玉米、高粱、谷子、其他杂粮、薯类、大豆。其计算方法，豆类按去豆荚后的干豆计算；薯类按5公斤鲜薯折1公斤粮食计算。城市郊区作为蔬菜的薯类不作为粮食统计，其他粮食一律按脱粒后的原粮计算。

35.棉花产量：按皮棉计算。3公斤籽棉折1公斤皮棉。不包括木棉。

36．油料产量：指全部油料作物的生产量。包括花生、油菜籽、芝麻、向日葵籽、胡麻籽（亚麻籽）和其他油料。不包括大豆、木本油料和野生油料。花生以带壳干花生计算。

37．肉类产量：指当年出栏并已屠宰的畜禽肉产量。即屠宰后除去头蹄下水后带骨肉的重量，也叫胴体重。

38．水果产量：指本年度内从果树上收获的全部水果产量。不论自食的或出售的，都应计算在内。但不包括果用瓜如（西瓜、甜瓜、白兰瓜、哈密瓜、脆瓜等）和主要作蔬菜食用的藕、西红柿等。也不包括采集的野生水果。水果的产量按鲜果计算，干枣、葡萄干、柿饼、桔饼等应统一折成鲜果计算。

39．蔬菜产量：指各种蔬菜包括菜用瓜、茭白、芋头、生姜等在内的产量。

40．工业企业数：指区域内按国民经济行业划分归属于工业的企业个数和生产单位个数（分项以企业登记注册类型划分）。

41．工业总产值：指以货币形式表现的工业企业在报告期内生产的工业产品总量。包括成品、工业性作业和自制半成品、在产品期初期末差额。

42.从业人员年平均人数：指实际上报《工业企业主要经济指标》（国家统计局B202表）企业的从业人员平均人数之总和。

43．产品销售收入：指企业销售产品的销售收入和提供劳务等主要经营业务取得的业务收入总额。本项根据“损益表”中“产品销售收入”项的本年累计数填写。

44．基本建设投资完成额：指以货币形式表现的在一定时期内，利用国家预算内拨款、自筹资金、国内外基本建设贷款以及其他专项资金进行的，以扩大生产能力（或新增工程效益）为主要目的的新建、扩建工程及有关的工作（具体包括：1．为经济、科技和社会发展而平地起家的新建项目；2．为扩大生产能力〈或新增效益〉而增建新厂、主要生产车间、矿井、铁路干线、码头泊位等扩建项目；3．为改变生产力布局而进行的全厂性迁建的项目；4．遭受各种灾害、毁坏严重，需要重建整个企、事业单位的恢复性项目；5．没有折旧资金或固定收入的行政、事业单位增建业务用房和职工宿舍的项目。） 需要建造和购置固定资产的工作量以及与此有关的费用的总称。它是反映固定资产投资规模、结构和发展速度的综合性指标，又是观察工程进度和考核投资效益的重要依据。

45．基本建设新增固定资产（又称交付使用的固定资产）：指已经完成建造和购置过程，并已交付基本建设生产或使用单位的固定资产价值。基本建设新增固定资产是表示固定资产投资成果的价值量指标，也是反映建设进度，计算基本建设固定资产投资效果的必要数据。

46．普通中学数：指经过县及县以上教育部门批准，以招收小学毕业生为主实施中学教学计划的学校数，包括初级中学和完全中学。

47．小学校数：指经过县及县以上教育部门批准，以招收适龄儿童为主实施小学教学计划的学校数。

48．每万人口中普通中学在校学生数：指在普通中学学习具有学籍的学生总数占当地人口的比例。

49．每万人口中小学在校学生数：指在普通小学学习具有学籍的学生总数占当地人口的比例。

50．医院、卫生院数：指报告期末全县范围内的医院、卫生院总数。

51. 医院、卫生院床位数：指报告期末医院、卫生院的固定床位数。不包括产科的新生儿床、病人家属的陪侍床、病人的观察床、接产室的待产床。

52. 医院、卫生院技术人员数：指在医院、卫生院中从事卫生工作的人员数量。

53. 社会福利院数：指收养社会孤老、残、幼的机构，包括由民政部门管理的社会福利院、儿童福利院、精神病人福利院和城镇集体举办的福利院及农村集体举办的敬老院。

54. 社会福利院床位数：指报告期末全部社会福利院床位数。

55. 参加基本养老保险的人数：指报告期末参加基本养老保险的人数，包括不能正常缴费、已中断缴费但未终止保险关系的人数。

56. 参加基本医疗保险的人数：指截止报告期末参加基本医疗保险的人数。其中，凡符合医疗照顾人员条件的人数不在此统计。

57. 扶贫投资总额：指年内贫困县从外界所得到的全部扶贫资金。包括下列2-8项内容。

58. 中央扶贫贴息贷款累计发放额：累计发放额包括当年新增、收回再贷两部分。中央扶贫贴息贷款的发放主体为中国农业银行。扶贫贴息贷款主要用于国家扶贫开发工作重点县，支持能够带动低收入贫困人口增加收入的种养业、劳动密集型企业、农产品加工企业和市场流通企业，以及基础设施建设项目。

59. 中央财政扶贫资金：是指当年实际安排到县使用的中央财政专项安排用于扶贫的资金，包括“三西”农业建设专项补助资金，此处不含以工代赈资金。财政扶贫资金重点用于贫困乡村发展生产，基础设施建设，科技推广与培训以及支持村级教育、医疗卫生、文化事业等。

60. 以工代赈资金。是指当年计划安排到县的中央财政专项安排的以工代赈资金额。主要用于改善贫困地区生产生活条件和生态环境，包括修建县乡、乡村道路，建设基本农田，兴建小型农田水利，解决人畜饮水问题等，适当用于异地扶贫开发中的移民村基础设施建设。

61. 中央专项退耕还林还草工程补贴：指中央下达的用于退耕还林还草的专项补贴，包括三个部分：用于对退耕还林还草农户的粮食补贴；种苗费补贴；管护费补贴。

62. 省级财政安排的扶贫资金：纳入省级财政预算，专项安排扶持重点县、贫困村的各项扶贫资金。

63. 利用外资：指以各种形式当年实际用于扶贫开发的外资（折合人民币）。

64. 其他资金：除上述几项扶贫专项资金外，用于扶贫开发项目的资金。如企业在贫困县以联营方式建企业的投资额；科研单位在贫困县的科技投入，各种捐款等。

65. 扶贫资金使用情况：指按行业分组的扶贫资金使用情况，包括：

（1）种植业：是指用于粮食作物、经济作物、饲料作物等农作物生产包括农户改善自己生产条件的扶贫资金。种植业具体包括谷物种植业，油料和豆类作物种植业，棉、麻等植物性纺织原材料种植业，糖料作物种植业，烟草种植业，药材种植业，蔬菜、瓜类和薯类作物种植业，茶、桑、果树种植业和其他种植业。

（2）林业：是指用于培育或依法砍伐承包山林、收获林产品（不含桑叶、茶叶、水果、花卉、食用菌，它们归入种植业）、退耕还林的扶贫资金。林业具体包括采种、育苗、植树造林、森林抚育、迹地更新、森林保护、林场的经营管理以及对橡胶、漆树、咖啡、胡椒、花椒、可可、核桃、板栗等林木种植及其林产品的采集。

（3）养殖业：是指用于畜禽、鱼虾以及其他经济动物、 水产品养殖生产的扶贫资金。养殖业具体包括各种牲畜饲养放牧业、家禽及珍禽饲养业、 水产品养殖业。

（4）农产品加工：是指用于农林牧渔产品加工的扶贫资金。包括购置、租赁农林牧渔产品加工设备或其他固定资产的费用，购置原材料费用及经营销售费用。

（5）其他生产行业：指除农产品加工外的工业、建筑业、交通运输业、批发零售贸易、生产经营服务业。

（6）基本农田建设：是指利用扶贫资金进行基本农田建设的资金额。

（7）人畜饮水工程：是指为解决人畜饮水困难，而利用扶贫资金建设人畜饮水工程的资金额。

（8）道路修建及改扩建：是指为解决交通不便，而利用扶贫资金修建及改扩建道路的资金额。

（9）电力设施：指利用扶贫资金建设、维护发电、输电、变电等电力设施的资金额。

（10）广播、电视设施：是指利用扶贫资金修建维护电视差转、卫星接收站等电视信号接收设施的资金额。

（11）学校及设施：是指利用扶贫资金建造、整修学校、购买教学设备、图书等的资金额。

（12）卫生室及设施：是指利用扶贫资金购置医疗设备、建立卫生室的资金额。

（13）技术培训/技术推广：指利用扶贫资金进行各类技术培训和技术推广的资金额。技术培训包括教师、卫生员、接生员培训，也包括各种实用技术的培训。

（14）资助儿童入学/扫盲：是指利用扶贫资金资助贫困儿童、辍学儿童（重新）上学及成人扫盲项目的资金额。

（15）其他：是指扶贫资金用于以上几方面投资之外的项目投资总额。

66.通公路的自然村比重：指调查户所在行政村中能让拖拉机、汽车等机动车辆进入的自然村的个数与全部自然村之比。

67.通电话的自然村比重：指调查户所在行政村中能用有线电话与外界联系的自然村的个数与全部自然村之比。

68.通电的村自然村比重：指调查户所在行政村中能够使用电力资源进行生产和生活的自然村的个数与全部自然村之比。

69.能接收电视节目的自然村比重：指调查户所在行政村中能接收到中央、省级或县级任意一级电视台电视节目的自然村个数与全部自然村之比。

70.有幼儿园、学前班的村比重：指调查户所在村中有经教育部门批准建立的幼儿园和学前班。

71.有卫生室的村比重：指调查户所在行政村中有经县级卫生部门批准建立的卫生室的村比重。

72.有乡村医生的村比重：是指有经过卫生部门正式培训合格，并取得行医证明的乡医生和农村赤脚医生的村占调查户所在村数的比重。

73.有合格接生员的村比重：是指有经过卫生部门正式培训合格并取得资格证书的接生人员的村占调查户所在村数的比重。

74.耕地面积：指耕地总资源中专门种植农作物并经常进行耕种、能够正常收获的土地。包括当年实际耕种的熟地；弃耕、休闲不满三年，随时可以复耕的地；开荒利用三年以上的地；南方小于1米、北方小于2米宽的沟、渠、路、田埂。不包括临时种植农作物的坡度在25度以上的陡坡地；在河套、湖畔、库区临时开发的成片或零星土地；也不包括已列为国家和省（区、市）退耕计划但仍临时耕种的土地。常用耕地分为基本农田和零星可用耕地。

75.梯田面积：是指耕地面积中经人工作业，将坡耕地改造为水平耕地的面积。

76.25%以上坡耕地面积：是指坡度在25°以上(含25°)的耕地面积。

77.桑园、茶园、果园面积：是指种植桑树、茶树、果树，覆盖度大于50%，或每亩株数达到合理株数的70%以上的土地面积，果园包括各种水果果园，不包括核桃、板栗、腰果、白果、杏仁等干果果园。

78.林地面积：是指生长乔木、竹类(郁闭度在0.　2及以上)的土地。不包括居民绿化地以及铁路、公路、河流、沟渠的护路、护岸林。林地按用途可分为用材林、经济林、薪炭林、防护林、特种用途林等。

79.牧草地面积：是指生长草本植物为主，专门用于放牧、饲养牲畜和收割牧草的土地，包括天然草地、改良草地和人工草地。

80. 节水栽培技术：指调查户所在村中有应用喷灌、滴灌、渗灌等节水技术进行作物栽培的农户的村比重。

81 农、牧业新技术示范户：指调查户所在村中有县以上农技单位定点指导的农、牧业新技术示范户的村比重。

82. 举办过专业技术培训：指调查户所在村中，在调查年度内有县以上各类技术技单位组织举办的专业技术培训的村比重。

83. 严重自然灾害：指当年全村减产达到正常年景的3成以上或有大规模人生、财产损失的灾害。

84. 目前缺粮需要救济的农户数量：指在调查时存粮不足以支持到下一个收获季节，又无钱买粮的农村住户个数。

85. 本村当年收到救济、救灾款物数额：指行政村在调查年度内收到的民政或其他单位个人用于救济、救灾的现金和实物折价总额。

86. 本村当年收到过救济、救灾款物的户数：指行政村在调查年度内收到过民政或其他单位个人用于救济、救灾的现金和实物农村住户个数。

87. 家庭经营费用支出：指农村住户以家庭为基本生产经营单位从事生产经营活动而消费的商品和服务、自产自用产品。所消费的未计算为住户收入的自产自用产品，不计算为费用支出；库存的化肥、农药也不计算为本期费用支出。

（1）农业生产支出：指农村住户家庭经营农业所支付的费用。如种籽、肥料、农药、小农具购置和修理、油料费、耕畜的饲料、饲草费、机耕费、排灌费、电费等。

（2）林业生产支出：指农村住户家庭经营林业所支付的费用。如树种、树苗、肥料、农药、电费及小型工具的购置维修等开支，但不包括林业的基本建设投资。

（3）养殖业生产支出：指农村住户家庭经营养殖业所支付的费用。如购买仔畜（包括架子猪）、幼禽支出；肉用牛、羊的饲料、饲草支出；生猪、家禽等的饲料、燃料、防疫医疗费；电费和小型用具购置、维修；鱼苗、饵料、电费以及小型渔具和用具的购置、维修及油料费等支出。但耕畜的饲料费应列为“农业生产费用支”。也不包括添置的固定资产支出。

（4）工业、建筑业生产支出：指农村住户家庭经营工业、建筑业所支付的费用。包括工业生产耗用的原料、燃料、电费及小型工具的购置、维修等开支，还包括来料加工产品所耗用的燃料、电费，但不包括自产自用和来料加工产品所耗用的原材料。工业包括：采掘业，制造业，电、煤气和水的供应和生产。

（5）第三产业：除上述以外的其他行业。

88. 生产性固定资产：是指生产过程中使用年限较长、单位价值较高，并在使用过程中保持原有物质形态的资产，包括厂房、机器设备等。农民家庭使用的固定资产，需同时具备两个条件，即使用年限在两年以上，单位价值在50元以上。在乡村企业及其他部门中，规定单位价值在200元以上，使用年限在一年以上。如果企业的主要设备虽低于200元，但使用年限在一年以上，也划为固定资产。

（1）房屋及建筑物：用于生产的房屋及建筑物面积。

（2）汽车：指主要用于农户生产和其他经营活动的各种类型的汽车。不包括生活用车。

（3）手扶拖拉机／三轮车：指发动机定额功率小于14.7千瓦的手扶式拖拉机、小三轮车和小型四轮拖拉机。

（4）大中型拖拉机：指发动机定额功率在14.7千瓦（含14.7千瓦）以上的拖拉机。

（5）胶轮大车：指农村传统上使用的胶轮大车。

（6）其他农机具（收割机、机动脱粒机、水泵、动力机械）：收割机：指自身带动力能够完成收割作业的农业机械。包括联合收割机。机动脱粒机：指专门进行农作物脱粒的固定作业机械。动力打稻机也应作为机动脱粒机统计。水泵：指用于生产灌溉和排水的水泵。

（7）役畜：指以使役为主要用途的大牲畜的数量。

（8）产品畜：主要指各种产品畜的数量。

89.年末生产性固定资产原值：是指固定资产当初的购进价、新建价或开始转为固定资产的价值。自繁自养的幼畜成龄转作役畜、产品畜、种畜，按市场同类牲畜的平均价格计价。国家奖励和外单位赠送的固定资产按购置同类固定资产的价格参照其新旧程度酌情计价。

90.全年纯收入：是总收入扣除相对应的各项费用性支出后，归农民所有的收入。它既可以用于生产、非生产投资，改善物质和文化生产，　以及用于再分配的支出和结余的收入。这个指标用来观察农民实际收入水平，以及农民扩大再生产和改善生活的能力。

纯收入＝总收入－家庭经营费用支出－生产用固定资产折旧－税费支出－调查补贴－赠送农村内部亲友的支出

91.生活消费支出：指农村住户用于物质生活和精神生活方面的支出。生活消费支出包括食品，衣着，居住，家庭设备、用品及服务，医疗保健，交通和通讯，文化教育娱乐用品及服务，其他商品和服务等消费支出。

（1）食品消费支出：指农村居民年内消费各类食品支出。包括主食、副食、其他食品、在外饮食和食品加工费支出。

A.主食：指各种粮食和粮食复制品的消费量折价。其中粮食复制品：是指利用原粮加工而成的食品，如挂面、年糕等。但不包括用粮食加工成豆油、豆腐、粉条、酒。

B.副食：包括蔬菜、豆制品、油脂类、食糖、肉、禽及其制品、蛋类、水产品、调味品等。

C.其他食品：包括烟草类、酒类、饮料类、干鲜果品、糖果糕点、奶和奶制品、罐头类等。

D.在外饮食：包括在外面饭馆、小吃部、小卖部、茶馆、饮食摊内吃饭、喝茶、吃冷饮时消费的各种食品。开会和住院的伙食费也应包括在内。

E.食品加工费：指加工食品所需的费用，包括把原粮加工成副食品和其他食品的费用。

（2）衣着消费：指农村住户各种穿着用品及加工穿用品的各种材料。包括棉花、丝棉、化纤棉、驼毛、棉布、各种化纤布、绸、缎、呢绒、各类成衣、棉、毛、丝、麻纺织品，背心、汗衫、棉毛衫裤、卫生衫裤、袜子等针织品，毛线、毛线织品、各种鞋、帽等消费品及衣着的加工修理费(是指农村住户为加工或修补服装、鞋帽等衣着所支付的服务费)。但不包括　用各种布料做的床上用品，室内装饰品。其中：

A.成衣服装：指以各种布及毛皮为原料加工成的各式服装及针织而成的服装。

B.衣着材料：指以棉、麻、丝、毛和各种人造纤维纺织的及混纺纺织的各种衣着材料。包括棉布、棉花化纤混纺布、化纤布、呢绒、绸缎、毛线等。

C.鞋袜帽类及其他衣着：指以各种材料制成的各种鞋、袜、帽。包括皮鞋、布鞋、雨鞋、凉　鞋、拖鞋，各种袜子及各种帽子。

D.衣着加工修理费：指农村住户为加工或修补服装、鞋帽等衣着所支付的服务费。

E.其他：指上述服装、衣着材料、鞋、袜、帽以外的其他各种衣着用品。包括各种手套、围巾、披肩、领带、塑料和胶布雨衣、胸罩、口罩、鞋垫等其他衣着。

（3）　居住消费：指与农村住户居住有关的所有支出。包括新建(购)房屋、房屋维修、居住服务、租赁住房所付的租金、生活用水、生活用电、用于生活的燃料等支出。

A.住房支出：指农村住户用于购买建筑材料、住房装饰和装修、房租、维修、服务等支出。

B.建筑材料：指农村住户用于新建房屋和维修房屋用的各种建筑材料。包括木材、钢材、水泥、水泥预制件、玻璃、砖瓦、石灰、沙石、油毡等。

C.住房装饰、装修：指农户用于房屋装饰、装修所用的各种建筑材料，及有关居住劳务支出，即因建造维修房屋而雇请人员所支付的各种劳务费用也包括在内。

D.房租：指农村住户租赁生活用房所付的租金。但不包括外出住旅店和招待所所支付的住宿费。

E．其他：指住房支出中除上述所列的支出以外的支出，如住房维修服务费等。

F．电费：指农村住户用于照明和使用家用电器所支付的电费。

G．燃料：指农村住户用于做饭、做菜、烧水和取暖用的燃料支出，包括煤炭、液化石油气、煤制品、木炭、柴草等支出。但不包括烧饲料用的燃料。

H．其他居住支出：指农村住户除上列的居住支出以外的支出。如水费支出等。

（4）家庭设备、用品及服务：指农村住户消费的各种耐用消费品、其他家庭用品及用品的加工修理费用。

A．耐用消费品：包括大型家具、家庭设备等。如洗衣机、电风扇、电冰箱、空调器、抽油烟机、吸尘器、微波炉、热水器等家庭日用机电设备。

家具：指农村住户用于学习、休息、存放物品等日常生活用具。包括组合家具、床、沙发、大衣柜、写字台、桌、椅、箱等。

家庭设备：指家用机电消费品。包括缝纫机、洗衣机、电风扇、电冰箱、冰柜、空调器、电饮具、淋浴热水器、抽油烟机、吸尘器、钟、微波炉以及其他家庭日用机电设备。

其他：指上述各项以外的其他各种家庭耐用消费品。如：水表、电表等。

B．床上用品：　指以棉、毛、丝及合成纤维等材料纺织或针织以及各种纺织品经过加工而成的各种床上用品。包括毛毯、棉毯、线毯、化纤毯、毛巾被、床单、被面、被套、棉胎、鸭绒被、床罩、各种褥子等。

C．家庭日用杂品：指包括厨房用品、日用小五金、日用百货等各类家庭日用杂品。

D．日用小五金：包括小五金工具、五金杂品等五金商品。如：铁钉、合叶、插销、各种锁、木螺丝、榔头、钳子、板子、锯条、锉刀、木石泥瓦工具等。

E．日用百货：包括除厨房用品、日用小五金以外的日用搪瓷制品、铝制品、其他金属制品、塑料制品、玻璃器皿等。如保温瓶、保温杯、茶杯、茶盘、茶壶、口杯、糖缸、烟缸、脸盆、火柴、肥皂、香皂、药皂、洗衣粉、皂片、牙膏、鞋油、梳子、镜子、皂盒、手电筒、手电池等。

其他：指上述床上用品、日用小五金、日用百货以外的家庭日用杂品。

F．设备用品加工修理费：指农村住户家庭的各种设备、用品的加工修理所支付的费用。

G．其他：指上述各项支出外的支出。如：农村住户请保姆所支付的费用等。

（5）医疗保健：指农村住户用于医疗和保健的药品、医疗器械和服务费用。包括医药卫生保健用品、医疗保健服务费和医疗卫生设备、用品加工修理费等。

A．医药卫生保健用品：指农村住户支付的各种中药、西药、滋补品、药棉、医疗器械（如：体温计、注射器等）等支出和保健用品（如：按摩器、健身球、磁疗枕、护膝等）支出。

B．医疗保健服务费：指农村住户成员看病或住院所支付的特挂号费、手术费、打针、透视费和住院的床位费及保健服务费（如：按摩费、学习气功、太极拳的学费等）。

C．医疗卫生保健设备用品修理费：指农村住户加工修理医疗卫生设备、用品所支付的费用。

D．其他：指除上述医药卫生保健用品、医疗保健服务费、医疗卫生设备以外的用品加工修理费等其他医疗保健支出。

（6）交通通讯费：指农村住户用于交通和通讯的工具、各种服务费、维修费用支出。

A．交通工具：指农村住户家庭用汽车、摩托车、自行车及其他家庭用交通工具。

B．动力燃料：指交通用柴油、汽油等动力燃料。

C．交通费：指农村住户家庭成员外出购物、探亲访友、旅游等支付的各种交通费，包括火车费、汽车费、飞机费、轮船费等。但不包括因公出差用为家庭经营生产而外出学习等支付的交通费。

D. 邮电费：指农村住户用于生活方面的通讯邮电费支出。包括邮票、包裹寄资、汇款汇费、电话费、电报费等费用。

E. 交通、通讯工具修理费：指农村住户用于交通工具修理、服务（包括牌照费）等所支付的各种费用。以及家庭用电话机、手机、寻呼机及其他家庭用通讯工具支出的费用。农村住户用于通讯工具的安装、修理、服务（包括电话初装费）等所支付的各种费用也包括在内。

（7）文教娱乐用品及服务：指农村住户用于文化、教育、娱乐方面的支出。包括文化教育娱乐用品支出和文化教育娱乐服务支出。

A. 文化教育娱乐用品：指农村住户用于文娱机电消费品、书报杂志、纸张文具等支出。

文化教育、娱乐用机电消费品：包括彩色电视机、黑白电视机、录放像机、影碟机、组合音响、收录机、照相机、电脑、中高档乐器等。

书、报、杂志：指农村住户支付的各种书籍、报纸、杂志等支出。

纸张、文具：指农村住户支付的各种纸张、文具的支出。

其他文化教育娱乐用品：指农村住户支付的除上述的其他文化教育娱乐用品支出。如：各种球类、棋类、照相器材、录音带、录像带等。

B. 文化教育、娱乐服务：指农村住户用于文化教育娱乐方面的服务费支出。包括学杂费、技术培训费、文娱费、文化教育娱乐用品加工修理费等。

学杂费：指农村住户成员上学读书所交的学费和杂费，但不包括购书籍、讲义和文具用品等支出。

技术培训费：指农村住户成员参加生活方面的技术培训所交的培训费，但不包括购书籍、讲义和文具用品等支出。

文娱费：指农村住户成员购买电影票、戏剧票、球票等的支出。

用品加工修理服务费：指农村住户用于加工修理文化教育娱乐用品所支付的费用。

其他：指上述各类支出以外的商品的服务支出。

（8）其他商品和服务消费：指上述各类支出以外的商品和服务支出。

A. 商品性支出：包括化妆品、金银珠宝饰品和其他商品。

化妆品：指农村住户成员用来化妆、美容用的日用品。如：胭脂、唇膏、香粉、香水、头油、发乳、洗发剂以及各种美容霜、美容膏等。

首饰饰品：指以珍珠、玉器等珠宝和金银制作的或镀金、镀银的耳环、耳坠、手镯、脚镯、戒指、项链、胸针、头簪等装饰品。

其他商品：指上述商品以外的支出。如：手表、迷信用品等。

B. 服务支出：指生活消费的服务。包括旅店住宿费、洗澡费、照相费、殡殓费等。

旅店住宿费：指农村住户成员外出旅游、探亲访友、购物等在外住宿的住宿，但不包括因公出差和为家庭经营而去学习所支付的住宿费。

殡殓费：指农村住户成员去世后，家属支付所的火化费等费用。

其他：是指上述服务费以外的其他服务费。

92. 农村居民食品消费量：

（1）粮食：指农村住户消费的原粮数量。其中，粮食制成品指利用原粮加工而成的食品，如挂面、年糕等，不包括用粮食加工成豆油、豆腐、粉条、酒。

（2）豆类及豆制品：包括大豆和杂豆，以及豆腐和各类豆制品（豆腐干、豆腐皮、千张（百叶）、豆腐丝、素鸡、豆浆粉、腐竹、酱豆腐、臭豆腐、油豆腐、豆浆、豆奶、豆腐脑等）。消费的豆制品折豆数量进行统计。

（3）蔬菜及菜制品：消费的蔬菜和菜制品按鲜菜数量进行统计。鲜菜包括绿叶菜类、白菜类、瓜菜类、块根、块茎菜类、花菜类、茄果菜类、葱蒜类、菜用豆类、水生菜类、多年生菜类、食用菌类和山菜类。干菜包括黄花菜、黑木耳、蘑菇、腌干菜、萝卜干、笋干、白木耳等。

菜制品包括蔬菜罐头等。

（4）水果及水果制品：指各类干鲜水果及其制品，包括各种水果、果用瓜、干果、蜜饯及水果罐头等。

（5）食用油：指各种食用油脂，包括植物油和动物油。

植物油：包括花生油、芝麻油、菜籽油、豆油、茶油、棉籽油等食用植物油的消费量。

动物油：包括猪油、牛油、羊油等食用动物油的消费量。

（6）肉、禽及其制品：指家畜、野畜、家禽、野禽等各种肉食品，包括活的、鲜的、冻的以及各类制品。肉类消费量按鲜肉重量计算。消费的咸肉、腊肉、肉干、罐头等均折成鲜肉重量计算。用肥肉炼油，不应计算肉的消费量。家禽消费量按屠宰去毛和内脏重量计算。

（7）蛋类及蛋制品：指各种禽蛋、禽蛋制品及罐头。消费量折鲜蛋统计。

（8）水产品：指鱼、虾、蟹、贝、藻等各类海水和淡水产品及其制品，包括水产品罐头。

（9）奶和奶制品：指鲜乳品、奶粉、酸奶以及其他奶制品。包括炼乳、活性乳、可可奶、麦乳精等。

（10）食糖、糖果：包括白糖、红糖、冰糖、方糖、水果糖、奶糖等各类硬糖、软糖以及巧克力糖、麦芽糖等等，不包括糖精。

（11）酒和饮料：包括各种白酒、黄酒、啤酒、果酒，以及茶叶、各种固、液体饮料等的消费，如：汽水、可乐、各种果汁、咖啡粉、可可粉等。

（12）烟：包括各种购买的和自制的香烟、旱烟叶、水烟等。

（13）其他食品：包括糕点、坚果及果仁制品、调味品等。

93.身体健康状况：划分5类：（1）健康；（2）体弱多病，指常年不能坚持劳动，但又没有大病或其他确诊的慢性病；（3）长期慢性病，如肝炎、肺炎、糖尿病等需要长期吃药治疗的疾病；（4）患有大病，如心脏病、癌症等需要经常住院治疗的疾病；（5）残疾，包括身体残疾和智力残疾。

94.生病时是否及时就医：指每个家庭成员生小病时是否及时到卫生室或医院看病治疗，或及时服用药物，生大病时是否能及时到相应的医院看病治疗。

95.劳动力文化程度：是指调查户中16岁以上非在校学生家庭成员的文化程度，包括文盲或半文盲、小学、初中、高中、中专和大专以上。

（1）文盲或半文盲：是指识字或识字很少，不能阅读通俗的书报，不能写便条的人。

（2）小学：是指小学毕业、肄业成相当于小学文化程度的人员。

（3）初中：是指初中毕业、肄业或相当于初中文化程度的人员。

（4）高中：是指高中毕业、肄业或相当于高中文化程度的人员。

（5）中专：是指中专毕业、肄业和农业中学毕业、肄业或相当于中专、农中文化程度的人员。

（6）大专以上：是指大专以上学校毕业、肄业或相当于大专以上文化程度的人员。电视大学、函授大学等形式的大学，凡按照大专院校的教育计划和教育大纲（全科）进行教育的毕业生应包括在年，但只学完单科课程的，则不应计算在内。

96.是否受过专业技术培训：指调查户家庭成员是否曾经接受过技能培训。包括种植业、林业、养殖业、工业、建筑业、交通运输业、邮电通讯业、批发零售餐饮、社会服务业、文教卫生及其他行业的培训。

97.担当社会职务：指调查户家庭成员在外担任的社会职务，如村及村以上干部、人大代表、村民代表、村组长、国营或集体企业领导、各种行业协会负责人等。

98.丧失劳动能力：主要指调查户中16岁以上家庭成员因病、因残或年高体弱不再能从事取得报酬的劳动的情况。不包括虽然丧失体力劳动能力但正在从事脑力劳动并能够取得报酬的劳动者。